中国2021小康元年

业大学国家农业农村发展研究院《小康元年》编写组 编

U0792526

中国农业出版社
北 京

图书在版编目（CIP）数据

小康元年 / 中国农业大学国家农业农村发展研究院《小康元年》编写组编. —北京：中国农业出版社，2022.5

ISBN 978-7-109-29373-1

Ⅰ.①小… Ⅱ.①中… Ⅲ.①小康建设—研究—中国 Ⅳ.①F124.7

中国版本图书馆 CIP 数据核字（2022）第 073043 号

中国农业出版社出版

地址：北京市朝阳区麦子店街 18 号楼

邮编：100125

责任编辑：闫保荣

版式设计：王　晨　　责任校对：吴丽婷

印刷：中农印务有限公司

版次：2022 年 5 月第 1 版

印次：2022 年 5 月北京第 1 次印刷

发行：新华书店北京发行所

开本：700mm×1000mm　1/16

印张：17.25

字数：250 千字

定价：78.00 元

版权所有 · 侵权必究

凡购买本社图书，如有印装质量问题，我社负责调换。

服务电话：010－59195115　010－59194918

中国农业大学国家农业农村发展研究院

《小康元年》

编　写　组

主　　编：刘　奇

副 主 编：马　铃　吴天龙

参编人员：赵　源　王凤婷　霍雨佳　梁腾坚

孙川东　庄家煜　梅　婷

小康之后（代序）

刘　奇

脱贫攻坚，决胜小康，在中华民族五千年文明史上树立起一座划时代的丰碑，中国农民的生活已经发生和正在发生着前所未有的十大飞跃。

一是前所未有的衣食无忧。脱贫攻坚的核心目标就是“两不愁三保障”，“两不愁”即衣食不愁。我国人均粮食占有量已由1949年新中国成立时的209千克增加到2019年的470千克，增长了125%，高于世界平均水平。而中国人均年消费粮食不足150千克，中国人民基本端牢了自己的饭碗。不论是偏远的山区丘陵，还是突发性应急灾害，粮食随时都可确保供给。这在即便是“稻米流脂粟米白，公私仓廪俱丰实”的开元全盛日也无法做到。古代一旦发生自然灾害，需要官仓放粮，而放粮则需朝廷批准。在交通通信不发达的古代，公文层层上报到朝廷需要走上十天半个月，批准后的公文下传又要走上十天半个月，嗷嗷待粮的灾民只有伸长脖子等候。今天，无论是舟曲泥石流，还是汶川地震，无论是内蒙古、新疆的多日大雪封门，还是广西、湖南的连月洪涝，救灾物资都能及时送达，灾民不致啼饥号寒。20世纪80年代，沂蒙山区曾流传一段民谣“大干部小干部，一人一条尼龙裤，前面是日本，后面是尿素，细看还有百分数”，调侃有的村干部把政府分配的进口化肥分给农民后，把装化肥的袋子留下来做成裤子，农民看到后眼馋就编成了民谣调侃。今天服装上已经很难分出是农民还是市民。绝大多数农民由“一衣多季”转变为“一季多衣”。

二是前所未有的轻松劳作。“锄禾日当午，汗滴禾下土”妇孺能诵，“足蒸暑土气，背灼炎天光”是昔日农民的传统劳作方式。在技术落后、工具笨拙、方法简单的漫长农耕时代，不论是耕种收割，还是开沟挖河；不论是抗旱防洪，还是舂米磨面，都需要付出繁重的体力劳动。随着近年来的机械化普及和社会化服务，“机器换人”把农民从繁重的体力劳动中彻底解放出来，从生产到生活，那种需要出尽牛力、累坏筋骨的苦役全面“寿终正寝”。即便需要扛挑抬搬的简单体力劳作，也被家家普及的电动车取代。

三是前所未有的居有所安。通过多年危房改造项目的实施和脱贫攻坚战役中 1 000 万人易地扶贫搬迁工程的完成，农村居民全面实现了居有所安。过去那种泥墙草顶，一到雨天，外面大下屋里小下的居住环境彻底消除。

四是前所未有的时间闲暇。“日出而作，日落而息”是文人士大夫对农民的理解。“晨兴理荒秽，带月荷锄归”，他们常常是“日未出即作，日虽落不息”，归来后还要延长劳动时间，“昼出耘田夜绩麻”。一年四季，春种夏耘秋收冬藏，“田家少闲月”；阴晴雨雪，田间农事家中生计，见缝插针。白天举家忙种田，晚上男人需要担水劈柴、推磨打碾，女人需要穿针引线、缝制衣衫。改革开放后，家庭承包经营制度的推行，使农民终于有了“一个月过年，三个月种田，八个月空闲”的时间自由。有调查显示，当前农民农闲时的日平均闲暇时间已达到 476.7 分钟。

五是前所未有的无徭无役。自公元前 594 年鲁国实行初税亩以来，历朝历代均以收取农业税治政养国，故使农民“任是深山更深处，也应无计避征徭”。农业税征收甚至到了“桑柘废来犹纳税，田园荒后尚征苗”的程度。到 2006 年，在中国实行了长达 2 600 年的农业税终于被扔进历史的垃圾箱，农业进入“无税时代”。农民务农不仅不需要交税，还能享受到种粮等各项补贴。万里长城是多个朝代民工一砖一瓦垒起来的，秦代征用民夫修筑长城占总人口的1/10还多。京杭大运河是数百万民工一镐一锹挖出来的。劳役兵役是历朝历代压在农民头上继税负之后的第二座大山。今天，随着机械化的发展，农民再也不需为出苦役发愁。中国历史上无数次的农民起义多因不堪忍受繁重的徭役而发生，这一困扰社会发展的历史痼疾从此一去不复返。

六是前所未有的社会分担。中国有着“老吾老以及人之老，幼吾幼以及人之幼”的优良传统，但养老育幼的责任和义务历来是以家庭为单元，社会只是扮演着道德引领、精神提倡的角色。新中国成立以来的几十年里，城市养老育幼的部分职能逐渐被社会分担，养老院、幼儿园遍布城区。但乡村长期处于盲区，村民不知幼儿园为何物，一些开办养老院的乡镇也是惨淡经营。最近三五年里，乡村幼儿园已经全面覆盖，学前教育已经成为国家的制度性安排。乡村老人不仅可以领到政府发放的养老金补贴，还有不同档次的养老保险。各类养老机构也在乡村逐步发展。家庭的养老育幼职能向社会分流，为年轻的家庭成员减轻负担、安心工作拓宽了空间。

七是前所未有的疾病统筹。神农尝百草，演绎出中华民族的国宝中医药。在西医传入中国的近现代以前，中国人看病靠中医，中医的理论基础是哲学思辨，临床知识靠实践经验，学习、传授比西医更难。看病难、看病贵长期是困扰中国人寿命长短的主因，新中国成立之初人均寿命仅40岁。自进入21世纪以来，国家建立了新型农村合作医疗制度，小病理赔，大病统筹，实行农民医疗互助共济，人均寿命大幅提升，六普数据显示已达76.1岁，在世界224个国家和地区中居第53位。虽然乡村医疗卫生仍存在诸多尚待解决的矛盾和问题，但前所未有的寿命大幅提升说明我们走对了路子。拥有中医、西医两套医疗体系的中国人理应更健康、寿命更长。

八是前所未有的隔空面叙。2019 年中国网民 8.24 亿人，互联网普及率已达 59.6%。在互联网的作用下，世界很小，地球是一个村庄；世界也很大，村庄是一个地球。一个村庄的人到达地球上任何地方，互联网就把这个村庄的虚拟空间扩展到那个地方，村人与他可以远隔万水千山通过视频随时面对面聊天闲谈，交流情感，物理距离在感官体验上为零。比起靠鸿雁传书、靠邮件传文、靠电话传情的旧式交流，是一种做梦都想不到的神话。

九是前所未有的出行便捷。“千里江陵一日还”是古代诗人的夸张。在交通工具高度发达的今天，“千里一日还”已是现实。20 世纪 80 年代，民谣称乡村道路是晴天一身土，雨天两脚泥，坐车有“三跳”，即“车在路上跳，人在车里跳，心在肚里跳”。目前，全国农村标准公路已达 4 万多公里，通硬化路的乡镇和建制村已达 99.64%和 99.47%，建制村通客车率已达 98%。摩托车、电动车在乡村全面普及，小汽车也随处可见。村、乡、县、省一直连接国道的路网体系全面通达，农民出行只靠两条腿的时代彻底结束。

十是前所未有的城乡两栖。在私有制国家移民社会的城市化进程中，农民想当市民卖掉土地拔“根”就走。我们是公有制，是安土重迁的民族，农民在乡村的根扎得很深，且根系发达。农民想当市民，首先需要放弃农村户口，退还承包地，而退地村集体就要给予补偿，集体经济发达的村有能力补偿，但农民不愿退出，他们还想从集体中不断获取更多的利益。集体经济落后的村农民愿意退出，但村里无力补偿。再加上熟人社会的人情红利、宗族力量的护佑、安土重迁的传统观念，中国农民很难拔除扎在乡村里的深根，长期保持一脚城里一脚乡的城乡两栖状态，农忙在乡务农，农闲进城务工，戴着“农民”与“市民”两顶帽子生活，成为古今中外城市化进程中一道独特的风景。有调查显示，2.8 亿农民工有落户城市意愿的只占 21%。

曾几何时，农民描述他们的生活状态是：“耕地靠牛、温饱靠救

（助）、交通靠走、通讯靠吼、治安靠狗、娱乐靠酒。”今天农民生活正在发生的十大飞跃，不仅是史无首例，更是突如其来；不仅是全方位提升，更是颠覆性改变。面对这种数千年未有之大变局，安享清福、乐不思蜀、混沌度日的思潮正在乡村社会酝酿，主要表现为四大特征：一是生活目标模糊。不足温饱时农民为温饱流尽汗水，温饱解决后他们为“吃细粮、住瓦房”拼尽全力；当小洋楼、小汽车在乡村司空见惯时，追求的目标变得越来越不清晰，于是大把的闲散时间被用于喝酒、打牌、唱歌跳舞、四处闲逛，心里一片空虚，整天浑浑噩噩。物质享受的理性追求为人类社会发展提供了基本动力，当物欲得到满足后，生活便失去目标。二是人生价值迷茫。中国文人向来追求“修身齐家治国平天下”的宏大理想，更追求“为天地立心，为生民立命，为往圣继绝学，为万世开太平”的实践气度，这是人生价值的最高境界。在当今时代价值多元的社会背景下，一些农村青年脱离社会行为准则和社会伦理纲常，价值观被扭曲，是非善恶、美丑对错认知模糊，言行怪诞，公序良俗置于脑后。再加上多子多福、延续香火、光宗耀祖等传统观念也发生着深刻变化，过去为子孙后代奋斗，为家族光耀门庭的价值追求正渐趋淡薄。三是内生动力缺失。在物质需求不断升级换代的背景下，一个接一个的追求目标，使农民不断产生奋斗激情，内生动力满满，创业活力四射。马斯洛把人的需求分为生理需求、安全需求、社交需求、尊重需求和自我实现五个层次。当下，农民前四个层次基本满足，需要迈过自我实现这个坎，而要超越自我，跨过这道坎是比较艰难的。农民和工人不同，工人工作相对多地依靠他律，几点上班下班，一天要完成多少工作量，都有明确的规章制度约束，不按章行事，当天就减收。农民则主要靠自律，没有谁规定每天几点下田，也没有谁要求每天的工作量，劳动报酬只有到收获时才能一次性显现。农业生产靠的就是农民内心的积极性、主动性。四是奋斗精神渐消。吃苦耐劳、开拓奋进是中华民族在世界民族之林始终立于不败之地的核心本质，不同时代创造出一个个惊世骇俗的典范。仅 20 世纪中叶之后就出现了大寨精神、红旗渠精神、塞罕坝精神、北大荒精神、小岗精神等，这些都是留给我们的宝贵遗产。而今这种感天动地的精神已经鲜有所闻，等靠要的思潮普遍泛滥，尤其脱贫攻坚战中的诸多优惠政策，使一些人唾手可得，安逸度日，完全失去了对于艰苦奋斗精神的坚守和弘扬。

在中华民族五千年文明史上，我们是全面建成小康社会的第一代。但圆梦小康之后，如果躺在小康生活的温柔乡里不思进取，势必产生温水煮青蛙的效应。长此以往，很有可能生成下一个奋斗目标乡村振兴的“堰塞湖”。日本学者三浦展 2007 年研究发现，日本出现“向下流动”的社会问题，一些人对生活缺乏激情，对人生缺乏热情。这种现象值得我们警醒。人生路上，由俭入奢易，由奢入俭难；由勤入懒易，由懒入勤难。古训谆谆，启迪殷殷。

乡村振兴已经全面展开，到 2050 年，乡村振兴之日，便是党的第二个百年目标实现之时。历史潮流，浩浩荡荡，顺之者昌，逆之者亡。在“直挂云帆济沧海”的征途上，难免出现暗礁险滩，但更要谨防生成阻隔前进的“堰塞湖”。首先应借鉴发达国家的先进经验，把农民教育提到重要位置。如日本就建立了从中央政府（如农林水产省、厚生劳动省等）到都道府县（如地方农政局）再到市町村（如农业改良普及中心、林业水产指导所等），从政府部门到教育系统再到社会力量（如农协等），以教育系统为主、民间团体和社会组织为辅多层次、立体化的农民教育体系。早在 1907 年，清政府派李殿璋参加奥地利万国农务学会，他考察发现，全境不过中国三省之地，但务农学堂设有 190 所，各地另有众多的冬日学堂，且更有政府出资聘任大批经验丰富的土专家随时到田间地头为农民传授知识技能，称为游行教员。建议农业农村部成立农民教育局，省市县均设相应机构专司农民教育，每个乡镇都应该办一所开放性的农民学校，定期向社会公布讲课内容，通过政府购买服务的方式，免费为农民讲解农业生产、经营管理知识、现代科技发展知识、国家政策法规、家庭教育理念以及法律维权和卫生保健等与农民生产生活息息相关的知识，同时，经常开展丰富多彩的各类文化活动，以全面提高农民的综合素质，丰富他们的精神文化生活，让他们跟上时代，明方向，燃激情，添动力，有理想。其次，从顶层设计上明确农民在享受权利的同时应担负相应的责任义务。权利与责任义务是一对孪生体，二者缺一，就会发生偏斜，有权利没有责任义务便不知珍惜权利；有责任义务没有权利则责任义务无法落实。如今越来越多的乡村事务需要农民组织起来，由政府资助实现自我服务，如生态环境保护、乡村道路管护、公共卫生保洁、生活垃圾治理、社会诚信的遵守、公序良俗的践行、公共设施的维护等。基层组织应不断强化农民的家园意识，增强主人翁精神，大力倡导奋进拼搏、开拓创新精神，充分发挥他们的主体、主力作用。通过各种方式，组织、引导农民群众积极参与农村公共事务管理与服务。再者，大力发展农村二三产业，让农民能够充分利用闲散时间就近就地就业。从某种意义上说，一部经济社会发展史就是人与“四无劳动”的斗争史。即私有制时代的“无偿（或低偿）劳动”，计划经济大锅饭时代的“无效（或低效）劳动”，工业化时代的“无益（甚至有害）劳动”，信息时代、人工智能时代的“无处劳动”。在科技飞速发展，机器换人愈演愈烈的未来社会，无处劳动将成为社会的主要矛盾。当下的乡村就业难，主要问题在于乡村缺少发达的二三产业，大力发展农产品加工业和为农服务的服务业，以及乡村旅游、养生养老等产业是解决农民今天“无处劳动”的最佳途径。

CONTENTS 目 录

第一章 寒有所衣 饥有所食

衣和食是人类生存最基本的两个需求，也是保障民生最基础的两个方面。在中华民族几千年发展历程中，无论是长期战乱，还是中兴盛世，吃饱穿暖始终是劳动人民梦寐以求的，这一梦想直到改革开放以后才得以真正实现。

穿在衣食住行中排首位，穿衣不仅能遮体避羞、阻风挡雨、防寒御暑，起到维护人体热平衡的作用，还能装饰身体、美化生活，凸显身份、信仰。从服装的演变可以看出政治的变革、经济的发展和文化意识的嬗变，甚至可以探索到中国文化的发展历程。即使是原始社会，人们也会用树叶做成简单的衣服，到了文明社会，“衣锦还乡”更成为中国人对外出者的普遍期盼。吃的问题更不容忽视，“洪范八政，食为政首”，古往今来，足食都是治国安邦的首善大举。《史记·郦生陆贾列传》有云：“王者以民为天，而民以食为天”，粮食是伴随中华民族生存发展的永恒主题。

纵观历史，横看世界，无论哪个朝代，无论哪个国家都把满足国民衣食需求视为保障民生的头等大事。正所谓“仓廪实而知礼节，衣食足而知荣辱”，只有基本的物质基础稳固了，上层建筑才能顺利发展，对于一个民族、一个国家来说，想要屹立于世界之巅，首先要做到丰衣足食。杜甫在《忆昔》中用“稻米流脂粟米白，公私仓廪俱丰实”“齐纨鲁缟车班班，男耕女桑不相失”来描绘开元盛世；《汉书·货殖列传》中，用“各安其居而乐其业，甘其食而美其服”来形容百姓的理想生活。邓小平同志也说过，“不管天下发生什么事，只要人民吃饱了肚子，一切就好办了”。然而，在新中国成立之前的历史上几乎没有哪个朝代能够真正完全解决衣食问题，尤其是吃饭问题始终困扰着中国历朝历代的百姓和官员。由于天灾和战乱，百姓衣不遮体、食不果腹的情况也时有出现，在距今只有100多年的清朝光绪年间，就曾在中国的大地上暴发过一次罕见的特大灾荒——丁戊奇荒。

专栏：丁戊奇荒

“丁戊奇荒”发生于1876—1879年，是一次由特大旱灾引起的饥荒，对当时社会产生了广泛而深度的影响。这次饥荒最严重的两年是1877年和1878年，1877年为丁丑年，1878年为戊寅年，因此史称“丁戊奇荒”。“丁戊奇荒”席卷山西、河南、陕西、直隶和山东等北方五省（其中河南、山西受害最重），波及苏北、皖北、陇东和川北等地，造成1 000余万人饿死，2 000余万人流离失所。民国时期最大的民间慈善组织——华洋义赈会的报告显示“丁戊奇荒”期间山西省死亡550万人，河南省死亡100万人，直隶省死亡250万人，山东省死亡50万人（李伊波等，2019）。

“丁戊奇荒”使当时的自然、半自然生态系统遭受严重破坏，不但造成水环境和植被的明显变化，还导致瘟疫的大量流行。光绪四年，山西省襄汾县“春大疫，民间死亡益众”，屯留县“疫大，自夏及秋死者甚众”。

新中国成立前的中国人民饥寒交迫，不但吃不饱、穿不暖，还要生活在战争的阴影之下。新中国成立之初，百废待兴，曾是当时世界上最贫穷的国家之一。根据联合国“亚洲及太平洋经济社会委员会”的统计，1949年中国人均国民收入27美元，不足整个亚洲平均44美元的2/3，不足印度57美元的一半。新中国成立后，尤其是改革开放后，在党的领导下，中国人民逐渐摆脱贫困，由封闭落后到开放进步，由缺衣少食到衣食无忧，经历了跨越式发展，这些与农业和农村的变革密不可分。

一、农村基本经营制度的演进

我国农村基本经营制度的确立经历了一个较为复杂的过程。

我国在 1950 年颁布实施《中华人民共和国土地改革法》，废除了半封建半剥削的土地所有制，使农民获得了土地和农业生产工具，广大农村地区开始了以家庭生产为基础的农户经营。这极大地调动起农民的生产积极性，农村生产力得到解放，在土改完成较早的地区甚至出现了农户经营开始向商业、运输业、手工业等非农产业转移的现象。农产品产量方面也逐年递增，农业生产力得到了较为充分的发挥。

1953 年之后，农村经营制度开始走合作化道路，但这个合作化缺少市场指导，行政命令色彩较浓，走了一段弯路。就农业合作化问题，1953 年中央先后发布了《中共中央关于农业生产互助合作的决议》和《中共中央关于发展农业合作社的决议》，农业合作化运动进入初级社阶段。在初级社阶段，初级社在社员分工和协作的基础上统一组织集体劳动，社员根据按劳分配的原则取得劳动报酬，产品由合作社统一支配，是农村由家庭经营向集体经营转变的过渡。1956 年全国人大颁布了《高级农业生产合作社示范章程》，全国由初级社进入组建高级社阶段。该年年底，全国加入合作社的农户达 96.3%，其中 87.8%的农户加入了高级社（赵继新，2004）。从这时开始，我国农业基本实现了完全的合作化，农村发展进入了高级社时代，农村经营完全变成集体经营。

高级社期间，已经显现出一定的贪大求全、平均主义色彩，农民生产积极性下降，后来的人民公社制度又让这一情况更加凸显。1958 年中央推出《关于在农村建立人民公社问题的决议》，决议发布后，仅用了两个月的时间，全国 74 万多个农业生产合作社就被改组成 2.6 万个人民公社，农村进入以“三级所有、队为基础”为主的人民公社时期（李攀，2019）。人民公社最大的特点就是追求大规模和完全的公有化，也就是所谓的“一大二公”，农村经营制度是土地集体所有、集体经营，在这种经营制度下，生产大队、生产队和社员都没有生产经营的自主权。加之监管难度大，在这种看似人人都有份，实则人人都无份的“大锅饭”时期“干多干少一个样，干好干坏一个样”，农民的生产积极性极度低下。到了1978年，中国农村的许多地方没能解决温饱问题，有的甚至连简单的再生产也无法维持，农民对改革的渴望十分热切。

为突破僵局，1978年党的十一届三中全会通过了《中共中央关于加快农业发展若干问题的决定（草案）》，要求在农业集体经济组织内部加强定额管理，纠正分配上的平均主义。会议还重新确立了解放思想、实事求是的思想路线，做出了“把全党工作的着重点和全国人民的注意力转移到社会主义现代化建设上来”的重大战略决策。以这次会议为起点，中国进入了改革开放和社会主义现代化建设的新时期，丰衣足食之路也由此开启。

在这种背景下，家庭联产承包责任制开始在农村萌芽，并由小岗村发起。1978年初冬的一个晚上，有18位农民在安徽省凤阳县凤梨公社小岗村西头严立华家低矮残破的茅屋里在一份协议书上按下红手印，这份协议书不足百字，但内容实在，明确了三点：一是分田到户，户主签字盖章；二是不再向国家伸手要钱要粮；三是如果失败，干部坐牢，社员保证把他们的小孩养活到18岁。这是一次农民自发改革农村原有经济体制的大胆尝试，已成为中国改革的里程碑事件而载入史册。

小岗村的尝试取得了积极成效。村民们从此不用再去讨饭，也告别了“吃粮靠返销，用钱靠救济，生产靠贷款”的“三靠村”时代。小岗村不畏生死、敢为人先偷吃“禁果”的壮举，开创了中国农村改革的先河，让亿万农民看到了希望。这种“保证国家的、留够集体的、剩下都是自己的”的大包干分配方式，为后来家庭联产承包责任制的确立打下了基础。

1979年中央政策继续松动：要求农村人民公社各级组织都要实行生产责任，实行按劳分配；对“包产到户”的要求，也从4月份七省会议纪要中的“不许”改成了9月份中国共产党十一届四中全会通过的《中共中央关于加快农业发展若干问题的决定》中的“不要”，原文是

"除某些副业生产的特殊需要和边远山区、交通不便的单家独户外，也不要包产到户"。

在中央政策松动的信号指引下，全国许多地区都进行了大胆的尝试。有的叫"小包干"，按人口均分土地到户；有的叫"劳力田"，分配土地时重点考虑劳动力数量，兼顾家庭人口；有的叫"水统旱分"，水田由集体种，旱地按人口分；有的叫"责任田"；还有的将耕地分为"公粮田"和"口粮田"，"公粮田"由集体种，"口粮田"分户种。各地做法不同，叫法也有差异，都尝试了对现有制度的突破，也引发了许多争议：有人支持，认为实行什么办法不重要，重要的是让农民吃饱肚子；有人反对，认为这种做法是向私有制的倒退，偏离了社会主义方向；还有人认为联产承包是"第二次土改"，是要分集体的地。

在全国的激烈争辩声中，改革开放的总设计师邓小平同志对"包产到户""包干到户"等做法给予了充分肯定。1980 年 4 月，在听取时任国务院副总理姚依林关于长期规划问题的汇报时，邓小平同志表态赞成放宽地广人稀、经济落后、生活贫困的地区的农业政策，鼓励每家每户自己多想办法、多找门路，增加生产、增加收入，指出农村土地包给组、包给个人的做法都可以尝试，这不影响我们社会主体性质。一个月后，邓小平同志在同中央负责工作人员谈话时指出，农村政策放宽以后，一些适宜搞包产到户的地方搞了包产到户，效果很好，变化很快。随后，国家颁布了一系列政策文件和法律法规，明确支持实行家庭联产承包责任制，确立农户拥有土地的承包权和经营权，实现了土地使用权与所有权的分离。

在决策层的支持下，1982 年 1 月中共中央批转《全国农村工作会议纪要》，纠正了包干到户就是"土地还家"、平分集体财产、分田单干的错误观点，明确指出包产到户、包干到户都是社会主义集体经济的生产责任制。这是中国共产党历史上第一个关于农村工作的 1 号文件，体现了中共中央对农村工作的高度重视。其中对各种生产责任制论断的原文是"目前实行的各种责任制，包括小段包工定额计酬，专业承包联产计酬，联产到劳，包产到户、到组，包干到户、到组，等等，都是社会主义集体经济的生产责任制。不论采取什么形式，只要群众不要求改变，就不要变动……它是建立在土地公有基础上的，农户和集体保持承包关系，由集体统一管理和使用土地、大型农机具和水利设施，接受国家的计划指导，有一定的公共提留，统一安排烈军属、五保户、困难户的生活，有的还在统一规划下进行农业基本建设。所以它不同于合作化以前的小私有的个体经济，而是社会主义农业经济的组成部分”。

1983 年的 1 号文件在此基础上对家庭联产承包责任制进一步肯定，指出联产承包制是在党的领导下中国农民的伟大创造，是马克思主义农业合作化理论在中国实践中的新发展。到 1984 年，中共中央正式下发《关于 1984 年农村工作的通知》提出，土地承包期一般在 15 年以上。从此，家庭承包经营制度正式成为中国农村一项最基本的生产经营制度，这是中国农民的伟大创造。

家庭联产承包责任制的实行打破了人民公社体制下土地集体所有、集体经营的旧的农业耕作模式，主要生产资料仍归集体所有，生产实行按劳分配，集体和家庭有分有合、双层经营。既终结了绝对的公有制，又没有走土地私有化的道路，既发挥了集体统一经营的优越性，又调动了农民生产积极性。制度的优越性加上党和国家的大力倡导，农村家庭联产承包制改革如星星之火，短短几年，就从局部地区蔓延至全国。1980 年实行家庭联产承包责任制的生产队不到 10%，1983 年就已经达到了 93%，到 1984 年，更是基本实现了全覆盖，没有实行家庭联产承包责任制的单位不足 1%（刘奇，2018）。

家庭联产承包责任制的推行，使 550 万个生产队分化为 2.3 亿个农户经营主体，亿万农民从“一大二公”的人民公社体制中解放出来，实现了农业的超常规增长和农民收入的明显增加。据统计，全国农业总产值由 1978 年的 1 117.5 亿元增加到 1984 年的 2 380.2 亿元，即使是按照不变价计算，也增加了 42.23%，其中有将近一半的贡献率来自家庭联产承包责任制改革。农村居民家庭人均纯收入从 1978 年的 133.6 元，增加到 1984 年的 355.3 元，增加了 166%（刘奇，2018）。

此后，中共中央、国务院多次发文强调支持发展和完善家庭联产承包责任制。1991 年 11 月，中共十三届八中全会通过了《中共中央关于进一步加强农业和农村工作的决定》，提出要把以家庭承包经营为基础、统分结合的双层经营体制，作为农村的一项基本制度长期稳定下来。1997 年在第一轮土地承包即将到期之际，中共中央办公厅、国务院办公厅发布《关于进一步稳定和完善农村土地承包关系的通知》，明确土地承包在第一轮土地承包的基础上再延长 30 年，给广大农户吃了一颗定心丸。1998 年，十五届三中全会通过的《中共中央关于农业和农村工作若干重大问题的决定》，再次强调要坚持以家庭承包经营为基础统分结合的双层经营体制。2008 年，十七届三中全会通过《中共中央关于推进农村改革发展若干重大问题的决定》，提出土地承包关系要保持稳定并长久不变。近年来，中国的农业农村形势发生了巨大变化，但家庭承包经营责任制仍然是农村的基本经营制度，2017 年 10 月，习近平总书记在十九大会议上指出农村第二轮土地承包到期后，将再往后延长 30 年。

国家对家庭承包经营责任制的支持是全方位的，不只是政策，相关的法律也在实践过程中不断完善。1986 年通过的《中华人民共和国土地管理法》承认土地所有权、经营权的分开，使家庭承包经营责任制更加明确；1993 年家庭承包经营责任制写入宪法，使其正式作为农村的基本经营管理体制确定下来；2002 年通过的《中华人民共和国农村土地承包法》，赋予了农民长期而有保障的土地使用权，维护了农村土地承包当事人的合法权益；2007 年通过的《中华人民共和国物权法》，将农村土地承包经营权和农户宅基地纳入用益物权对待。2017 年的中央文件又将土地的所有权、承包权、经营权三权明确分置，这无疑对加快土地流转，实现规模经营，增加农民财产性收入是一大推进。

家庭联产承包责任制的推行给中国农村带来了勃勃生机，它被邓小平同志誉为中国农村改革与发展的“第一次飞跃”。这一制度的推行，既解决了困扰中华民族数千年的衣食问题，又极大地推进了农业农村的发展，极大地改变了中国农业生产和农民生活。可以预见，在将来的很长一段时间里，家庭承包经营责任制仍将是我国农村的一项基本经营制度。

二、农业税负与补贴政策的演进

19世纪之前，中国是一个农业社会，以农养政，以农养兵，以农养城，以农养国，国家机器的运转主要依靠农业税收。在历史上，农业税一度高达国家财政收入的80%，直到1950年，农业税还占当时我国财政收入的39%，这就导致各种财政的开支最终往往落在农民的头上，农民的生产压力很大，严重时还会对农业再生产造成影响。尽管中国历史上出现过“两税法”“一条鞭法”“摊丁入亩”等试图减少农民税收负担的改革，但是每次税费改革后，都掉入“黄宗羲定律”，农民负担在减轻一段时间后又加重到一个比改革前更高的水平，即使是屡被提起的“文景之治”“贞观之治”“康乾盛世”，也只是短暂的轻徭薄赋，没能逃出“积累莫返之害”。

农业税在新中国的发展中曾发挥过重大作用。新中国成立之初，我国选择优先发展重工业战略，农村支持城市、农业支持工业，亿万农民通过缴纳农业税为国民经济的恢复和社会主义建设作出了巨大贡献。据统计，从1949年至2000年的52年间，农民向国家缴纳了7 000多亿公斤粮食（刘奇，2018）。

在全面取消农业税之前，我国的农业税主要有两部分：对大田作物征收的农业税和对经济作物征收的农业特产农业税（1994年之前叫农林特产农业税）。1958年6月，第一届全国人民代表大会常务委员会第96次会议通过《中华人民共和国农业税条例》，规定全国农业税平均税率为常年产量的15.5%，各省、自治区、直辖市的平均税率根据各自的经济情况另行确定。除了国家征收的农业税之外，国家还允许地方根据实际需要，在一定的比例内附征一些税额，由地方使用，也叫“地方自筹”。1983 年国务院发布《关于对农林特产收入征收农业税的若干规定》，开始在福建、广西等少数省区开征农林特产税，特产税在 1989 年全面放开，开放后特产税收入逐年增加，由 1987 年的不到 6 亿元增加到 1993 年的 22 亿元，农林特产税在 1994 年又改名为农业特产税（刘奇，2018）。

“地方自筹”里主要是“三提五统”，村里的公积金、公益金、管理费，乡（镇）合作经济组织的教育附加费、计划生育费、民兵训练费、民政优抚费、民办交通费也需要农民负责。此外，在 20 世纪八九十年代，有些地区还存在乱集资、乱摊派和乱收费的“三乱”现象。一些农村流传着“头税轻，二税重，三税是个无底洞”的说法，这其中头税指的是农业税，二税指的是提留统筹，三税是集资摊派。名目繁多的各种“费”不仅提高了农民实际支付的额度，更导致农村税制混乱，为巧取豪夺、中饱私囊者开了便车。农民压力大，怨声载道、频频上访，有些直接拒交，乡村干部也为收费而疲于奔命，“登百家门、收百家钱、遭百家骂”，他们遇到的是“人要生了，狗要熟了”的尴尬。

随着经济的发展和城镇化的不断推进，城镇居民收入增长较快，城乡收入差距不断加大，农民从事农业的生产积极性下降。同时，根据国家统计局网站数据，农业生产总值在 GDP 中的比重持续下降，到 2000 年第一产业增加值占 GDP 的比重已经由 1978 年的 27.7%，下降到 14.9%。这时，农业税对国家税收的贡献已经不再那么必不可少，社会对减轻农民负担达成共识。

在实践中，早在 20 世纪 90 年代，地方政府就已经先行先试，为减轻农民负担、规范农村税费制度探索经验，到 2000 年之前，全国至少有 7 个省的 70 多个县进行过农村税费改革试点（刘奇，2018）。比较有代表性的如安徽省太和县的“税费合一、统一征收”，湖北省枣阳市扬挡镇的“大包干”，贵州省湄潭县的“税费统筹”，湖南省武冈市的“费改税”，河北省的“公粮制”和“税费合一、人地分摊”等。这些做法因地制宜、各有特色，但都在一定程度上体现出了“减轻、规范、稳定”的大趋势，为国家实施农业税改革探好了路。

从2000年开始，中国推进了以减轻农民负担为中心，以取消“三提五统”等税外收费、改革农业税收为主要内容的农村税费改革。2000年3月，中共中央、国务院发布《关于进行农村税费改革试点工作的通知》，决定设立农村税费改革试点，探索降低农民负担。文件规定：“取消乡统筹费、农村教育集资等专门面向农民征收的行政事业性收费和政府性基金、集资；取消屠宰税；取消统一规定的劳动积累工和义务工；调整农业税和农业特产税政策；改革村提留征收使用办法。”这是中央主动发起的一场关于调整国家与农民经济关系的重大变革。

农村税费改革的试点省选择在“大包干”的发源地安徽，其他省、自治区、直辖市根据实际情况选择部分地区进行尝试。改革的头一年，安徽省农民总税费减少了16.9亿元，减幅达31%，全省农民人均现金负担减少33.9元（刘奇，2018）。2001年，江苏省自费在全省开展试点，也取得了明显进展。随后，农村税费改革试点范围快速扩大，受到了广大农民的热烈欢迎，也得到了地方政府的大力支持，到2003年基本全面铺开，全国农民都享受到了改革的红利，所余负担只剩下农业税和农业税附加。

农民的负担减少了，但城乡发展的差距依然在扩大，城乡居民的收入比依然在增加，种地不如打工，农业依然是不赚钱的行业。对比之下，农民的种粮积极性依然不高，到2003年，全国粮食总产量跌到了8 613亿斤*。这时，农业税对财政收入的贡献已经下降到了1%左右，而“三农”问题已经成为全党工作的“重中之重”，中共中央在十六届四中全会上，明确提出了“两个趋向”的论断，即在工业化初始阶段，农业支持工业、为工业提供积累是带有普遍性的趋向；但在工业化到达相当程度以后，工业反哺农业、城市支持农村，实现工业与农业、城市与农村协调发展，也是带有普遍性的趋向。取消农业税的政策呼之欲出。

* 1斤=500克。

在各界的呼声下，从 2006 年开始，农业税全面取消，亿万农民种地不再交钱，与农村税费改革前的 1999 年相比，仅明面上的税收，农民人均减负 120 元左右（熊晶白等，2011）。我们结束了以农养政时代，进入以工养政、以商养政时代。从此，农民从事农业生产不再为税负发愁，生产积极性得到提高，为足食打下了良好的基础。

清理农民负担不只体现在减免赋税上，为促进粮食生产、保护粮食综合生产能力、调动农民种粮积极性和增加农民收入，国家还灵活运用了补贴手段。早在 1998 年十五届三中全会通过的《中共中央关于农业和农村工作若干重大问题的决定》中，就提出“坚持多予、少取，让农民得到更多的实惠”，2002 年中央农村工作会议在“多予少取”的基础上进一步肯定加大“三农”支持力度，指出新阶段增加农民收入总的指导思想是“多予少取放活”。

2004 年中央 1 号文件提出实施“两减免、三补贴”，“两减免”是减免农业税、取消除烟叶以外的农业特产税、全部免征牧业税，“三补贴”是对种粮农民实行直接补贴、对部分地区农民实行良种补贴和农机具购置补贴。“三补贴”与 2006 年开始实施的农资综合补贴构成了近些年我国农业补贴的基础——农业“四补贴”（2015 年，为支持耕地地力保护和粮食适度规模经营，种粮直补、农资综合补贴、良种补贴合并为“农业支持保护补贴”）。到 2015 年，“四补贴”资金达 1 671.55 亿元，按农村户籍人口计算达到人均 277 元，占农民人均纯收入的 2.6%。中央财政用于“三农”支出的经费逐年增加，而且增速高于财政总支出的增速。用于“三农”支出的经费从 2006 年的 3 397 亿元，增加到 2013 年的 13 799 亿元，7 年间增长了 3 倍多；占中央财政支出的百分比从 2006 年的 14.47%，增加到 2013 年的 20.14%。2014 年以后，三农支出的统计口径有所变化，但支持总量仍然呈逐年增加趋势。①

在中央重中之重战略思想和“多予少取放活”方针指导下，我国农

① 根据 2013—2016 年《中国农业发展报告》统计整理所得。

业补贴覆盖面越来越广，补贴种类不断调整完善，逐渐形成了以生产补贴、价格补贴、收入补贴、金融补贴、生态补贴和产区利益补偿为框架的农业支持保护体系，对推动农业发展、促进农民增收、协调工农关系发挥了重要作用，农民种粮积极性被调动起来，创造了粮食生产“十六连丰”的奇迹。

三、粮食和食品安全政策的演进

新中国成立以来，历届领导人都十分重视粮食生产问题，在1993年还针对南方大幅度压缩粮食面积等情况提出并开始施行“米袋子”省长负责制。1993年印发《国务院关于加快粮食流通体制改革的通知》，提出各省份要切实加强粮食管理，搞好本地区粮食数量品种平衡，确保粮食供给。1995年中央农村工作会议的要求更加具体，指出党政主要领导要实行严格的责任制，“米袋子”如果出了问题，直接由这个省的书记、省长负责。

但中国是世界第一人口大国，“谁来养活中国”的问题一度成为世界关注的焦点，甚至有一些人认为未来的中国必将出现粮食短缺，对世界粮食安全构成威胁。面对这些质疑，中国做出了强有力的回应，1996年联合国粮农组织召开粮食首脑会议期间，我国发表了《中国的粮食安全状况》白皮书，提出立足国内资源、实现粮食基本自给的方针，向国际社会承诺：“中国将努力促进国内粮食增产，在正常情况下，粮食自给率不低于95%，净进口量不超过国内消费量的5%。”

在此基础上，1996年《中共中央　国务院关于“九五”时期和今年农村工作的主要任务和政策措施》明确提出，要认真落实国家宏观调控下的粮食地区平衡和“米袋子”省长负责制，促进主产区提高商品率，销区提高自给率。在随后的1997年和1998年，“米袋子”省长负责制也连续出现在政府工作报告中。2013年4月，国务院总理李克强主持召开国务院常务会议，再次强调夯实农业基础，硬化细化“米袋子”省长负责制。同年12月召开的中央农村工作会议上提出的新形势下的国家粮食安全战略，对完善“米袋子”省长负责制提出了新的更高的要求。

在粮食自给率目标提出来后的一段时间里，中国很好地履行了自己的承诺。直到加入世贸组织之后，需要适应国际规则，也为了更好地利用两种资源、两个市场，中国大幅降低了农产品进口关税，一些农产品，尤其是大豆进口量明显增加，加上国际流通体系的完善和国内消费结构的升级，保持95%粮食自给率目标的必要性开始不断减弱。于是我们又提出了新的粮食安全战略。在2013年中央农村工作会议上，习近平总书记对新时期粮食安全战略进行了系统阐述。他强调“悠悠万事，吃饭为大”，“要牢记历史，在吃饭问题上不能得健忘症，不能好了伤疤忘了疼”，同时提出以我为主、立足国内、确保产能、适度进口、科技支撑的新的国家粮食安全战略。同时，提出了“谷物基本自给、口粮绝对安全”的国家粮食安全目标。

中国的粮食安全概念与FAO提出的粮食安全并不完全一致，但总体思路相同。新的国家粮食安全战略更加强调市场的作用，更善于运用全球资源，力保的范围从保全部、保所有品种转变为保谷物、保口粮，这更加适合中国的国情。但是，有一点是不变的，那就是“中国人的饭碗必须牢牢地端在自己手里”，“中国人的饭碗里必须主要装中国人自己的粮食”。为了实现这个目标，保持农业生产积极性、保证农产品有效供给，国家做了诸多重要部署。

专栏：FAO对“粮食安全”概念的界定与完善

首次提出：

1972—1974年发生了较为严重的自然灾害，许多粮食主产国粮食大幅度减产，全球粮价上涨了近两倍，这是二战后最为严重的一次世界性粮食危机。1974年联合国粮农组织（FAO）在罗马召开的世界粮食大会上敲响警钟，提出了“食物安全”问题，定义为：“任何时候所有人都有能力获得充足的维护生命和健康的食物”，还提出达到粮食安全的标准是粮食储存量占同年消费量的17%～18%。

概念的完善：

到了20世纪80年代，世界经济高速发展，世界粮食产量和粮食储备不断增加，但局部饥饿的问题仍然没有完全消除。联合国粮农组织和一些国家开始在国家粮食安全基础上强调要重视家庭粮食安全。于是在1983年，联合国粮农组织对粮食安全概念进行了第二次界定："确保所有人在任何时候，既能买得到又能买得起他们所需要的基本食物。"在这个定义里，粮食安全最少包含了三层意思：一是产量足够，从总量上保持供求平衡；二是粮食贸易稳定，流通链条畅通；三是价格相对合理，消费者具有购买能力。20世纪90年代，随着经济的发展和生活水平的显著提高，人们对粮食卫生和营养的关注越来越高。针对这一现象，在1996年粮食首脑会议对粮食安全概念作出了第三次完善："只有当所有人在任何时候都能够通过实际的、经济的方式获得足够、安全、富有营养的食物来满足其积极健康的膳食需要及食物喜好时，才实现了粮食安全。"进入21世纪，粮食安全的概念进一步完善，又纳入了社会获得、可持续安全等内涵，确立了现在普遍使用的定义。

耕地是我国最为宝贵的农业生产资源，2006年十届全国人大四次会议上通过的《国民经济和社会发展第十一个五年规划纲要》提出18亿亩*耕地是一个具有法律效力的约束性指标，是不可逾越的一道红线。18亿亩耕地红线，既是红线，又是底线，也有人称之为生命之线，一经提出便引起高度重视，在接下来的每年中央1号文件中，被连续反复提起，成为保障国家粮食安全所必须严防死守的重要屏障。

为了保护耕地，确保可持续发展，国家先后发布多个文件，强调节能减排和废物资源化利用。例如：2011年，农业部发布《关于进一步加强农业和农村节能减排工作的意见》，提出到2015年的减排目标；2015年农业部制定了《到2020年化肥使用量零增长行动方案》和《到

* 1亩=1/15公顷。

2020年农药使用量零增长行动方案》，目标是到2020年主要农作物化肥使用量实现零增长；2020年，农业农村部办公厅、生态环境部办公厅联合印发《关于进一步明确畜禽粪污还田利用要求强化养殖污染监管的通知》，明确畜禽粪污还田利用标准，要求加强事中事后监管，完善粪肥管理制度，加快构建种养结合、农牧循环的可持续发展新格局。

除了保护耕地之外，国家还先后实施了建设粮食生产功能区、推进体制机制和科技创新等一系列政策措施，为国家粮食安全打下了坚实基础。我国粮食连年丰收，谷物自给率常年保持在90%以上（石羚，2020）。国家粮食安全得到了较好的保障。

在高度重视数量增长的同时，近年来国家对粮食生产的质量提高也越来越重视，尤其是加入WTO之后“三品一标”建设全面启动。2001年，国家环保总局发布了《有机食品规范》；2002年，农业部启动了“无公害食品行动计划”；2002年修改的《农业法》第二十三条规定：“符合规定产地及生产规范要求的农产品可以依照有关法律或者行政法规的规定申请使用农产品地理标志”，根据这一规定，农业部2007年出台了《农产品地理标志管理办法》。

“三品一标”认证体系的建成，为我国农业标准化生产，农业品牌建设提供了很好的契机，但在执行过程中，也发现了商贩乱贴标签、产品追溯难、指标体系过时等现象。为进一步规范市场行为，完善认证体系，对一些认证管理办法进行了修改和完善。2012年农业部施行新的《绿色食品标志管理办法》，提高绿色食品准入门槛，建立绿色食品企业年检、产品抽检、风险防范、应急处置和退出公告等证后监督检查制度。2014年质监总局实施新的《有机产品认证管理办法》，设立了认证标志统一编号制度、档案记录制度、有机产品认证目录制度，实现了可追溯。

与此同时，食品安全立法也逐步建立和完善，2009年，第十一届全国人民代表大会常务委员会第七次会议通过了《中华人民共和国食品安全法》，该法在2015年和2018年进行两次修订后，建立了最严格的监管处罚制度，对生产、销售、餐饮服务等各环节实施最严格的全过程管理，成为保障食品安全的重要依据。

专栏：习近平总书记有关“粮食安全”重要性论述摘选

手中有粮，心中不慌。我国有十三亿人口，如果粮食出了问题谁也救不了我们，只有把饭碗牢牢端在自己手中才能保持社会大局稳定。因此，我们决不能因为连年丰收而对农业有丝毫忽视和放松。

——2012年12月，在中央经济工作会议上的讲话

“洪范八政，食为政首。”我国是人口众多的大国，解决好吃饭问题，始终是治国理政的头等大事。虽然我国粮食生产连年丰收，但这就是一个紧平衡，而且紧平衡很可能是我国粮食安全的长期态势。我国耕地就那么多，潜力就那么大，在粮食问题上不可能长期出现高枕无忧的局面。因此，任何时候都不能放松粮食生产和对农业的支持。恰恰相反，我们要不断加大对农业的支持力度。

——2013年12月，在中央经济工作会议上的讲话

我国十三亿多张嘴要吃饭，不吃饭就不能生存，悠悠万事、吃饭为大。只要粮食不出大问题，中国的事就稳得住。这个道理大家都懂，但在实际工作中特别是在农业形势好的时候，往往容易麻痹松懈。因此，我首先要特别强调一下确保国家粮食安全问题。

——2013年12月，在中央农村工作会议上的讲话

随着人口增加、城镇化推进、人民生活水平提高，粮食需求量将呈刚性增长趋势。目前，我国每年大约新增人口六百五十万人，新增城镇人口约二千一百万人，每年因人口数量增长就要增加粮食需求上百亿斤，加上居民食物消费结构变化和农业人口进入城镇，增加的粮食需求就更多。到二〇二〇年，预计粮食需求量将达到一万四千亿斤左右。满足如此巨大的粮食需求，压力可想而知。粮食等农产品消费快速增长的趋势还会持续，相当长时期都不会逆转。

——2013年12月，在中央农村工作会议上的讲话

总体看，我国粮食安全基础仍不稳固，粮食安全形势依然严峻，

什么时候都不能轻言粮食过关了。在粮食问题上不能侥幸、不能折腾，一旦出了大问题，多少年都会被动，到那时谁也救不了我们。我们的饭碗必须牢牢端在自己手里，粮食安全的主动权必须牢牢掌控在自己手中。

——2013 年 12 月，在中央农村工作会议上的讲话

我们的饭碗应该主要装中国粮。立足国内基本解决我国人民吃饭问题，是由我们的基本国情决定的，也是我们一以贯之的大政方针。一个国家只有立足粮食基本自给，才能掌握粮食安全主动权，进而才能掌控经济社会发展这个大局。靠别人解决吃饭问题是靠不住的。如果口粮依赖进口，我们就会被别人牵着鼻子走。

——2013 年 12 月，在中央农村工作会议上的讲话

看看世界上真正强大的国家、没有软肋的国家，都有能力解决自己的吃饭问题。美国是世界第一粮食出口国、农业最强国，俄罗斯、加拿大和欧盟的大国也是粮食强国。这些国家之所以强，是同粮食生产能力强联系在一起的。所以，粮食问题不能只从经济上看，必须从政治上看，保障国家粮食安全是实现经济发展、社会稳定、国家安全的重要基础。

——2013 年 12 月，在中央农村工作会议上的讲话

要扛稳粮食安全这个重任。确保重要农产品特别是粮食供给，是实施乡村振兴战略的首要任务。河南作为农业大省，农业特别是粮食生产对全国影响举足轻重。要发挥好粮食生产这个优势，立足打造全国重要的粮食生产核心区，推动藏粮于地、藏粮于技，稳步提升粮食产能，在确保国家粮食安全方面有新担当新作为。耕地是粮食生产的命根子。要强化地方政府主体责任，完善土地执法监管体制机制，坚决遏制土地违法行为，牢牢守住耕地保护红线。

——2019 年 3 月，在参加十三届全国人大二次会议河南代表团审议时的讲话

四、“寒有所衣、饥有所食”的成效

在党和政府的领导下，中国物质生产不断丰富，人民生活逐渐富足，丰衣足食的愿望得到实现，新中国成立前的饥寒交迫已经彻底成为历史，全国人民开始向全面小康社会迈进。

如今，中国农产品供给实现了由长期短缺到供求基本平衡、丰年有余的历史性转变。尤其是2004年以后，农业生产连年丰收，供给总量不断提高，米袋子得到保障，菜篮子逐渐丰富，畜禽食品的供给能力也持续增强。根据国家统计局数据：2019年粮食总产量为66 384万吨，比1978年的30 477万吨增加35 907万吨，增幅达118%；蔬菜总产量为72 103万吨，比1995年的25 727万吨增加46 376万吨，增幅达180%；肉类总产量为7 759万吨，比1980年的1 205万吨增加6 554万吨，增幅达544%；禽蛋总产量为3 309万吨，比1982年的281万吨增加3 028万吨，增长了10.8倍；油料、牛奶总产量为3 493万吨、3 201万吨，比1978年的522万吨、88万吨分别增加2 971万吨、3 113万吨，分别增长了5.7倍、35.4倍。2021年4月份，国家粮食和物资储备局有关负责同志在国务院新闻办新闻发布会上表示，如今，我国“人均粮食占有量470公斤*以上，远远高出国际400公斤的平均水平”。

食品供给的改善不仅体现在数量的增加上，还体现在种类的增多和供给的丰富上。改革开放以后，随着生活水平的提高，人们对食物的多样化需求也越来越强烈。为适应市场需求，农业生产者和食品企业积极调研，主动研发，开发出品种繁多的各类食品，从主食到副食，从绿色有机到休闲食品，琳琅满目，数不胜数。各大食品品牌也不断崛起，20多年前，中国牛奶市场没有品牌，食用油也没有品牌，现在家家都知道食用油有金龙鱼、鲁花、福临门，牛奶有伊利、蒙牛、光明，像老干妈、乌江榨菜等品牌已经把生意做到了全世界。2019年老干妈辣酱年

---

* 1公斤=1千克。

销售额超过 50 亿元，伊利销售额突破 900 亿元。中国人外出就餐的人也越来越多，2019 年全国餐饮业产值超过 4 万亿元。同时，产品供给质量也有所提高。近年来，食品质量国家抽查合格率始终保持在 95% 以上。截至 2018 年底，全国“三品一标”获证单位总数超过 58 000 家，产品总数超过 12 万个，生鲜乳中三聚氰胺等违禁添加物抽检合格率连续 10 年保持 100%。[①] 中国的食品供给正由吃得饱向吃得好、吃出营养、吃出健康阶段迈进。

新中国成立以来，服装产业也实现了质的飞越。改革开放后家庭承包经营责任制的实行，解放和发展了生产力，释放了数以亿计的青壮年劳动力，为城市发展作出了重要贡献。一些人手里有了余钱，还开始经商办厂，导致 20 世纪 80 年代到 90 年代中期的乡镇企业的快速发展，一度成为国家经济增长的关键动力。乡镇企业的异军突起一方面解决了大量的农民就业和生活问题，另一方面也发展了生产，其中有很大一部分企业从事纺织加工，有的企业还发展成后来的大型纺织企业，为我国成为纺织大国奠定了基础。

1950 年，中国人口在全球占比 22%，而纺织工业的棉纺锭只占全球的 5%，棉纱年产量只占全球的 7.8%，纺织产业纤维加工量只占全球的 10%（陈义方，2017）。改革开放以后，尤其是近 20 年中国纺织业的发展让全世界都为之震惊。如今中国纺织工业的经济总量已经达到全球的一半以上。2017 年，中国化纤产量达到 4 919.55 万吨，占世界比重超过 70%；2019 年中国纺织服装、服饰业工业企业单位达到 13 876家，年服装行业规模以上企业累计完成服装产量 244.72 亿件[②]，相当于为全世界人口每个人生产 3 件以上。

随着生活水平的提高，人们在服装消费方面的绝对支出也越来越多，2019 年全国居民人均衣着消费支出达到 1 338 元。在 2020 年“618

① 中国经济网，https：//baijiahao.baidu.com/s? id=1650148053925233550&wfr=spider&for=pc.

② 产业发展研究网，http：//www.chinaidr.com/news/2020－06/141218.html.

购物节”的18天网络热卖中，京东、天猫两大网站累计下单金额分别达到2 692亿元、6 982亿元，其中针织鞋帽、服装纺织品零售额排名第一。新中国成立之初，绝大多数民众过着“新三年、旧三年，缝缝补补又三年”的简朴生活，改革开放后，百姓服饰风格多样、求新求变，如今从城到乡，从女到男，个个衣着光鲜亮丽，不但穿得暖、穿得整齐，还有一部分人已经开始穿出文化、穿出品位。

此外，近年来的脱贫攻坚已经基本消灭了绝对贫困，让相对贫困群体的基本生活问题得到保障，其中不愁吃、不愁穿是基本要求，最贫困群体的衣食问题也得到解决，真正做到了寒有所衣、饥有所食。

五、稳步提升小康时代“衣食供给”的建议

经过改革开放40多年的努力奋斗，党和政府不仅彻底解决了全体人民的衣食问题，而且带领人民全面步入小康社会，取得的成就举世瞩目。但我们不能被巨大的成就冲昏头脑，要清醒地认识到现在仍处于社会主义初级阶段，发展中还面临着许多矛盾和困难，想要更好地满足人民日益高品质和多元化生活需要，还需要从多个方面共同努力。

（一）高度重视并减少浪费问题

中国人今天摆脱了衣不遮体、食不果腹的困境，但随着人们生活水平的不断提高，物质的极大丰富，一部分人产生了“挥衣如土”“挥粮如土”的心态，浪费现象时有发生。我国每年产生的废旧纺织品超过2 000万吨，可是废旧纺织品的再生利用率不到20%，如果把再生利用率提高到60%，每年可节约1 000多万吨石油、近千万亩耕地。粮食产后损失和浪费严重，联合国粮农组织（FAO）估计，中国每年在收割、运输、储备、加工过程中损失的粮食超过6%。

餐桌浪费问题更加突出，《中国城市餐饮食物浪费报告》显示，我国城市餐饮业仅餐桌食物浪费量就有1 700万至1 800万吨。一些专家认为，全国每年浪费的食物总量可养活2.5亿人至3亿人。

一粥一饭，当思来之不易；半丝半缕，恒念物力维艰。衣食问题任何时候都不能轻言过关，绝不能因为眼前的充裕而轻易挥霍和浪费。随着经济的发展，种粮的变成吃粮的，吃粮的变成吃肉的，人们的食物消费结构由 8∶1∶1 变成 4∶3∶3（即过去吃 8 斤粮 1 斤肉 1 斤菜，今天吃 4 斤粮 3 斤肉 3 斤菜）（刘奇，2015）。消费需求的转变对食品供需的影响都很大，不但对食物供给提出更高要求，而且给农业生产带来了更严峻的挑战。

2013 年，习近平总书记在中央农村工作会议上强调："节约粮食要从娃娃抓起"、"要加强节约粮食工作，从餐桌抓起，从大学食堂和各个单位食堂、餐饮业抓起，从幼儿园、托儿所以及各级各类学校抓起，从每个家庭抓起，让节约粮食在全社会蔚然成风"。在国务院新闻办公室发布的《中国粮食安全》白皮书中，不仅阐述了中国粮食安全成就，而且强调了要增强爱惜粮食的意识，抑制不合理消费需求，减少"餐桌上的浪费"。

为减少食物浪费，全球都在行动，一些国家已经有了成功的经验，在德国任何人都可以举报浪费粮食的行为，相关机构接报后会立即进行核实和处罚；新加坡法律规定，如果在餐馆浪费食物，需加倍付费。为了遏制严重的食物浪费行为，中国也采取了一系列积极的行动，例如，从 2013 年起，就开展了"光盘行动"，取得了一些成效，但还有很大空间。我们应该增强忧患意识，树立科学健康的消费理念，在对各国的做法进行比较总结的基础上，同步完善法制和道德建设，制定出适合我国国情的管制措施和引导办法，减少不必要的浪费。

（二）继续提高农业生产积极性

对每一个农民来说，最关心的是如何提高收入，农民在家种田还是外出打工，在家种田是种粮还是种植其他作物，主要取决于比较利益的高低。

根据《中国农业年鉴 2018》中种植业成本与收益数据，2016 年和 2017 年，水稻、小麦、玉米三大主粮的平均利润为负，即使将成本中的“家庭用工折价”去掉，每亩的收益也只有 328.3 元、381.4 元。相对应的，2019 年全国规模以上企业就业人员年平均工资为 75 229 元，一个家庭种一年地的收入，还不如一个人在外面打工一个月，因此也就不会把主要精力放在种粮上了。农业无利可图，青壮年就会转移到非农产业：第三次全国农业普查时，35 岁以下从事农业的劳动力不足 20%；2019 年全国农民工数量突破 2.9 亿人。

另外，对基层政府来说，粮食生产也缺乏热情。产粮大县往往是工业弱县、财政穷县，在粮价较低和税收贡献优先的情况下，粮食生产需要投入大量资金，却难以带动 GDP 增加和税收的增加，远远没有工业项目和招商引资来得快，形成越抓粮食越穷的怪圈，统计显示，2018 年 13 个粮食主产区有 9 个省区人均国内生产总值低于全国平均水平。利益和政绩驱使下，粮食净调出省越来越少。2003 年，净调出率在 5%以上的省份有 10 个，到 2010 年减少到 8 个，到现在只剩下河南、内蒙古、黑龙江、安徽、吉林 5 个，而且 11 个粮食产销平衡省区的粮食自给率也在下滑，产生的缺口需要这 5 个省补给（刘奇，2020）。

因此，一定要协调好国家、地方政府和农民三者利益关系，形成合力，关键是要调动“两个积极性”：一是调动农民从事农业生产积极性。加大强农惠农政策力度，强化农业生产利益引导，提高比较收益，使从事农业不吃亏。还要完善利益联结机制，优化生产者收入比例，提升农民在利益体系中的价值和地位。二是调动地方政府抓粮的积极性。要在继续坚决执行“米袋子”省长负责制和“菜篮子”市长负责制的基础上，进一步加大对粮食主产区尤其是商品粮调出地区财政转移支付力度和奖补力度，建立产区和销区利益补偿机制，把粮食生产纳入地方政府绩效考核体系，对不同功能区实行有区别的绩效考核标准，不再以 GDP 论英雄，让重农抓粮的地方在政治上有荣誉、经济上得实惠、工作上添动力。只有充分激发各方主体的积极性，才能形成上下齐心协力、齐抓共管促进农业生产的良好局面。

（三）重点提升农产品供给质量

量的安全是显性的，质的安全是隐性的。既要穿暖吃饱，又要吃好吃健康、穿好穿舒心。党的十九大指出，中国特色社会主义已经进入新时代，我国社会主要矛盾已经转化为人民日益增长的美好生活需要和不平衡不充分的发展之间的矛盾。2017 年中央 1 号文件也指出我国农业农村发展已经进入新的历史阶段，推进农业供给侧结构性改革，要在确保国家粮食安全的基础上，以提高农业供给质量为主攻方向，促进农业农村发展由主要满足量的需求，向更加注重满足质的需求转变。

如今，中国衣食的供给总量已经基本可以满足国民需求，产品质量也得到了很大提升，但重金属污染、化肥农药残留等问题仍未完全解决，食品加工、纺织生产等方面的质量不达标问题仍时有发生。

在全面建成小康社会的新阶段，提高产品供给质量要做好两方面事情：

一是做好标准化、品牌化建设。中国的标准化、品牌化发展已经取得了一定的成效，但优质品牌供给的提升空间还很大，尤其是在农业领域，总体上还处于产品多、品牌少，普通品牌多、知名品牌少，一些名优特产还处于“有名无牌”的阶段。比如说，中国是产茶大国，茶园面积、茶叶产量均居世界第一，但茶叶的品牌多而杂，在茶叶主产区，甚至一个县就有几十种品牌，出现了“千家茶企不敌一家立顿”的现象。随着生活水平的大幅提升，大部分消费者已开始从“商品消费”进入“品牌消费”的新阶段。产品的供给也应该适应大众需求，既要体现质量标准化，又要满足消费者需求的口味或款式个性化，甚至还要彰显文化。这就需要我们整合资源、集结要素，从品质、品相、品牌、品位等方面进行全方位打造。从行政层面，要整合行政管理职能，理顺职能边界，并组建专门的品牌建设推进机构。在生产方面，要推动规模化、标准化生产，实现生产和市场的高效对接。在人力资源方面，要加大人才培养和引进力度，为品牌建设提供有力的人才保障。在动力方面，要建立完善的奖励和保护机制，提高品牌创建的主动性。

二是要挖掘利用新资源。食物供给的本质是开发利用生物资源，服饰供给也很大程度上依赖生物开发。生物分为植物、动物和微生物，传统衣食产业主要集中在对植物、动物资源的开发上，虽然对微生物也有所利用，但多处于自然状态，继续开发的空间巨大。对微生物的开发不但可以丰富衣食种类，而且可以提高产品质量，尤其是能够满足人们对高品质生活的需求，一些高级补品，如冬虫夏草、灵芝等都是天然的微生物食材，微生物的药理学价值也不容忽视。生物学研究发现，肠道微生物群组是人体免疫系统的一个组成部分，是抵御致病微生物的第一道屏障。不仅如此，某些肠道微生物的分泌物还会对我们的身体产生显著的调控作用，令我们罹患肥胖症、二型糖尿病或是直肠癌，甚至影响到神经系统，让我们更快乐或更忧郁。对微生物食品和药品的进一步研究、利用能让我们生活得更健康。此外，微生物还能点废成金，提高食物品质，改善农业生产环境，促进可持续发展。许多发达国家已经发现微生物领域的潜力，并开始着手开发。2016 年 5 月，美国总统奥巴马宣布启动“国家微生物群组推动计划”，将研究目标锁定整个生态环境中的微生物群组。中国也应进一步提高认识，整合资源，开启领域攻关，早日登上这块新一轮科技革命的战略必争“高地”。

（四）高度重视和坚持新的国家粮食安全战略

相比过去“以粮为纲”，保全部、保所有品种的粮食安全理念，新的国家粮食安全战略依然明确必须要保证口粮绝对安全，但更强调市场的作用，还特别突出供给能力建设，重视发挥科技作用，注重供给质量和供给的可持续性。战略内容充分体现出国家坚持以我为主、立足国内的决心，也体现出了对当前发展阶段的准确把握和对国内国际两种资源与两个市场的深入认识。围绕国家粮食安全战略，需要做好四件事。

一是要保持战略定力，继续抓好粮食生产。解决好十几亿人的吃饭问题始终是治国安邦的头等大事，保障粮食供给是中央政府的基本目标。从保全部到保谷物、保口粮并不是粮食生产的任务减轻了，目标降低了，而是要集中力量保重点。必须坚定“立足国内、以我为主”的战略信心，坚决守住“谷物基本自给，口粮绝对安全”的安全底线。

二是要完善宏观调控，增强粮食供给和调配能力。产得出，还要运得畅，曾经的突发事件提醒我们，构建完整的农产品供应体系和确保产销区稳定对接的意义重大。建议加强政府对粮食产业运行的宏观调控，完善生产、加工、收购、运输、销售供应链，有序搞好搞活国内粮食购销。完善预警和农业应急管理体系，健全应急预案和快速反应机制，构建多部门联合联动的全产业监测体系，提高粮食安全风险防范应对能力。强化落实“米袋子”省长负责制和“菜篮子”市长负责制，提高粮食在确定财政转移支付规模中的权重，保护地方政府和生产经营主体重农抓粮积极性。

三是紧抓生产能力建设，实现粮食生产可持续发展。产量并不完全等同于产能，就产量而言，中国已经连续多年稳产丰产，呈现较好的发展态势，但从长期来看，确保产能才能从长远上保障我国粮食需求与安全。现在应该综合考虑我国未来粮食供求格局、农业资源环境承载能力，以及保持政策稳定性、连续性等因素，从保持地力、培养人才、提升科技等方面全面提高粮食安全保障能力，重点做到藏粮于地、藏粮于技。

四是适度提高粮食储备能力，合理调节粮食库存数量。仓廪实，天下安。粮食储备是市场供求的“稳定器”，是救灾备荒的“蓄水池”，是战略安全的“保证金”。粮食储备规模和结构应该保持适度，既不可过量，使财富变成“包袱”，更不可不足，否则难以满足需要。联合国粮农组织认为，达到粮食安全的标准是粮食储存量占同年消费量的17%～18%，这个标准对于一些小国来说比较适合。但我国是世界第一人口大国，也是粮食消费第一大国，年消费量相当于世界贸易总量的两倍还多，依靠国际调节的空间有限，国内粮食的余缺能够直接对世界粮食市场产生重要影响，因此所需储备应大于这一水平。目前我国粮食储备总量充足，尤其是水稻和小麦处于历史高位，差不多可以满足全国一年的消费，库存短缺的问题暂时不存在，但这并不代表当前的库存量已经十分合理。短期看，重点是如何解决个别品种的去库存问题，中长期看，是如何提高储备能力建设和保持粮食库存平衡问题。

本章参考文献：

陈义方，2017. 纺织大国崛起历程——中国纺织工业的 70 年［J］. 东方企业文化（3）：52－56.

李攀，2019. 新中国农村供销合作社研究（1949—2002）［D］. 北京：中共中央党校 .

李伊波，齐文涛，2019. 旱魃袭麦："丁戊奇荒"成因再探［J］. 自然辩证法通讯，41（6）：44－53.

刘慧，2021. 向节约减损要粮食安全［N］. 经济日报，01－29.

刘奇，2015. 中国农业现代化进程中的十大困境［J］. 行政管理改革（3）：23－31.

刘奇，2018. 画说中国农村改革 40 年（1978—2018）［M］. 合肥：安徽人民出版社 .

刘奇，2020. 乡村振兴的逻辑原点：缩小源头差距［J］. 中国发展观察（12）：42－44.

石羚，2020. 把中国人的饭碗牢牢端在自己手中［N］. 人民日报，12－04.

熊晶白，熊德平，2011. 我国取消农业税的政策背景与效应——基于制度分析框架的回顾与总结［J］. 税收经济研究，16（4）：75－80.

赵继新，2004. 中国农民合作经济组织发展研究［D］. 北京：中国农业大学 .

第二章　住有所居

安居是乐业之本。住房既是民生问题，也是发展问题，关系千家万户切身利益，关系人民安居乐业，关系经济社会发展全局，关系社会和谐稳定。对于农民这样一个对土地依赖程度高、故土宗族观念深的庞大群体，“住有所居”就显得尤为重要。

一、“住有所居”的成就

从新中国成立到改革开放前，广大农村大多仍是旧房老屋，农民居住条件长期得不到改善。在这段时期，我国农村农民房屋主要有以下几种类型：一是草房或土房，墙基因地取材，平原用砖、山区用石头，土坯墙茅草顶，是这段时期农村农民——特别是中原农村农民的主要住房；二是瓦房，墙壁同样用土坯垒就，房顶改用瓦片；三是楼房，与现在的楼房不同，这类房子多为两层，一般为砖瓦结构，大户人家才能住得起；四是石板房、窑洞等其他形式的住房，这类房子主要分布在山区、黄土高原等地区（李永芳，2002）。

改革开放特别是党的十八大以来，我国的村镇建设事业蓬勃发展，保障体系不断完善，农村住房保障和居住环境质量不断提升，农民不仅“有房住”，而且“住得越来越大、越来越好”。第三次全国农业普查数据显示，至2016年末，全国农民中99.5%拥有自己的住房，“住有所居”的目标基本实现；从居住空间看，根据《2019年城乡建设统计年鉴》，全国农村居民人均居住面积从1978年的8.1平方米增长到2018年的47.3平方米，增长近5倍。

从住房品质看，农民的住房条件也在逐步提高。一方面，住房类型有了大幅度的改善。“50 年代住草房，70 年代住瓦房，80 年代住楼房，90 年代住洋房”，正是农民居住形式变化的生动写照。从草土结构变为砖瓦结构，再向钢筋水泥结构发展，农村住房安全与舒适水平不断提高，“挣钱盖大房子”这个朴素的梦想即使在贫困地区也逐步得以实现。从居住条件看，2018 年贫困地区居住在钢筋混凝土房或砖混材料房的农户比重为 67.4%，比 2012 年提高 28.2 个百分点；居住在竹草土坯房的农户比重为 1.9%，比 2012 年下降了 5.9 个百分点；使用卫生厕所的农户比重为 46.1%，比 2012 年提高 20.4 个百分点；饮水无困难的农户比重为 93.6%，比 2013 年提高 12.6 个百分点。① 另一方面，农房的安全性能也在逐步提高。从 2008 年起，住房和城乡建设部会同有关部门，在全国实施农村危房改造工程，数千万贫困农民住上了基本安全房。据住房和城乡建设部统计，2013—2017 年，中央累计安排补助资金 1 359 亿元，帮助 1 469 万户没有安全住房的贫困农户住上了安全的房子。②

从公共基础设施看，农房的配套生产生活设施也在不断完善。随着脱贫攻坚战取得伟大胜利，农村“通讯靠吼、交通靠走、生产靠牛、治安靠狗”的旧面貌一去不返，村镇基础设施和基本公共服务日趋完善。农村交通基础设施水平不断提高，党的十八大以来，我国新改建农村公路 110 万公里，新增铁路里程 3.5 万公里，国家贫困县中，通硬化路的行政村比重 99.6%，其中具备条件的行政村全部通硬化路。农村基本实现电网全覆盖，贫困地区农网供电可靠率达到 99%，大电网覆盖范围内贫困村通动力电比例达到 100%③；生活用水条件大幅改善，根据脱贫攻坚普查公报（第二号）显示，93.67%的建档立卡贫困户实现供水入户，6.33%未供水入户但取水方便；在供水保证率方面，99.86%不缺水，0.14%供水有基本保障。通信信号覆盖的行政村比重 99.9%，通宽带互联网的行政村比重 99.6%，广播电视信号覆盖的行政村比重

① 国家乡村振兴局网站，http：//www.cpad.gov.cn/art/2019/8/13/art_624_101661.html.

② 搜狐网，https：//www.sohu.com/a/345120200_654278.

③ 国家乡村振兴局网站，http：//www.cpad.gov.cn/art/2021/2/25/art_624_187440.html.

99.9%，贫困村通光纤和 4G 比例均超过 98%。[①] 我国农民行路难、吃水难、用电难、通信难等问题得到了历史性解决。

从宅内生活设施看，农村居民家庭家用电器等耐用物品实现从无到有、从低端到中高端的历史性跨越，贫困地区的宅内生活设施也得到大幅改善。2018 年贫困地区农村每百户拥有电冰箱、洗衣机、彩色电视机等传统耐用消费品分别为 87.1 台、86.9 台和 106.6 台，分别比 2012 年增加 39.6 台、34.6 台和 8.3 台，拥有量持续增加，与全国农村平均水平的差距逐渐缩小；每百户拥有汽车、计算机等现代耐用消费品分别为 19.9 辆、17.1 台，分别是 2012 年的 7.4 倍和 3.2 倍，实现快速增长。[②]

从人居环境看，农村居住环境显著改善。党的十八大以来，美丽宜居乡村建设快速推进，农村人居环境大幅改善，农村整体面貌焕然一新，生活垃圾收运处置体系基本实现全面覆盖，污水处理技术日益普及，城镇污水管网向周边村庄不断延伸覆盖，农村环境卫生水平显著提升。曾经“垃圾靠风刮、污水靠蒸发”的农村环境逐渐成为历史。第三次全国农业普查结果显示，90.8%的乡镇生活垃圾集中处理或部分集中处理，73.9%的村生活垃圾集中处理或部分集中处理，17.4%的村生活污水集中处理或部分集中处理。[③]

二、“住有所居”政策制度的演进

（一）宅基地制度的演进

宅基地是农户用作住宅基地而占有的集体土地，是农民实现其居住权的载体，是“住有所居”的基本前提。宅基地政策是我国现行农村土地制度的重要基础，也是我国土地社会主义公有制的重要体现。宅基地制度的演进历程集中反映了我国在保障农民居住权方面的政策实践与

① 国家统计局网站，http://www.stats.gov.cn/ztjc/zthd/lhfw/2021/lh_tpgj/202102/t20210226_1814108.html.

② 国家乡村振兴局网站，http://www.cpad.gov.cn/art/2019/8/13/art_624_101661.html.

③ 搜狐网，https://www.sohu.com/a/210611759_274382.

探索。

1. 宅基地准私有阶段（新中国成立初期）

1950年中央人民政府颁布《土地改革法》，规定“土地改革完成后，由人民政府发给土地所有证，并承认一切土地所有者自由经营、买卖及出租其土地的权利”。通过土地改革，农民当家做主，3亿无地、少地的农民分到7亿多亩土地。国家承认农民对宅基地及其农房的所有权，农民可以自由买卖、租赁、继承等，对所分到的土地享有处置权，并允许农民通过买卖、租赁获得经济收益。但是与此同时，政府支持引导开展互助合作式的农业生产方式，对宅基地交易逐步开始有所限制。首先是互助组内限制土地买卖、出租，1953年开始对农村党员买卖、出租土地行为进行限制，在意识形态领域逐步强调公有制，并不断弱化土地产权，为后期宅基地集体化改革做好准备。

2. 宅基地集体化阶段（1962—1982年）

1962年八届十中全会通过的《农村人民公社工作条例（修正草案）》中规定“生产队范围内的土地，都归生产队所有。生产队所有的土地，包括社员的自留地、自留山、农村宅基地等，一律不准出租和买卖”，但是“社员有买卖或者租赁房屋的权利”。农村宅基地由农民私有制转变为集体所有制，农民只享有宅基地使用权，虽然允许农民进行房屋交易，但在人口流动限制和计划经济背景下，对房屋的处置权也变成一种名义上的权利。在这一阶段，宅基地归集体所有，无偿、无流转、无期限使用，这种具有身份性、福利性的制度承担了农民的基本社会保障功能（郭贯成等，2019）。

3. 宅基地流转宽松阶段（1982—1998年）

1982年国务院颁布《村镇建房用地管理条例》，规定回乡落户的离休、退休、退职职工和转业军人，回乡定居的华侨，经批准也可以使用农村宅基地建房，首次明确了非农户口的城镇居民也可以取得农村宅基地使用权。1986年版《土地管理法》，明确将允许取得农村宅基地的几类城镇居民放宽到城镇非农业户口居民。在这一阶段，尽管农村宅基地仍然不准出租和买卖，但对农村宅基地和房屋的交易对象开始放松，非农户口的城镇居民也可以取得农村宅基地使用权。

4. 宅基地流转收紧时期（1998—2017 年）

1998 年全国人大常委会通过的《土地管理法》，规定农民一户只能拥有一处农村宅基地，农民出卖、出租住房后，再申请农村宅基地的，不予批准。在该法中，删除了有关城镇非农户口居民可以使用集体所有土地建住宅的规定，对农村住房的交易对象开始严格限制，宅基地仍归集体所有，使用权人必须是本集体经济组织成员，并且首次正式强调“一户一宅”的规定。相对于上一时期，收紧了农民房屋的交易对象，不得向本集体经济组织以外的成员转让宅基地，禁止城镇居民在农村购买宅基地。

这一时期基本形成了现行宅基地管理法律制度和框架。《宪法》、《土地管理法》、《物权法》和《担保法》分别对宅基地的所有权、用益物权、担保物权等做出了明确规定。确立了宅地公有、两权分离，主体特定、无偿取得，一户一宅、面积法定，限制转让、禁止抵押，分级审批、严格管理等宅基地管理的五项原则（贺达水等，2018）。

5. 宅基地赋权强能时期（2017 年至今）

2017 年十九大报告提出乡村振兴战略，为新时期农业农村改革指明了方向。2018 年的中央 1 号文件提出了宅基地“三权分置”制度，其核心在于赋权强能，逐步弱化宅基地的保障功能，强化其财产、资产功能，提高宅基地利用效率、增加农民土地财产性收入。2019 年农业农村部发布了《关于积极稳妥开展农村闲置宅基地和闲置住宅盘活利用工作的通知》，强调积极稳妥开展农村闲置宅基地和闲置住宅盘活利用工作，为激发乡村发展活力、促进乡村振兴提供有力支撑。

（二）生态环境政策的演进

1973 年 8 月 5—20 日，第一次全国环境保护会议在北京召开，揭开了中国环境保护事业的序幕。会议确定了“全面规划、合理布局、综合利用、化害为利、依靠群众、大家动手、保护环境、造福人民”的环境保护工作方针，中国的环境保护工作开始起步。

1977 年 7 月第一次全国农业环境保护工作座谈会在北京召开，对农业环境保护工作进行了具体部署。1986 年 4 月“七五规划”首次提出保护农村环境。1998 年 10 月党的十五届三中全会通过的《中共中央关于农业和农村工作若干重大问题的决定》，将农村环境纳入工作议程，并提出建设富强、民主、文明的社会主义新农村的伟大目标。

1999 年 11 月国家环保总局发布了《关于加强农村生态环境保护工作的若干意见》，系统全面阐述了农村生态环境保护的目标和任务。2005 年 12 月中共中央、国务院制定《关于推进社会主义新农村建设的若干意见》，就农村生态环境保护和建设规定了一系列政策措施。2007 年 10 月党的十七大报告提出建设生态文明的目标，并从城乡统筹的角度强调改善城乡人居环境。同年 11 月，国务院办公厅转发了《关于加强农村环境保护工作的意见》，对农村环境保护工作进行了全面部署。

2008 年 7 月国务院召开了首次全国农村环境保护会议，对农村环境保护工作做了全局性、整体性部署。2012 年党的十八大提出大力推进生态文明建设，努力建设美丽中国的奋斗目标。在此背景下，2013 年的中央 1 号文件提出要加强农村生态建设、环境保护和综合整治，努力建设美丽乡村。

2017 年 10 月党的十九大报告首次提出乡村振兴战略，将生态宜居作为重要内容。在此背景下，2018 年《农村人居环境整治三年行动方案》《农业农村污染治理攻坚战行动计划》《农村人居环境整治村庄清洁行动方案》等相继出台（邵光学，2020）。

（三）农民工住房保障政策的演进

1. 按低收入群体定位的农民工住房保障阶段（2004—2011 年）

2004 年 2 月住房和城乡建设部将“研究解决进城务工人员住房等问题”列入该年工作的要点之一，这是住房和城乡建设部首次将研究解决农民工住房问题列入议事日程。2006 年 1 月 11 日住房和城乡建设部下发的 2006 年度工作要点中，提出了要“切实保护建设领域进城务工农民的利益”，其中将“制定和落实改善农民工居住条件的政策措施，加强对城乡接合部、城中村等农民工聚居地区的规划建设管理，改善农民工居住场所的卫生与安全环境”作为一项重要措施。

2006 年 1 月 31 日国务院颁发了《关于解决农民工问题的若干意见》，这是解决农民工问题的第一个专门的指导性文件，将农民工住房问题作为农民工问题中需要解决的突出问题之一，指出农民工在居住方面存在困难，要求重视和解决。该文件第一次明确提出了要“多渠道改善农民工居住条件”。

2007 年 8 月国务院颁发了《关于解决城市低收入家庭住房困难问题的若干意见》，首次将农民工划为“城市其他住房困难群体”，提出“力争到‘十一五’期末，使低收入家庭住房条件得到明显改善，农民工等其他城市住房困难群体的居住条件得到逐步改善”。

2007 年 12 月 5 日根据国务院颁发的《关于解决农民工问题的若干意见》和《国务院关于解决城市低收入家庭住房困难问题的若干意见》的文件精神，住房和城乡建设部、发改委等五部委联合制定和发布了《关于改善农民工居住条件的指导意见》，这是国家层面出台的首个专门针对解决农民工住房问题的文件。该文件提出了改善农民工居住条件的指导思想、基本原则、方式、政策支持、监督措施等。

2010 年中央 1 号文件提出，要“多渠道多形式改善农民工居住条件，鼓励有条件的城市将有稳定职业并在城市居住一定年限的农民工逐步纳入城镇住房保障体系”。这是中央 1 号文件首次提出要改善农民工居住条件，也是首次提出有条件的城市可将符合条件的农民工纳入城镇住房保障体系（曾国安等，2014）。

2. 按基本公共服务均等化定位的农民工住房保障阶段（2012 年至今）

2012 年 7 月 11 日国务院印发《国家基本公共服务体系“十二五”规划》，指出要向“城镇稳定就业的外来务工人员”提供公共租赁住房，作为实现基本公共服务供给和基本公共服务均等化的内容之一。2013 年以来，党中央、国务院明确提出把推进农业转移人口市民化作为新型城镇化的首要任务，并对推动1亿非户籍人口在城市落户做出全面部署。

2013年10月21日国务院总理李克强在中国工会第十六次全国代表大会上的经济形势报告中提出，目前农民工有2.6亿，政府、工会都要行动起来，帮助他们实现从暂住到安居，从就业到乐业，让他们真正融入城镇，享受应有权利。2013年11月召开的十八届三中全会提出了坚持走中国特色新型城镇化道路，推进以人为核心的城镇化，推进农业转移人口市民化。

2014年3月16日中共中央、国务院发布的《国家新型城镇化规划（2014—2020年）》，明确提出要逐步使符合条件的农业转移人口落户城镇，逐步解决在城镇就业居住但未落户的农业转移人口享有城镇基本公共服务问题（曾国安等，2014）。

三、“住有所居”面临的问题

（一）宅基地使用粗放、管理混乱

2014年中办、国办联合印发《关于农村土地征收、集体经营性建设用地入市、宅基地制度改革试点工作的意见》，对宅基地制度改革提出了工作部署和具体要求。2015年国土资源部牵头在33个试点县开展农村土地制度改革试点工作，经过几年的试验探索，总结出很多有价值的改革经验，为宅基地制度改革持续走向深入打下了坚实基础。

就目前而言，各地的改革试验还停留在总结经验的阶段，远没有达到可以普遍适用、广泛推广乃至以形成制度或法律的程度。实际生活中，农村宅基地多占、超占、浪费的情况比比皆是，很多农村虽然青壮年外出务工导致村里人少，但是房子却“盖满了”，甚至挤占了耕地、道路。有村民反映，村子里房子胡乱扩建，“车子进不去，棺材出不来”，有些村民家出殡，因住房挤占道路，需要把院墙拆了才能把棺材抬出来。宅基地使用的粗放和管理的混乱不仅影响了村容村貌，也使得年青一代的农民没有宅基地可分，成家却无法分户的情况在很多农村普遍存在。

总的来说，目前农村宅基地管理主要存在以下几方面的问题。

一是农村宅基地使用粗放，闲置浪费严重。农村宅基地取得无偿、退出无价，导致农村宅基地利用粗放问题严重。一方面宅基地总规模缺乏有效控制，农村宅基地新增需求不断增加，存量宅基地盘活利用不足。另一方面，部分地区农村宅基地布局散乱，农民建房无序，占用承包地、耕地和公路交通沿线建房等违法现象较为普遍。此外，部分农民工在城镇购买了住房，依然保留着农村的宅基地，他们既占有农村宅基地、又拥有城镇住房，形成农村和城市双重占地、一户多房的新局面，而且呈发展趋势。2017 年国家土地督察南京局对苏皖浙 3 省 7 个县（市）进行了实地调研，7 县（市）现有长期空闲宅基地 11.72 万宗、占地面积 6.25 万亩，分别占宅基地总宗数、总面积的 7.2%、8.8%，人口外流的欠发达地区和较为偏远的村庄空置现象更为严重（魏丽华，2020）。

二是一户多宅和超标准建房现象普遍存在。现行宅基地审批制度环节过多、周期长，而农民建房具有很强的随时性和零散性特征，因此实际中，边报边建、未批先用、乱占滥用等现象时有发生。同时，由于历史、文化、自然形成、继承或建新未拆旧等多种原因，农村一户多宅、“空心村”、空置住宅、超标准占地等问题依然存在，在个别地方还相当突出。从 15 个试点地区来看，一户多宅的户数占比在 18%～40%，宅基地超标准情况普遍存在，较多地区占比在 60% 以上（魏莉华，2020）。

三是缺乏有效的宅基地退出机制。我国现行法律对宅基地的取得作出了具体规定，但对宅基地退出的政策规定则过于原则性，没有可操作性的标准和程序，更缺乏引导村民主动退出宅基地的有效机制。根据试点地区地籍房屋调查，“少批多占”“未批先建”“一户多宅”等历史遗留问题较多，难以处理和退出，导致宅基地资源未能有效配置。

四是实行“一户一宅”的宅基地保障制度难度不断加大。在经济欠发达的农村地区，宅基地供需关系相对稳定。而在经济发展较快、人均耕地少、二三产业比较发达的地区，新增建设用地供需矛盾突出，通过分配单宗宅基地以保障农民居住权益的难度日益加大，“一户一宅”制度难以为继。

（二）人居环境改造脱离实际

生态宜居是实施乡村振兴战略的关键环节，是提高广大农村居民生活水平的重要基础和保障。打造生态宜居的农村环境，要坚持以人为本，遵循人与自然和谐发展规律，从生态环境建设入手，以优美环境带动乡村其他领域共同发展，实现农业农村现代化。

在实际工作中，普遍存在以城市化的审美，以统一的标准，以行政命令的方式改造农村环境的情况，就环境论环境，没有将农村生态环境建设和农民生产生活需求结合，没有将社会主义新农村的形象与传统文化相结合。这种方式打造出的钢铁水泥式新农村，没有了中国传统村落的烟火气，也给农民生产生活带来了很多不便。

一方面，部分地区改善农村环境背离了提高农民生活水平的初衷。打造生态宜居的农村环境是以改善农民生活水平和实现农业农村现代化为目的的，有些地区在农村环境规划和建设中，脱离当地农村的生产生活实际，强推一些“高大上”的做法，招致农民的抵触和反感。比如，原本“房前屋后，种瓜种豆”的庭院种植，现在只允许种花草等景观植物；围栏篱笆不许用竹木柴草，只能用白漆木板或塑料板，既浪费又不环保；严重缺水或结冰期很长的地区，在不改善其他配套条件的情况下强制推广冲水马桶。这些做法都脱离了农村实际情况，没有考虑农民的生产生活需求，这样的环境改造不仅效果不好，还会影响农民正常的生产和生活。

另一方面，农民在农村环境改造中缺乏话语权。在农村规划、基础设施建设、环境改善等工作中，农民总体参与水平很低。由于基层政府在农村生态环境建设的相关工作决策中，较少征求当地村民的意见，同时，由于农民自身相关知识的缺乏及权利意识较弱，也很难通过相关的咨询会、听证会等渠道反映自身诉求，在农村环境规划和相关工作决策中，农民很难发出自己的声音。最终导致农村生态环境建设很难满足农民的需求。

（三）农民工住房保障落实不到位

尽管从中央到地方都要求把农民工纳入保障性住房体系，但实际承租公租房的农民工数量极少。调研发现，2019 年广东省租赁公租房或廉租房的农民工仅占农民工总数的 2%，东莞市则只有 0.06%。很多地区在制定农民工住房保障政策时，申请门槛过高，大部分农民工无法满足申请条件。比如有些省市要求外来务工人员申请公租房需有 5 年稳定工作、5 年社保，有些地区要求新就业农民工申请公租房需有大专以上学历。这些条件对于平均受教育程度低、流动性大的农民工群体来说，很难实现。尽管各级政府都高度重视农民工住房保障这项工作，但是如此高的申请条件导致相关政策“叫好不叫座”，对缓解农民工住房困难收效甚微。

四、完善小康时代“住有所居”的建议

（一）完善宅基地制度基本框架和长效机制

一是完善关于“一户一宅”相关政策法律规定。“一户一宅、面积法定”是农村宅基地使用管理制度的核心。1998 年颁布的《土地管理法（修订）》第六十二条第一次对此做出明确规定，中央文件以及有关部门印发的文件也多次重申要坚决贯彻这一法律规定。然而各地对于“户”的界定很不相同。有些地区农村子女成家后即可分户，而有些地区则明文规定父母必须随一个子女组成一户。由此看来，有必要进一步明确户的概念和分户条件，以便使相关的法律规定落到实处。另外，实践中，有些“一户多宅”的情况是合理、合法的。一种情况是子女因继承父母的住房和宅基地，自然衍生出“一户两宅”甚至“一户多宅”。对这种情况根据《继承法》的有关规定，普遍认为是合法的。另一种情况是，在 1998 年《土地管理法》颁布之前存在的“一户多宅”，因法不

溯及以往，也被认为是合理合法的。为此要抓紧研究，在法律制度层面衔接好《土地管理法》与《继承法》的相关规定，同时对上述“一户多宅”现象做出法律解释，使宅基地管理能够真正做到有法可依、有法必依。

二是明确宅基地管理主体及其法律地位。在目前的改革实践中，村民事务理事会发挥了不可替代的作用，也收到了良好的效果，有效地提升了农村基层治理水平。过去，农民群众对未批先建、少批多建、“一户多宅”、困难户落实宅基地难等弊端，看在眼里，怨在心里，也表达过不满，但问题就是解决不了。现在改革捅破了窗户纸，营造了不改群众不答应的氛围。有村民理事会主持公道，使得很多过去不好解决也解决不好的老大难问题迎刃而解了。但是“村民理事会”目前还仅仅是一种村民自治的探索，没有相应的制度安排和法律规定，也不具备诉讼主体资格。要加快宅基地管理在制度和法律层面的研究，改革不仅要解决历史遗留问题，还要建立一整套规范管理、民主监督的体制机制，为长远杜绝侵权乱象奠定坚实的制度基础。

三是发展壮大集体经济。从某种意义上说，宅基地制度是建立在集体经济实力基础上的。在第一轮改革试点期间，很多试点县对腾退超占的宅基地，集体经济没有钱补，只好记台账，如果久不兑现会挫伤群众的改革积极性。又比如，各个改革试点县市都建立了宅基地自愿有偿退出的倒逼机制和激励机制，但由于补偿标准低、力度小，真正退出的农户数量很少。解决此类问题，从根本上说要靠发展壮大集体经济。

（二）人居环境改造贴合农村实际

什么样的环境“宜居”，标准在农民心中，要根据农村的实际情况决定。按照城市思维，将宜居的农村人居环境简单地定义为整齐、卫生、环保，是脱离农村实际需求的。我国农村地域辽阔，农民居住分散，乡情千差万别，打造生态宜居的社会主义新农村，一定要以保障和改善民生为方向。

一方面，要充分认识到不同地区农村的差异性，充分尊重当地的自然条件和人民生活习惯，分地区施策。我国幅员辽阔，南北东西自然地理环境差别很大，不同民族、地区之间的生活习惯更是千差万别。因此，忽略不同地区农村差异，用统一的标准去制定全国农村人居环境政策、规划是不切实际的。

另一方面，要充分认识到城市和农村、工业和农业的差异性。与城市生活不同，在农村，生产、生活、生态是三位一体、密不可分的。从生活空间看，农民的家里需要放置如铁锹、水桶、绳索、扁担等一些随时备用的简单农具和临时堆放刚刚收打下的农产品，大多数人家还要放置如机动三轮等小型农机具；从生活习惯看，农民务农没有准确的上下班时间，农业生产的对象是大自然，有很强的季节性，对自然环境的依赖和影响程度都与城市生活不同，既要遵循自然规律也要遵循经济规律。从生活需求看，城市生活所需的食物和生活用品随处可以买到，但农村各种配套服务设施还很不完善，农民的消费能力也有限，所以在农村地区，瓜果蔬菜等生活必需品大多还是通过庭院种植来获得，既满足生活需要，也是一种和谐健康的生活方式。一些地方以改善居住环境为由，强行拆旧村建新村，房屋都设计成一个样子，道路横平竖直，屋前屋后只能种植景观植物，这不仅破坏了农村原有的美感，还会严重影响农民的日常生活。在制度设计中必须改变一直以来以城市思维设计农村制度的方式，把选择权交给农民，让农民为自己谋划，建设真正符合农民需要的“宜居”环境。

此外，改善农村人居环境要脚踏实地。一是要树立正确的政绩观。改善农村人居环境，是要农民心里觉得宜居，而不是领导看着宜居。不能劳民伤财搞形象工程，也不能脱离实际搞打造盆景应付检查，而是要切实以改善农民生活质量为目的去改善农村环境。二是政策制定要从实际出发。中国农民才刚刚摆脱贫困，农村基础设施建设还比较薄弱。改善农村环境不能好高骛远、贪大求洋、脱离实际，要着眼于农民最急迫的需求，循序渐进地改善人居环境，切实提高农民的幸福感和获得感。

（三）解决农民工住房困难问题

住房是进城农民工最关切的实际问题之一，提高农民工住房保障水平，对促进基本公共服务均等化、稳定产业工人队伍、增强农民工落户城市意愿都具有重要意义。早在2010年的中央1号文件就明确提出鼓励有条件的城市将农民工逐步纳入城镇住房保障体系。此后，国家“十二五”规划、新型城镇化规划也明确提出了进一步要求。近年来各地为此做出不少努力，但总的来看，政策的覆盖面还不大、实施力度还不够。从各地的实践看，解决农民工住房差、住房贵、住房难问题，要着力构建购房与租房并举、市场配置与政策保障相结合的住房体系。

一是充分发挥市场配置的作用。农民工密集城市要通过合理安排供地、信贷、完善二级市场等措施，促进房价保持在合理区间，多开发小户型住房，稳定农民工购房租房预期，让农民工购得起、租得上、住得进。要加强对农民工住房建设的政策引导，积极探索共有产权房、利用集体建设用地建房、支持厂区园区建房、鼓励企业实施租赁补贴等多种方式，多途径增加市场住房供给，扩大农民工受益面。

二是继续推进农民工密集城市保障房建设。多方筹资，创造条件，努力增加公租房房源，鼓励开发区、工业园区和劳动密集型企业建设集体宿舍类公共租赁住房，解决园区内农民工的住房问题，将农民工切实纳入保障性住房体系。同时，要不断改善农民工居住相对比较集中的居住区的卫生和基础设施条件，比如说水、电、气、道路，包括环境卫生，以及教育、医疗等社会公共服务，使农民工的居住环境、居住安全得到保障。

三是完善保障性住房政策。针对农民工的实际情况，适当降低非户籍人口申请公租房门槛。将公租房诚信管理纳入社会信用体系平台，增加失信人的违规成本，健全公租房退出机制，盘活存量资源。大力提倡和推进覆盖面更广、效率更高的货币化租赁补贴。从长远来看，提高住房保障体系对农民工特别是低收入农民工的覆盖面，还是要采取租赁补贴保障为主、实物保障为辅的办法。

本章参考文献：

董新辉，2019. 新中国70年宅基地使用权流转：制度变迁、现实困境、改革方向［J］. 中国农村经济（6）：2-27.

高圣平，2015. 宅基地制度改革试点的法律逻辑［J］. 烟台大学学报（哲学社会科学版）（3）：23-26.

苟正金，2017. 我国宅基地制度变革的道路选择与反思［J］. 江汉论坛（4）：140-144.

郭贯成，李学增，王茜月，2019. 新中国成立70年宅基地制度变迁、困境与展望：一个分析框架［J］. 中国土地科学，33（12）：1-9.

国家统计局，2021. 国家脱贫攻坚普查公报（第二号）［EB/OL］.（2021-02-25）http://www.stats.gov.cn/ztjc/zthd/lhfw/2021/lh_tpgj/202102/t20210226_1814108.html.

贺达水，高强，2018. 农村宅基地制度改革研究［J］. 理论探索（4）：86-91.

黄祖辉，黄宝连，顾益康，等，2012. 成都市城乡统筹发展中的农村土地产权流转制度创新研究［J］. 中国土地科学，26（1）：21-26.

李永芳，2002. 我国乡村居民居住方式的历史变迁［J］. 当代中国史研究（4）：49-57，126.

刘守英，2015. 农村宅基地制度的特殊性与出路［J］. 国家行政学院学报（3）：18-24.

刘守英，2017. 中国土地制度改革：上半程及下半程［J］. 国际经济评论（5）：29-56.

邵光学，2020. 新中国70年农村生态文明建设：成就、挑战与展望［J］. 当代经济管理，42（4）：6-11.

王尚武，2019. 大数据“数说”脱贫攻坚重大成就［EB/OL］.（2019-08-13）http://www.cpad.gov.cn/art/2019/8/13/art_624_101661.html.

魏莉华，2020. 如何理解农村宅基地“三权分置”和管理中的突出问题［EB/OL］.

（2020 - 06 - 03） https：//www.zgxcfx.com/sannonglunjian/ 116922.html.
习近平，2021. 在全国脱贫攻坚总结表彰大会上的讲话 [EB/OL]. （2021 - 02 - 25） http：//www.cpad.gov.cn/art/2021/2/25/art _ 624 _ 187440.html.
曾国安，杨宁，2014. 农民工住房政策的演进与思考 [J]. 中国房地产（20）：12 - 21.
张振勇，2013. 农村宅基地制度演化研究 [D]. 泰安：山东农业大学.
“中国村镇建设 70 年成就收集”课题组，2019. 新中国村镇建设 70 年的辉煌成就 [J]. 小城镇建设，37（9）：13 - 18.

第三章　行有所乘

交通是时代变化的重要标志，自 1978 年改革开放以来，交通领域发生了翻天覆地的变化。随着全国各地基础设施建设水平不断提高，人们不仅要出行便捷，出行交通工具选择更加多元化、出行方式更加智能化，是小康时代推进交通事业发展的重要方面。

一、“行有所乘”的成就

改革开放以来，我国农村交通出行取得了跨越式发展。农村交通发展成效的取得首先体现在交通供给水平不断提高，水、陆、空立体综合交通体系逐步形成；其次，随着交通发展基础的日益完善，人们对交通出行工具选择更加多样化，由传统的依靠步行到依靠两个轮子工具、到依靠三个轮子的工具再到四个轮子；第三，为了更好地提高交通供给状况，更优满足交通需求实践，交通政策制度不断完善，交通技术变革、管理体制、经营方式等多个方面不断改进。

（一）交通建设水平不断提高

交通基础设施一直以来被人们看作是社会经济发展的前提条件，改革开放的开启正式拉开了我国农村交通基建快速发展的序幕。经过 40 多年的交通基础设施建设，我国农村交通状况由过去的运输方式单一、交通条件薄弱、发展规模小和管理水平不足，转变到现在的运输方式综合化，交通运输方式形成公路、铁路综合运输网络，交通条件改善、发展规模增大以及管理水平提高。以公路发展为例，改革开放以来，我国公路营业里程由 1978 年的 5.2 万公里增加到 2019 年的 501.3 万公里，40 年间铁路营业里程增长了 95 倍，铁路营业里程由

1978 年的 5.2 万里*增加到 2019 年的 13.9 万公里，40 年间铁路营业里程增加了 167.3%（中共交通运输部党组，2019）。以下将对公路、铁路各种交通运输方式改革开放以来发展的成就逐一梳理。

1. 公路

改革开放以来，我国农村水泥路公路发展快速，由之前泥泞的田埂路、羊肠小道、泥巴土路变成了水泥路、公路。1978 年以来，农村公路建设速度不断加快，尤其是近十年，农村公路建设的加快不仅体现在公路里程的增加上，还体现在建设质量的逐步提升方面。改革开放初期，我国农村公路运输里程不足 60 万公里，截至 2007 年，农村公路运输里程增加到 313 万公里，年均增加里程相当于两个赤道长度，农村公路建设的快速发展使得 99%的乡镇和 88.2%的建制村通上了柏油路或水泥路（江林，2020）。截至 2020 年年底，我国农村公路总里程高达 420 万公里，比改革开放初期农村公路里程约增加了 360 万公里。420 万公里的农村公路里程，占公路总里程的 83.8%，共解决 246 个乡镇、3.3 万个建制村通硬化路难题，新增 1 121 个乡镇、3.35 万个建制村通客车，基本实现具备条件的乡镇和建制村通硬化路、通客车。其中，县道里程 58 万公里，乡道里程 120 万公里，村道里程 242 万公里（张卫华和钟嘉政，2020）。与此同时，我国农村公路建设投资额逐年增长，交通运输部数据显示，2019 年我国农村公路建设完成投资 4 663 亿元，截至 2020 年年底，交通运输部涉及农村公路建设投资金额高达 430 亿元（交通运输部安全与质量监督管理司，2020）。

改革开放以来，我国农村公路发展经历了快速发展、增量提质两个阶段。

1978 年以来，我国农村公路建设无论从规模还是等级上都取得了快速发展。具体表现在我国在改革开放后采用了提高养路费、征收车辆购置附加费作为公路建设专项基金、允许集资贷款修建的路桥隧收取车

* 1 里=500 米。

辆过路费、“以工代赈”修县乡公路、争取世界银行贷款等措施。公路的快速发展使得我国公路在各级行政单位覆盖率不断提高。截至1990年年底，除西藏墨脱县，全国2 200多个县市和90%以上的乡镇都通了公路，2000年末全国高速公路里程已达世界第三位。我国农村公路发展也取得了较多的成效。2001—2005年我国农村地区启动了规模较大的公路建设工程。交通部2003年为此还制定了“修好农村路，服务城镇化，让农民兄弟走上沥青路和水泥路”的目标。这样的目标驱动下我国农村地区公路建设里程逐年增加，建成后的公路每年养护也有一定的经费保障。除此以外，我国乡镇层面出行也有了很大便利。具体表现在，我国各地区乡镇和建制村的客车通达率接近100%，此外，在农村乡镇和乡村道路通达率提高的同时，农村公路的维护保养重视程度也逐步提高（交通运输部，2019）。统计数据显示，2006年我国农村公路养护比例仅为30%，而到2014年农村公路养护率已达到“有路必养”的程度，公路养护重视程度的提高使得我国公路质量不断提升，至2018年年底，我国农村公路道路硬化率基本接近100%（交通运输部，2019）。

2. 铁路运输

改革开放以后，我国铁路快速发展。2018年年末我国铁路营业里程已达12.3万公里。其中，高铁发展成就更为突出。2008年我国第一条高速铁路，即京津城际铁路开通运营，标志着我国高铁时代的正式开始。2011年建成通车的京沪高速铁路，是世界上商业运营速度最高、里程最长的高速铁路。目前，我国高铁已形成横贯南北、贯通东西的网络布局，“四纵四横”高铁主通道全部提前贯通，高铁覆盖65%以上的百万人口城市。从世界范围来看，我国高铁已经占到了世界高铁总里程的67%。除了覆盖范围扩大，运营里程的增加，我国铁路运行的速度也实现了一次次的突破。

改革开放以后的铁路发展历程可以分为两个时期，1979年至21世纪初期，我国铁路建设以大会战和试建高速铁路为主要内容，步入21

世纪，正式全面开启高速铁路时代。第一个时期，铁路建设大会战以“衡广、大秦、华东”为主攻对象，以京九、兰新、宝中、侯月等铁路线为重点建设内容。最终，于1992年建成了大秦铁路，使得它成为我国第一条双线电气化重载铁路。20世纪90年代我国还实施了南疆、内昆、俞怀、京九等新铁路线的建设，其中，京九铁路的建成通车意味着我国内地至中国香港可以直达通行。

除了增加新铁路线的建设，这一时期，铁路的牵引动力结构也进行了革新，使得我国铁路动力实现了由早期的以蒸汽机为主转向以内燃机和电力为主的转变。1978年之前，我国铁路牵引动力中4/5以蒸汽机为主，1978—1999年，随着技术的不断革新，铁路牵引动力开始采用以光纤为代表的通信技术和计算机技术，进而大大提高了我国铁路运输的信息化水平。

同时，这一时期，高速铁路尝试建设成为主要建设内容。1994年我国第一条准高速铁路——广深铁路建成，并于当年的12月投入运营，时速达到160公里。此外，铁路部门还进行了大规模的提速试验，例如，1995—1996年对沪宁、京秦等运输量较大的铁路线路重点提速，将铁路运输速度提到了每小时160公里，这一定程度上缓解了铁路客运的压力。另外，1997年和1998年还对北京铁路环线、郑武铁路线路提速，使得提速后的火车达到每小时212公里、240公里。

经过第一个时期覆盖范围和牵引力的改革，第二个时期我国高速铁路进入全面发展时期。高速铁路时期的全面到来，使得我国城乡之间的空间和时间距离大大缩短，而且，还促进了铁路沿线的经济发展。为了支持高速铁路的全面发展，我国从规划和建设两个维度进行推进。从规划来看，国家分别于2004年、2008年、2016年制定了《中长期铁路网规划》及其修订版，通过规划对我国高速铁路发展分别从宏观和微观层面进行了重要布局。从建设上来看，我国在高速铁路和动车组运行时速上不断追求突破，并取得了丰硕的成果。在高铁时速上，最具里程碑之一的是北京至天津的城际铁路，运行时速高达350公里。在建设难度上，最具代表性的是 2012 年投入运营的哈大线（哈尔滨至大连），该条铁路是我国也是世界上第一条高寒高速铁路。2010 年世界上首条热带地区环岛高速铁路——海南环岛高速铁路等纷纷建成，2017 年西北地区全面融入全国高速铁路网，形成高铁线上的“丝绸之路”。

除了铁路建设以外，第二时期铁路发展还将中西部和贫困地区脱贫作为重点。21 世纪以来，全国铁路的发展重心向中西部倾斜，通过增加中西部和经济欠发达地区新铁路线的发展投资，为贫困地区经济发展增加动力。在此期间，拉日铁路、大西铁路、太西铁路、太中银铁路等铁路线路陆续投入运行，青海至西藏铁路的全部投入使用则意味着我国 31 个省级行政区划单位（不含港澳台）都通上了铁路。

（二）交通出行方式逐步多元

改革开放 40 多年来，我国农村交通出行方式越来越多元化。农村居民的交通出行方式呈现从不便捷到便捷、方式单一到方式多元等特点，其中，交通便捷变化表现为人们出行从售票窗口买票到代售点买票再到电话订票、网络预约订票。交通出行方式多元化发展体现为农村居民交通出行方式从刚开始的步行、畜力车到自行车到摩托车、三轮农用车再到电动车、小汽车的转变。整体而言，农村交通出行方式经历了从一个轮子到两个轮子、三个轮子和四个轮子出行工具的变化。分阶段来看，改革开放以来，农村居民交通出行方式经历了三个阶段的变化，三个阶段分别对应 1978—1989 年、1990—1999 年和 2000 年之后。

1. 1978—1989 年

伴随着改革开放的推进，农村居民交通出行也日益便捷。改革开放之初，农村居民家中普遍没有什么交通工具，大多靠步行，有些条件好的农村居民家庭依靠畜力车，少数富裕家庭拥有自行车（图 3－1）。

农村交通出行由步行到畜力车的转变，标志着农村交通出行方式的一个重要进步。农村交通出行方式以畜力车为代表最早出现于 20 世纪 50 年代，到改革开放初期，畜力车已成为农村出行的主要工具。畜力

图 3-1　农村居民早期步行交通方式

注：图片来源于 https：//xw. qq. com/cmsid/20190103a06did00？f=newdc.

车出行方式代表着，农村牛、马等牲畜成为农村居民家庭中重要的工具，成为人们出行和农业生产中的得力帮手。在此时期，经常可见农村家庭院子里有一个棚子专门供牲畜住。农村地区以畜力车出行还有显著的区域差异，畜力车出行多见于北方农村。具体而言，中国秦岭淮河以北的农村地区牲畜主要以马为代表性牲畜，而且，畜力车的马不是普通的家用马，而是多见以蒙古马为主，这种类型的牲畜具有力气大，跑得久跑得远等优点。此外，牛、骡子、毛驴也是农村居民交通出行的畜力，农村居民依靠畜力去集市买东西或是走亲访友（图 3-2）。畜力这种农村交通出行工具的缺点也很明显，出行时要准备很多草料供牲畜食用。

七八十年代，农村居民交通出行方式以自行车为主。在此时期，国产自行车"飞鸽""永久"等品牌是最受农村居民欢迎的自行车品牌。在农村，自行车也成为婚姻嫁娶时男方给女方聘礼中的大物件（图 3-3）。

90 年代以后，摩托车成为农村主要交通工具。在此时段内，交通出行方式最显著的特点是摩托车作为一种更新颖的出行方式开始流行（图 3-4）。这个时期摩托车这种出行工具也很稀缺，摩托车常见的品牌主要有嘉陵 70 和本田王。由于摩托车骑行速度快、外观时尚，因此，

图 3-2　农村居民早期做畜力车出行

注：图片来源于 https：//xw. qq. com/cmsid/20190103a06did00？ f=newdc.

图 3-3　农村居民骑自行车出行

注：图片来源于 https：//xw. qq. com/cmsid/20190103a06did00？ f=newdc.

这种出行工具现在依然受到人们的追捧。在此背景下农村的摩托车数量也越来越多。摩托车这种交通出行工具的出现给农村居民交通出行带来了很大的便利，相对自行车、畜力车，摩托车可以到更远的地方去，农村居民去探访远方亲朋好友，去几十里外的县城买东西成为一种可能。40 多年后再回过头来看，摩托车这类交通工具的不足也很明显。摩托车“嘟嘟嘟”的声音很大，另外，摩托车驶过有一阵阵的黑色尾气，摩托车的承载力和承载量也比较有限。

图 3-4 农村居民骑摩托车出行

注：图片来源于 https：//xw. qq. com/cmsid/20190103a06did00？f=newdc.

2. 1990—1999 年

1990—1999 年，我国交通出行较大的变化是人们交通出行的工具速度更加快捷。20 世纪 90 年代，我国交通运输速度显著提高，尤其体现在铁路运输方面，与此同时，航空运输在人们出行方式中占据的地位也越来越重要。在此背景下，人们远途出行成为越来越多的现象。在此期间，春运也开始成为临近过年一种特有的景象。

90 年代末，随着农业机械化发展进程加快，农村地区农用车也成为一种交通出行方式。常用的农用车包括拖拉机、四轮车、三轮车等，农村居民利用这些农用车去镇上、县城办事或是在村委会组织义工时派上用场。除了为农村居民提供出行方便，三轮车还为农村居民创收提供了便利，例如，农闲时，有些村民利用三轮车做些生意，农忙时，村民可以借助三轮车做一些蔬菜、水果买卖。此外，三轮车这种交通出行工具还呈现年龄异质性，脚蹬三轮车是农村老年人首选的交通出行工具。在农村，三轮车的便捷作用还体现在能够作为一种交通工具，接送孩子上学、放学。

随着电池技术的发展，电动车成为一种新式的交通出行工具。相对于自行车、摩托车，电动车具有显著的优势，例如，电动车相对自行车省力，速度更快，相对摩托车没有噪声，同时，也没有黑黑的尾气排放，电动车也不需要加油，只要充电，作为农村居民交通出行方式，更经济更便捷。

3. 2000—2009 年

21 世纪初期，小汽车作为一种更便捷更高档的交通出行方式在农村地区开始出现。从需求侧角度来看，随着改革开放带来的红利不断释放，农村地区发生了较大的变化，同时，政府对农业的补贴和惠农政策实施，使得农村居民收入水平不断提高。在此背景下，农村居民的交通出行方式也发生了翻天覆地的变化，小汽车作为农村居民的交通出行工具开始出现。从供给侧来看，改革开放之后，我国汽车产业进入飞速发展时期，汽车自主产权进一步释放，汽车供给增加，消费者以汽车作为交通出行方式的比重增加。自此，“楼上楼下，小轿车一家一辆”的目标逐步实现。小汽车开始进入农村居民的生活，成为居民交通出行方式之一。

4. 2010 年至今

21 世纪初期，农村交通发展的另一个显著特征是小汽车的拥有量也不断增加。数据显示，我国私家车保有量从 1990 年的 81.6 万辆增加到 1999 年的 534 万辆，年均增长 23.2%，远高于全国汽车保有量的增长速度，个人汽车保有量占全国汽车保有量的比重从 15%左右上升到 40%左右（庞博，2019）。

近十年来，农村交通出行的主要特征还体现在更多高科技、新技术广泛应用。这带来的影响是农村居民交通出行更高效、更便捷，而让这一切成为可能的起点是一部手机。一部手机使得人们交通出行的方式可以在自行车、电动车、轿车、火车等多种交通方式之间随意切换。因此，交通出行的异质、多元需求得到更大程度的满足。

此时段内，农村交通出行更便捷的配套措施还表现在农村部分地区通了公交车。近五年，随着公共交通设施的普及和城乡一体化的发展，部分农村地区出现了公交车。拥有公交车通行条件的村落占比还比较低，大多是从县城通往乡镇所在地的村落或是经过的村落有公交车。不同于城市里现在发展的无人售票公交车，这些城乡公交车往往采取人工售票，根据农村居民乘坐的距离收取相应的车票费。这类农村居民交通出行工具还有一个特点是，没有设置固定站点，农村居民在城乡公交通行线路上等车，看到车招手即停。

随着国家对农村发展问题的重视，农村基础设施条件不断改善，使得农村公交通行率不断提高。统计数据显示，浙江温州市文成县农村公交通行率目标最早实现，2017 年该县已经取得了 100%村通公交车的成效。山东青岛市即墨区，2018 年突破所有区的建制村几乎全部公交通达，而贫困村和经济薄弱村通公交率达到 100%（中共交通运输部党组，2019）。整体而言，城乡公交的出现为农村居民交通出行提供了很大的便利，丰富了农村居民的交通出行方式（图 3－5）。

图 3－5　农村居民乘坐公交车出行

注：图片来源于 https：//www.sohu.com/a/240099359_227742.

二、“行有所乘”的经验

改革开放 40 多年来，农村交通运输在改革发展实践中取得了巨大成就，也积累了十分宝贵的经验，概括起来，主要有：

第一，必须牢牢把握交通运输行业面临的基本国情和社会主要矛盾，把加快发展作为第一要务。交通为什么发展、为谁发展、怎样发展，都是由基本国情和社会主要矛盾决定的。经济社会发展和人民群众对交通运输的日益增长的新需求与交通运输还不能满足这种需求之间的矛盾，始终是我们面临的主要矛盾（张毓书，2019）。交通运输行业紧紧抓住发展这个第一要务，努力加快发展、适当超前发展；坚持以人为本，努力提高服务能力、服务质量；坚持全面协调可持续发展，自觉地贯彻落实科学发展观，促进交通运输行业又好又快地发展。抓住发展不放松，这是农村交通出行改革开放40多年来最根本的经验。

第二，必须贯彻中央的方针政策，以好机制、好政策推动交通运输发展。改革开放40多年来，全国交通运输行业在中国特色社会主义理论体系指导下，认真贯彻党中央、国务院提出的关于交通运输是国民经济的战略重点，必须优先发展的方针；贯彻“发展以综合运输体系为主轴的交通业”的方针；贯彻“统筹规划、条块结合、分层负责、联合建设”的方针；贯彻“国家投资、地方筹资、社会融资、利用外资”的投融资方针；贯彻以科学发展观推进交通运输又好又快发展的方针。正是因为40多年来始终贯彻执行这一系列正确的方针政策，健全完善交通运输发展的好机制，取得了举世公认的重大成就，为国民经济、社会发展作出了应有的贡献。

第三，必须抓住发展机遇，加快交通运输发展步伐。改革开放40多年来，交通运输在六个关键时期抓住了机遇，用好了机遇，使交通运输实现了跨越式发展。一是在十一届三中全会确立全党工作着重点转移到经济建设上来后，交通部抓住了“优先发展”的机遇，不失时机地向国务院领导提出了解决的思路。1984年12月国务院做出了对中国公路交通发展具有重大历史意义的三项决定。二是在1992年邓小平同志南方谈话后，交通部抓好“两纵两横和三个重要路段”的国道主干线建设，使我国公路建设的等级和质量迈上了一个新的台阶。三是党的十四大提出要开发开放上海浦东，尽快把上海建成国际经济、金融、贸易中心之一的战略决策后，交通部加大投入，推动了上海国际航运中心的建设，成功整治了长江口，上海港成为世界货物吞吐量第一大港和集装箱吞吐量第二大港。四是1998年亚洲发生金融危机，中央提出了扩大内需的方针，交通部抓住机遇，进一步加快高速公路和公路网的建设。五是在中央做出实施西部开发战略后，交通部制定了西部开发交通建设规划，提出有力措施，使交通建设从东部推向更广袤的西北地区。六是在进入新时期，党中央、国务院做出建设社会主义新农村战略决策后，交通部启动新中国成立以来规模最大的农村公路建设，使我国农村公路得到了快速发展，极大地改善了农村的交通条件。40多年的实践证明，机不可失，时不再来，要抓住机遇、珍惜机遇、用好机遇，牢牢把握战略机遇期对交通发展尤为重要。

第四，必须注重科学规划，使交通运输发展战略、发展步骤、重大举措落到实处。根据国民经济和社会发展的总体目标，大力加强交通运输发展战略、发展规划、发展政策的研究，为加快发展、科学发展奠定了基础。20世纪80年代交通部制定了建设“三主一支持”的战略构想，坚持不懈地分步组织实施。1998年又提出实现交通现代化三个发展阶段的目标。进入21世纪，交通部又陆续制定了高速公路、农村公路和沿海港口等中长期发展规划，并得到了国务院的批准，我国交通发展的蓝图更加清晰，步骤更加明确。

第五，必须坚持调动各方面的积极性，营造交通运输发展的强大合力。改革开放40多年来，交通运输工作坚持“统筹规划、条块结合、分层负责、联合建设”的方针，充分发挥中央、地方和人民群众的积极性，形成了加快交通基础设施建设的联动机制。各级地方党委和政府对交通发展倾注了心血，给予了坚定支持，在组织领导、征地拆迁、资金筹措等方面做了大量工作，并实行了一系列倾斜政策。广大人民群众充分认识到“要想富先修路”，积极支持并踊跃参加交通建设。只有凝聚各方力量，形成共同推进交通事业的强大合力，才能不断把交通改革发展事业推向前进。

第六，必须坚持改革开放，不断解放和发展交通运输生产力。改革开放 40 多年来，交通运输行业各级领导不断解放思想、转变观念，破除“一大二公”的所有制模式，形成了多形式、多成分的运输经济结构；破除了计划经济的僵化体制，建立了统一开放、竞争有序的公路水路建设市场和运输市场；破除了国家投资的单一渠道，形成了多元化的投融资格局。经过不断深化改革，完成了企业管理体制、港口管理体制、海事救捞体制等重大改革；引进了国外先进技术、资金和管理经验，使交通运输管理具有了国际视野，交通运输行业拓展了发展空间。

第七，必须坚持“科教兴交”和“人才强交”战略，把科学技术作为交通运输发展的第一生产力。改革开放 40 多年来，交通科技工作紧密结合基础设施建设、运输生产中的关键问题，通过软科学研究、重大装备开发、行业联合科技攻关、引进先进技术、科学成果推广应用等多种形式，开发应用了一批先进适用的成套技术和装备，使科技成果转化率和科技进步贡献率明显提高，培养造就了一大批高素质人才。科技创新和人才成长，使我国在沙漠等特殊地质的公路建设技术，特大跨径的桥梁建设技术，特长大隧道的建设技术和深水航道的整治技术等方面都取得了重大突破和创新，达到了世界先进水平。

第八，必须坚持依法治交，加强交通运输法制建设。改革开放 40 多年来，交通运输行业坚持立法与执法并重、执法与执法监督并举，依法治交的局面正在逐步形成。《海上交通安全法》《海商法》《公路法》《港口法》《水路运输管理条例》《公路运输管理条例》和一批交通行政法规、规章相继出台，初步搭起了交通运输法规体系框架，为交通运输改革发展提供了法制保障。加强法制建设是做好交通运输工作的重要基础，是推进依法行政的必然要求。

第九，必须坚持以人为本，不断提高公共服务能力。改革开放 40 多年来，特别是进入 21 世纪以来，在科学发展观的指引下，交通运输行业坚持以人为本，加强服务型政府建设，推进政府职能、工作作风和工作方法转变，增强交通部门的行政执行力和公信力，着力提高适应经济社会发展能力、统筹规划和协调发展能力、公共服务和组织保障能力、运输和建设市场依法监管能力、安全管理和重大突发事件应急处置能力。只有坚持执政为民，依法执政，做负责任部门和负责任行业，才能使交通运输发展拥有深厚的群众基础，获得不竭的力量源泉。

第十，必须抓好行业文明和党风廉政建设，为交通运输发展提供强大精神动力和坚强政治保障。改革开放 40 多年来，以交通运输发展为中心，以提高职工队伍素质为根本，以加强领导班子建设为基础，以具有行业特点的精神文明建设为重点，积极开展了“学先进、树新风、创一流”等群众性精神文明创建活动，大力宣传了杨怀远、严力宾、包起帆、陈德华、许振超、陈刚毅、孔祥瑞、“华铜海”轮、青岛港等一批先进典型。弘扬了“铺路石精神”“筑港精神”“灯塔精神”“救捞精神”等各具特色的交通精神，并注重加强交通运输行业文化建设。认真贯彻中央关于党风廉政建设的部署要求，建立健全了具有交通运输特色的惩治和预防腐败体系，为交通运输不断取得新的成就提供可靠保证。

三、小康时代“行有所乘”的展望

改革开放以来我国交通方式和交通条件发展快速，出现了很多未曾想象的发展成效，我国铁路运输上高铁、动车的出现，实现了铁路运输飞速提升，各种新能源交通工具的产生促进了整个社会的节能减排，兼有环保和价格亲民，又诸如交通出行上以移动支付为代表的智能化水平的提高……未来我国交通发展又会有怎样的新现象、新变革？这些问题我们心中充满了憧憬和翘首以盼的渴望。人工智能技术、电子通信技术、新型交通材料、智能设备制造技术的飞速发展，为交通领域下一步发展提供了物质和技术基础。展望交通领域未来发展方向和内容有如下大胆设想：

一方面，交通出行方方面面呈现无人化技术驱动。无人化技术的快速发展最先在自驾车出行上面反映，无人驾驶的汽车被研发与推广应用，还有些与无人驾驶相关的金融、科技领域也陆续出现。将来无人驾驶交通工具出现在我们生活中作为出行选择之一将成为越来越普遍的现象。

另一方面，交通工具的能源来源将向着新能源的方向发展。当前，支撑新能源交通工具推广应用的启动动力材料、启动动力技术、商业发展模式不断推陈出新。新能源交通工具启动动力材料方面未来将逐步向电力化、水氢燃料等环保方向发展，电力作为低碳环保的材料，在交通工具引擎方面将发挥越来越大的作用，生活中以体感车为代表的电动平衡车出行是交通工具电力引擎给人印象最深刻的表现。引擎续航保持方面，未来将向快速充电、非接触式充电技术领域方向发展。新能源交通工具商业发展模式方面，新能源交通工具推出时间较短，人们对其接受度还不是很高，所以，新能源交通工具的商业运作早期以补贴为主，未来随着新能源交通工具的普及和推广依靠补贴的现象将逐渐减少。

总体而言，随着交通基础设施条件的改善，交通出行工具智能化水平提高，交通出行相关的服务越来越人性化，交通出行相关的法律法规将越来越科学化、合理化……改革开放以来我国农村交通出行的一切变革都是本着不断满足农村居民出行需求为导向的。未来我国农村交通出行将向无人化、新能源方向发展，未来更加注重居民多元化需求的交通出行变革将不断增多。

本章参考文献：

国家统计局台州调查队课题组，曹桂芝，徐建平，2018. 居民出行方式变迁与交通治堵困局破解［J］. 统计科学与实践（1）：39－42.

黄世奇，2012. 农村公路交通变迁［J］. 交通标准化（14）：147－149.

江林，2020. 我国交通基础设施建设对农村经济增长的影响［J］. 企业科技与发展（6）：11－12.

交通运输部安全与质量监督管理司，2019. 交通运输部修订《农村公路建设质量管理办法》政策解读［J］. 城市道桥与防洪（2）：229－230.

梁小敏，全群慧，李海琪，丘妙丽，丘妙芳，2018. 我国网约车政策变迁研究［J］. 合作经济与科技（13）：76－79.

孟爱芝，2019. 实施乡村振兴战略加快推进农业农村现代化——纪念改革开放四十周年［J］. 活力（4）：46.

潘家德，石咏梅，2016. 论近代四川出行风俗的变迁［J］. 西华师范大学学报（哲学社会科学版）（1）：98－103.

庞博，2019. 交通运输部：召开改革开放 40 周年取得的成就新闻发［J］. 中国海事（1）：72－72.

孙孝文，2007. 和谐交通体系构建研究［D］. 武汉：武汉理工大学.

王盛楠，2013. 交通条件变迁对农村生活方式的影响［D］. 大连：东北财经大学.

张鹏，2008. 农村交通建设与社会变迁［D］. 西安：长安大学.

张卫华，钟嘉政，2020. 关于改革农村交警中队体制加强农村交通管理的思考［J］. 道路交通管理，429（5）：42－44.

张毓书，2019. 改革开放 40 周年交通运输取得辉煌成就［J］. 人民交通（1）：16－25.

中共交通运输部党组，2019. 全面深化改革开放奋力从交通大国迈向交通强国［J］. 中国道路运输（1）：8－10.

中华人民共和国交通运输部，2019. 交通运输行业 2018 年成绩单公布［J］. 隧道建设（中英文），39（4）：133.

第四章　学有所教

教育是攸关国家发展、民族兴衰的“百年大计”，也是寄托亿万家庭对美好生活期盼的民生工程。为全面建设小康社会和构建社会主义和谐社会，补齐民生短板、促进社会公平正义，“学有所教”是着力保障和改善民生的重中之重。而实现“学有所教”，就要优先发展教育，促进教育公平，不断完善现代国民教育体系和终身教育体系，保障人民享有接受良好教育的机会。

党中央、国务院高度重视农村教育，积极改变农村教育落后面貌，为农村教育办了一系列大事、实事、好事，既加大投入、加强建设，又深化改革、完善机制，在推进公平和提高质量上都迈出了重要步伐。以全面普及九年义务教育为重要标志，探索出了一条富有中国特色农村教育改革与发展之路，实现了由农村学生有学上向上好学的重大转变。

一、农村义务教育政策的演进及成效

1952 年中国首次提出十年内基本普及小学教育，并指出了“坚持两条腿走路、多种形式办学”的政策走向。同年 11 月，教育部发布《关于整顿和发展民办小学的指示》，指出“在经济比较富裕和失学儿童比较多的大村应该发动群众办学，而贫困小村主要依靠政府设立的公办小学”，此时的农村基础教育主要依靠村民集资的民办小学。受“文化大革命”影响，农村教育持续处于停课、混乱状态。直至农村小学开始复课，由于长期受到“学制要缩短、教育要革命”的影响，以及国家有关教育投入的政策走向主打数量而不注重质量的影响，农村基础教育也因教育投入短缺、教师队伍破坏而难以维持，中国农村基础教育受到严重冲击，与城市基础教育形成较大差距。改革开放以来，根据不同历史时期我国农村义务教育政策的重心和目标不断进行改革与创新，形成了一个个里程碑式的重大节点，据此将农村义务教育改革的过程分成以下四个阶段。

（一）改革开放初期的农村基础教育政策（1978—1985 年）

改革开放初期，社会生产刚刚开始复苏，国家有关教育经费的投入力不从心，1980 年发布《关于中央书记处对教育工作指示精神的传达要点》文件，首次号召“群众自己办教育”，依托基层和民众的帮扶缓解国家对教育发展投入的经济负担。同年 12 月，又出台了《关于普及小学教育若干问题的决定》，目的是想要普及小学教育和发达地区的中学教育，并制定相关发展构想，标志着我国在普及教育的制度建设上开始迈向法律化层面。1983 年 5 月出台《关于加强和改革农村学校教育若干问题的通知》，要求各地通过采取多种形式办学，因地制宜地发展农村基础教育，力求在 1990 年以前基本实现普及初等教育目标，形成具有中国特色的农村教育体系（张旗，2018）。同年 8 月，教育部又发布了《关于普及初等教育基本要求的暂行规定》，首次明确了普及初等教育的相关基础指标，标志着我国普及初等教育工作更加规范和科学，也为后续制定九年义务教育政策的出台提供了理论雏形和实施基础。针对农村学校办学条件差、经费不足、师资待遇低的问题，1984 年又颁布了《关于筹措农村学校办学经费的通知》，进一步要求各地政府要大力加大对教育基本建设的投入，全力开展普及农村基础教育工作，并激发社会各界力量努力办学。1985 年发布了《关于教育体制改革的决定》，提出“实行基础教育由地方负责，分级管理的原则”，不仅极大调动了各地方政府及县、乡两级政府办学的积极性，而且也规范了各级政府的办学责任和管理职权范围。至此，全国形成由“国家号召办学＋地方机构执行＋社会力量帮扶”的局面。但是，这些改革虽然带动了参与各方努力办好教育的热情，但还是难以支撑地方办学基本条件以及教育事业的发展，我国教育落后甚至地区发展不平衡的局势依旧严峻。

该阶段我国农村基础教育政策的改革有效地将“文化大革命”时期农村基础教育从无序和混乱恢复到正常轨道上，重点完成了两方面工作：一是农村地区教师队伍的建设。从 1978 年开始，国家提出要重视农村中小学教师的队伍建设，并逐步完善教师职称评审制度、工资待遇等，有力推动了农村基础教育走向正轨；二是全面恢复农村基础教育工作。多项有关教育投入政策以及农村基础教育政策的颁布和实施，不仅明确了农村教育在国民教育体系中的主体地位，有效保障了农村基础教育事业的推行，更为农村普及基础教育提供了法律依据。

（二）社会转型期的农村义务教育政策（1986—2000 年）

据国家统计局资料，自 1985 年我国城镇地区已基本实现九年义务教育的普及，而那时的农村地区学龄儿童入学率不到 95%，且小升初的比率仅为 65%，农村地区义务教育普及的任务仍然十分艰巨。1986 年《中华人民共和国义务教育法》正式通过，国家以立法的形式确定了实施九年制义务教育，对我国义务教育事业的发展指明了前进的方向，也指导了农村义务教育的“分级办学”模式。从此，“普九”这一概念的强制性、免费性、公益性的特征逐渐得以体现。紧接着，1993 年出台的《中国教育改革和发展纲要》，1995 年出台的《中华人民共和国教育法》，都奠定了教育优先发展的战略地位，并采取立法的方式确立多渠道筹措教育经费的义务教育投入政策，为我国义务教育发展奠定了良好基础。截至 2000 年，国家宣布如期实现“基本普及九年义务教育”“基本扫除青壮年文盲”的任务，成为我国义务教育改革发展的里程碑。

该阶段是普及九年义务教育发展最为迅速的阶段，国家一系列教育投入政策的改革激发了社会各界对教育事业的关注和帮扶，“群众集资办学”的热情空前高涨，极大地拓宽了教育经费投入渠道，推动了义务教育普及事业的前进。《中华人民共和国教育法》的出台标志着义务教育的推进得到了法律保障，也增加了义务教育投入经费的使用、管理和监督的法律化。更重要的是，此阶段我国农村教育也实现了从“普及义务教育”到“普九”的转变。

（三）21世纪初的农村义务教育政策（2001—2004年）

2001年出台的《关于基础教育改革与发展的决定》，明确提出农村义务教育实行“国家领导、地方负责、分级管理、以县为主”的管理体制。该规定实现了农村义务教育实施责任由乡镇政府转移为县级政府的转变，通过对农村义务教育管理制度的进一步完善推进了21世纪我国义务教育任务的完成，更有助于明确各级政府职责和投入资金的利用，探索出一条符合我国农村的义务教育管理和投入模式。2002年《关于完善农村义务教育管理体制的通知》的颁布再一次强调了“以县为主、地方为辅”的农村义务教育管理新体制，县政府承担主体责权，中央和地方政府必须给予帮扶、承担相应责任。这一文件还同时强调了提高义务教育事业管理的阶层性和级级分明性，为农村中小学教师队伍的建设和发展提供保障。2003年发布的《关于进一步加强农村教育工作的决定》，又一次强调实施农村义务教育必须落实和完善“以县为主”的管理体制。

21世纪，党和国家深刻认识到义务教育发展的重要性，在推进义务教育的任务中要求进一步扩大九年义务教育的人口覆盖范围，农村义务教育也获得较大改善。2002年我国农村地区小学和初中入学率分别达到98.6%和90%。全国有2 598个县实现了“两基”目标，占总县数的90%（张朝强，2010）。同时，该阶段也是全面普及农村义务教育大方向控制下的制度革新阶段。截至2004年，我国农村义务教育管理实现了从1985年“地方负责、分级管理”到“以县为主”管理体制的创新，并显现出农村义务教育由农民主办向政府主办转变的特征，为21世纪我国农村义务教育发展提供了制度保障（张旗，2018）。

（四）新农村建设下的农村义务教育政策（2005年至今）

2005年5月教育部出台《关于进一步推进义务教育均衡发展的若干意见》，突出强调了要把义务教育均衡化放在义务教育发展的重要位置，把推进素质教育作为均衡化的根本任务。同年12月，《关于深化农村义务教育经费保障机制改革的通知》发布，提出要着重偏向薄弱地区校园、教师建设，提高农村中小学办学条件，加大对经济困难地区的教育扶持力度。2006年，新《义务教育法》发布，提出中央和地方政府应优化教育资源配置，促进义务教育均衡发展，改善薄弱地区学校的办学条件，保障农村义务教育的有效实施。2007年5月《国家教育事业发展十一五规划纲要》提出了城乡、区域教育更加协调，义务教育趋于均衡的主要目标，并将改善农村学校的办学条件、提高农村义务教育师资水平和建立健全高校家庭经济困难学生资助体系作为“十一五”时期农村义务教育发展的主要任务。同年10月，十七大会议提出要着力促进我国义务教育的均衡发展，在法律层面给予义务教育实施过程中的历史性任务。

2010年1月发布的《关于贯彻落实科学发展观，进一步推进义务教育均衡发展的意见》，再次提出义务教育均衡化是教育改革发展的重要任务。同年7月，《国家中长期教育改革与发展规划纲要（2010—2020年）》颁布，再次强调未来十年要促进我国义务教育的均衡发展，并提出要进行教育投入机制的完善和改观。2012年《关于规范农村义务教育学校布局调整的意见》，正式“叫停”了我国从2006年开始实行的撤点并校政策，并提出“调整农村学校布局，办好农村小学和教学点”（张艾，2014）。2015年《乡村教师支持计划》（2015—2020年）出台，强调了乡村教师队伍建设的重要性。2016年颁布的《关于统筹推进县域内城乡义务教育一体化改革发展的若干意见》，重申要重视县域义务教育的均衡发展以及乡村教育质量的有效提升。2017年《国家教育事业发展“十三五”规划》确定了“十三五”时期我国教育事业改革的指导思想、主要目标、战略任务和保障措施。同时提出统筹规划城乡教育发展，加强农村学校布局规划，推动县域内均衡发展，争取在2020年实现县域内城乡义务教育一体化发展。

该阶段为实现教育公平和社会公平，积极实行了一系列的义务教育均衡政策，通过提高农村义务教育质量、偏向薄弱地区校园和教师队伍建设进而提高国家整体教育平均质量，弥补我国乡村教育短板。本阶段政策主要完成了对农村义务教育的巩固和质量的提高，且自 2006—2008 年，分别实现了全部免除西部地区农村义务教育阶段学杂费，免除全国农村义务教育阶段学杂费，免费提供全国农村义务教育阶段教科书费用，保障了每个农村适龄儿童都能免费接受义务教育。

二、农村职成教育政策的演进及成效

新中国成立初期，全国文盲人口比例高达 70%，而其中农村文盲人口更是占据了 80%。为促进社会发展、提升人口素质，农村教育面临的重大任务之一就是扫除文盲，提高农民素质，大力发展以识字算数为主的农村初等职成教育。全国从上至下先后进行了多次大规模扫盲运动，例如冬学、农民业余学校等，并为工农群众广泛开通教育通道。但由于受到极“左”思想的严重影响，农村职成教育的办学规模脱离了当时社会经济发展条件，违背了市场规律，再加上受“文化大革命”影响农村职成教育基本处于停滞状态，在“文化大革命”结束后也几乎不复存在。

随着社会的进步，尤其是随着工业化和城市化进程的加快，作为农村教育系统重要部分的农村职成教育，得到不断的改革和发展，改变了农村教育结构由单一的普通教育变为普通教育和职业技术教育相结合。改革开放 40 多年以来，农村职成教育在中国经济社会发展和农业现代化的过程中发挥了至关重要的作用，纵观农村职成教育改革的实践过程，尝试将其划分为三个时期。

（一）实施中等教育结构改革（1978—2000 年）

1978 年 4 月，在全国教育工作会议上邓小平同志就中等教育结构改革问题提出“应该考虑各级各类学校的比例，特别是要扩大农业中学、各种中等职业学校和技工学校的比例”（俞启定，2019）。由此拉开了农村中等教育结构改革的序幕（凌琪帆和曹晔，2019）。1980 年 10

月教育部和国家劳动总局《关于中等教育结构改革的报告》提出普通教育要与职业、技术教育并举，全日制学校与半工半读学校、业余学校并举。并突出农村教育中职业技术教育的重要性，县以下教育事业以农村为主，适当将部分普通高中改办为职业（技术）学校、职业中学、农业中学。1982 年 6 月《县办农民技术学校暂行办法》的颁布，引导各地政府大力兴办各种文化、技术学校，较大程度提高了成人农民的科学文化水平。1983 年《关于加强和改革农村学校教育若干问题的通知》提出，有步骤地增加一批农业高中和其他职业学校。在普通高中增设职业技术课，开办职业技术班，把一部分普通高中改办为职业学校。

成人中等职业教育也取得了长足的发展，并以乡镇农民文化技术学校、农业广播电视学校等为载体积极开展起来（凌琪帆和曹晔，2019）。在此影响下农业广播电视学校自 1981 年创办以来，从原来的以培养种养业人才为主逐渐拓展为基本涵盖了农业和农村经济的各个领域，推动了农村成人中等职业教育不断发展壮大。无论是 1987 年十一届三中全会颁布的《中共中央关于加快农业发展若干问题的决定（草案）》，还是 1989 年农业部、国家科委等部门下发的《关于农科教结合，共同推进农村、林区人才开发与技术进步的决定》，都提出要重视农村成人教育事业，并促进农村成人教育的系列改革。

该阶段农村职成教育事业实现恢复和发展，并初步建立了较为完善的体系。这一阶段，农村职成教育改革工作重点为继续开展农村扫盲教育、建立各种农村职成教育机构。以成人技术培训学校为例，乡镇成人技术培训学校从 1986 年的每 2.5 个乡镇拥有 1 所，发展到 1990 年 1.5 个乡镇拥有 1 所，1995 年 1.2 个乡镇拥有 1 所，到 2000 年几乎每个乡镇拥有 1 所。村办农民成人技术培训学校 1986 年为 8.73 个行政村拥有 1 所，发展到 1990 年为 5.87 个村拥有 1 所，1995 年 2.16 个村拥有 1 所，2000 年 1.7 个村拥有 1 所（曹晔，2009）。截至 2000 年底，我国农村职成教育改革已基本实现扫除农村青壮年文盲这一目标，全国文盲率下降到 5%以下，并为调整农村中等教育结构改革、促进普通与职成教育结合开辟了前景。

（二）实施农村劳动力转移培训（2001—2010 年）

2001 年 5 月，教育部印发《关于中等职业学校面向农村进城务工人员开展职业教育与培训的通知》，要求对进城务工人员加强职业教育与培训，更好地为农村劳动力转移奠定基础。2003 年农业部等六部委联合制订《2003—2010 年全国农民工培训规划》，提出了农民工培训的具体目标主要面向劳动力转移，也标志着“阳光培训”工程的正式启动，设立各类职成学校和培训机构，计划实现引导型培训和职业技能培训参与人数的有效提高，面向当地经济社会需求提供充足农村劳动力。2004 年中央 1 号文件首次提出“进城就业的农民工已经成为产业工人的重要组成部分”，并要求促进农民从传统农业向现代农业、从农业向非农产业、从农村向城镇转移就业的一系列政策措施（曹晔，2009）。2005 年，国务院《关于大力发展职业教育的决定》提出，各地政府要采取多种措施加强县级职教中心的建设。2010 年《国家中长期教育改革和发展规划纲要（2010—2020 年）》提出，到 2020 年基本形成终身教育体系、基本建成学习型社会的教育目标。

这一阶段，全国青壮年文盲率继续下降到 2%以下，成人文盲率降到 5%以下，农村的扫盲教育工作基本完成。随着农村社会经济的不断发展，在城镇化与工业化趋势的要求下，农村剩余劳动力向非农产业和城镇转移成为解决“三农”问题和促进城市发展的重要途径。为了继续降低我国农村文盲率，此阶段农村职成教育改革主要围绕农村转移劳动力培训，并提出终身教育体系概念，引领农村职成教育人才培养模式的不断改革与创新。而这一阶段的政策与措施也取得了显著成效，极大地提高了农村劳动力的职业竞争力和环境适应力，促进了劳动力转移的规模扩大、效益提高，对于建设现代农业、解决“三农”问题、加快城镇化进程、推动城乡一体化发展的意义重大（凌琪帆和曹晔，2019）。

（三）实施新型职业农民培养（2011 年至今）

2011 年 10 月《关于加快发展面向农村的职业教育的意见》发布，

强调加快发展农村职业教育，服务社会主义新农村建设。2012 年《国家教育事业发展第十二个五年规划》颁布，提出要培养新型职业农民的目标，解决困扰我国农业发展的“谁来种地”“如何种地”等问题。农村职成教育也针对新型职业农民开展了不同层次的学历教育和职业培训。2013 年 1 月，教育部印发《关于开展国家级农村职业教育和成人教育示范县创建工作的通知》，以示范县创建工作为契机，增强农村职业教育和成人教育持续发展能力，大力培养新型职业农民，提高职业教育和成人教育的社会贡献率。2014 年 3 月《中等职业学校新型职业农民培养方案（试行）》发布，对新型职业农民开展中等职业学历教育，也标志着新型职业农民的培养进入实施阶段（张辉靖，2015）。同年 11 月，《关于引导农村土地经营权有序流转发展农业适度规模经营的意见》提出要建立公益性农民培养培训制度。2017 年 1 月农业部发布《“十三五”全国新型职业农民培育发展规划》，文件指出：“采取农学结合、弹性学制、送教下乡等形式开展农民中高等职业教育。”同年 5 月，农业部开始新型职业农民培育基地的遴选工作，一些农村和农业职业学校作为示范基地，成为实施新型职业农民培育工程的重要平台。

该阶段农村职成教育改革主要聚焦在培养新型职业农民方面开展工作，对培养农民的各个方面提出了新的要求，以期能够通过教育工作把普通农户培养成为适应现代农业发展和新农村建设要求的新型职业农民，全面提升务农农民综合素质、职业技能和农业生产经营能力，稳定和壮大现代农业生产经营者队伍，进一步推进农业现代化、新型城镇化和新农村建设协调发展。经过这一阶段的改革与发展，我国农村基本上已形成了以高等农业院校为龙头，中、初等农村职业学校为骨干，乡（镇）村成人技术培训学校、农业推广教育和农广校为主体，高等农业教育、农村职业教育、农村成人教育三个层次合理布局、相互补充、协调发展的“三农”职成教育和终身培训体系（曹鲁兴和汤生玲，2010）。

三、“学有所教”面临的问题与挑战

（一）农村义务教育面临的问题与挑战

改革开放以来，党和国家探索并完善了符合我国国情的农村教育政策体系，始终将农村教育列为优先发展地位，我国农村教育发生了翻天覆地的变化；始终将支持薄弱地区农村义务教育发展、缩小各地区义务教育差距作为教育政策着力点，农村义务教育也有了长足的发展（邵泽斌，2018）。在中国经济飞速发展的今天，农村义务教育呈现出的新特征，农村义务教育的未来发展与现代化进程还存在许多新的问题与挑战。

首先，由农村学校数量减少和规模变小引发的农村孩子新的上学难问题。随着城镇化进程的加快，农村劳动力进城务工、农村人口持续减少，农村孩子也相应减少，农村适龄儿童就学人数也逐渐递减，使得农村学校无论是数量和规模还是质量和资源都无法得到保障。尽管义务教育城镇化率大幅提升，但无论是小学还是初中，也不论校均规模还是班均规模，都呈现下降态势。据《中国农村教育发展报告 2019》显示，农村学校已由原来的 60 多万所减少到如今 30 万所左右。具体而言，2017 年义务教育学校数为 321 901 所，比 2016 年减少 6 287 所，减幅为 1.92%。其中，城区为 41 196 所，比 2016 年增加1 092所，增幅为 2.72%；镇区为 79 072 所，比 2016 年增加 362 所，增幅为 0.46%；乡村为 201 633 所，比 2016 年减少 7 741 所，减幅为 3.70%。可见，学校数量减幅主要发生在乡村，农村孩子面临新的上学难问题。

其次，农村优质教育资源缺乏。尽管国家在近几年对农村义务教育投入了大量资源，但是农村基本办学条件距离“优质”还相差甚远。最典型的就是农村教师团队整体素质有待提高。据教育部统计，农村 25 岁以下的年轻教师占比不到 15%，而 45 岁以上中年农村教师占比大于 55%。可见，农村教师的老龄化也十分严重，亟待优质的、年轻的师资力量。另外，农村教师大多为民转公，其学历普遍较低，且在教学过程中由于观念过于滞后也很难与时俱进、提升业务水平，在当下的应试教育中难免存在劣势。农村学校教学设备和教育环境有待改善。无论是乡村义务教育学校的建筑面积、硬件设施还是信息化水平，都无法与城区义务教育学校相比。农村义务教育课程实施不到位。农村孩子的英、体、音、美等相关素质教育没有实际开设课程的条件，使得应试教育、填鸭式教学在农村依然盛行。

最后，农村中小学辍学现象频发。目前，农村地区义务教育阶段的辍学率也居高不下，并随着年级的升高，辍学比例以及人数也随之上升。由于农村家长可能存在观念落后、素质不高，对孩子的教育不够重视，对九年义务教育的法律地位缺乏认识，没有尽到监护人应尽的责任和义务，使得适龄儿童在义务教育上缺乏监督和激励。更有甚者，为了让孩子尽早打工赚取家用，引导甚至逼迫孩子辍学。

（二）农村职成教育面临的问题与挑战

随着我国经济结构的转型与城镇化的加快，农村地区劳动力的大量流动导致农村人才缺失、土地撂荒，急需一批爱农村、有能力、懂技术的新型职业农民投身新农村建设、发展农业现代化，这就需要重视发展农村职成教育，培育出众多优秀的“种地人”。然而，当前我国农村职成教育发展并不乐观，终身教育体系建设下的农村职成教育还有待完善。

首先，农村职成教育经费投入不足。经费投入是制约农村职成教育发展的主要约束之一，而且相比较于普通教育，职成教育教学过程中的实践成本较高，需要大量的经费投入。虽然中央连年提出要加大对农村职成教育投资的要求，但是部分地区由于发展落后、缺少财政拨款，使得本来就不富裕的经费捉襟见肘，仅仅使用现有的国家财政专项资金，远远无法满足农村职成教育的发展需求。而县镇级政府又无法找到其他途径来弥补财政拨款的不足，这样就造成农村职成教育发展所需的专业师资团队、教学场地、实验设备等难以建设，无法保证高效的培训效果。而且由于缺少多元化的市场主体参与，使得农村职成教育发展灵活性不够、机动性不强，许多资金的使用也存在重复和低效问题。

其次，缺乏适应职业农民培训的教育体系。当前，我国农村职成教育体系尚不健全，与农业生产力发展并不相称，难以满足日益增长的农业生产力发展对高水平人才的需求。由于目前农村职成教育体系主要面对进城务工需求建设，培训内容也以第二与第三产业职业技能相关，培训目的主要是为帮助农民在城镇就业。同时，我国创办的农村职成教育学校影响力不足，创办规模及学校数量都较为有限，专以农业技能培训为主的学校更是稀缺，且其培训的内容也与当前现代化农业生产的需求基本脱节，缺少与农业相关的新科技与新品种等方面的培训，很难实现对农业生产的有效指导。

最后，农村职成教育无法适应职业农民培养的多元化要求。当前，我国农村职成教育较之全日制高等院校还不够正式和完善，主要提供农民短期或临时的培训，在发展水平上与农业现代化生产的长期发展需求还不匹配。在教学方式上还较为传统，仅靠理论知识的传输已无法满足新型职业农民的培养要求，缺乏理论与实践有机结合的培养方式。在培养内容上还不够全面，缺乏依据具体的农业生产特点的专业训练，并覆盖管理、经营、技术方面的理论知识，以同时提升农民的业务水平和理论素养。而且，面对绝大多数农民的文化水平较低，在培训方式和培训内容上应更注重采用更易理解和接受的教学体系。但是，我国目前很多农村职成教育无论是培训方式还是内容都无法适应新型职业农民培养的多元化要求，这就导致农村许多地区的职成教育发展效果远不如预期。

四、完善小康时代“学有所教”的建议

新时期，正确认识和研究农村教育政策落实的现状和问题，探索农村未来教育的发展前景，对促进我国义务教育稳定、人力资本竞争力提升、新型职业农民的培养、健康地持续发展“学有所教”目标都有重要

意义。农村整体教育事业发展虽成效显著，教育领域的综合改革也不断深化，教育公平保障也在稳步提升，但城乡教育差距仍然较大，教育发展不平衡不充分问题依然突出，农村教育仍有改进空间。

（一）加大政府投入

政府作为教育事业的主导者，加大农村教育投入力度、完善教育经费保障机制、强化教育督导职能，对农村地区尤其是教育薄弱地区的教育事业发展极为关键。农村教育的发展离不开雄厚的经费支持，为实现“学有所教”，解决农村适龄儿童和青少年“上学难”问题，必须保证足够的经费投入，用于完成教育所需的所有硬件及软件设施，保证学校的正常运营和高质量培训。

（二）建设教师队伍

教以师为本，没有一流的教师就没有一流的教育，师资力量短缺是制约乡村教育发展的重要因素之一。很多乡村学校，一个老师需要承担多个学科的授课，难以保障其课程质量和均衡发展。因此，解决“上学难”问题的同时，必须构建高素质的乡村教师队伍，提高乡村教师工资待遇，增强乡村学校师资力量。由于乡村教师平均学历与城镇教师相比差距较大，且乡村教师老龄化加剧，农村教育十分缺乏高质量又年轻的教师队伍，因此必须加大改革吸引优秀的人才到乡村支教，同时优化已有教师队伍水平，提升其整体素质、挖掘其潜在优势，逐步满足农村学校对专业教师的需求。可以通过“特岗教师”留住稀缺人才，帮助其适应农村教育环境、提升教学综合能力。

（三）发展素质教育

立德树人是教育的根本目标，乡村教育也要把握好素质教育时代特征。自 2001 年开始，国家开始以基础教育课程改革为核心，全面推进素质教育工作（郭继磊，2011）。乡村教育更是要贯彻素质教育理念，重视学生的心理健康、德智体美全面发展，一切课程改革、师资培训、校风建设都应以有利于学生未来的可持续学习能力和终身学习素养为主要目标。

（四）倡导各界关注

目前，我国农村教育的发展水平与实现教育强国、教育现代化还有很远距离，与农业现代化生产的人力资源需求还不匹配，仍然需要社会各界加大对农村教育事业的关注和支持，让市场机制也能够更畅通地进入到农村教育当中。一方面，农村要以创新发展的理念统筹各级各类教育事业发展，深化教育领域综合改革，加快建设学习型乡村。另一方面，要完善农村职成教育和培训体系，深化产教融合、校企合作；要办好网络教育、继续教育，打造符合我国国情实际的网络化、数字化、个性化、终身化教育体系。

本章参考文献：

曹鲁兴，汤生玲，2010. 新形势下农村职业教育的现状与发展［J］. 科教文汇（上旬刊）（5）：178－200.

曹晔，2009. 中国农村职业教育改革发展三十年主要成就回顾［J］. 江苏技术师范学院学报（职教通讯）（1）：26－31.

郭继磊，2011. 初中学生综合素质评价改革探索［D］. 济南：山东师范大学.

晋浩天，2019. 八个关键词看农村教育发展现状［J］. 农村农业农民：上半月（2）：43－45.

凌琪帆，曹晔，2019. 新中国成立70年我国农村职业教育的发展历程与成就［J］. 职教论坛（10）：21－27.

刘延东，2013. 让农村孩子接受更好的义务教育［EB/OL］. （2013－06－18）http：//www.gov.cn/ldhd/2013－06/18/content _ 2427948.htm.

邵泽斌，2018. 改革开放40年国家支持农村义务教育的政策经验与反思［J］. 教育发展研究，38（20）：1－7.

俞启定，2019. 新中国成立以来职业教育定位及规模发展演进的回顾［J］. 浙江师范大学学报（社会科学版）（5）：12－21.

张艾，2014. 民族地区农村教学点发展问题研究［D］. 南宁：广西大学.

张朝强，2010. 教育资源分配视角下城乡义务教育均等化研究［D］. 重庆：重庆大学.

张辉靖，2015. 中等职业学校开展新型职业农民培育的实践探究——以A中等职业学校为例［D］. 秦皇岛：河北科技师范学院.
张旗，2018. 改革开放以来我国农村义务教育政策变迁研究［D］. 桂林：广西师范大学.
邹瑶妮，2019. 农村义务教育政策研究：困境与出路［J］. 知识经济（8）：5.

第五章　病有所医

“病有所医”是几千年来中国人的梦想，更是小康社会的核心目标以及人类社会发展的永恒议题。

“病有所医”不能完全依靠家庭的自我保障，也不能完全依靠医生的悲天悯人，而是要依靠各种各样的风险分担机制。在古代社会，人们常通过亲属网络或宗族组织来分担疾病的负面冲击。在核心家庭成为主导家庭形式之后，这种非正式的风险分担方式已经很难在现代社会中起主要作用了。通过商业保险来分担个人所面临的风险，是近代社会出现的一种正式风险分担的制度。但是，低收入人群无法承担高额的保费。而且由于信息不对称和逆向选择的存在，商业保险机构的运营也有很高的成本和很大的风险（吴敬琏，2016）。

二战结束以来，一些国家由政府为全国居民建立了全民享有的公共医疗保险。公共医疗保险制度体现了现代社会以人为本的普适价值观，而且具有节约管理费用的优点。对于农村大部分人而言，“病有所医”还是要依靠完善的公共医疗保险制度来分担家庭所面临的疾病冲击。

一、农村公共医疗保险制度的演进

中国农村的公共医疗保险经历了最初合作医疗的探索阶段，走过了新型农村合作医疗的建立和完善阶段，并正在城乡整合的历史进程中继续前行，“病有所医”的目标正逐步实现。

（一）农村合作医疗的建立和发展（1949—1977年）

新中国成立后不久，山西、河南和河北等省份就开始探索建立农村合作医疗。合作医疗最初采取的是保健站的形式，其前身是解放区的

“卫生合作社”。1955 年 5 月 1 日全国第一个农村合作医疗站——山西省高平市米山乡联合保健站正式成立（张自宽，2011）。米山合作社负责创建和发展该保健站，目的是解决社员“看不上病”问题以及分担病患的医疗费用。

保健站主要通过几种方式筹措资金。一是农民交纳的保健费。每个农民每年要交纳 5 角钱保健费。其中 3 角从社员工分中代扣，2 角由集体补助。二是合作社提取的公益金。每年合作社提取 15%～20%的公益金充当医疗保险基金。三是保健站的医疗业务收入。这部分主要来源于药费收入（曹普，2014）。

保健站制定了四条医疗费用报销规则。一是免收健康检查、疾病筛查、预防接种等预防保健服务费用。二是少量收取医生出诊、门诊挂号、诊疗、检查、手术等费用，其余由保健站的保险基金支付。三是病情严重转诊卫生院或者卫生所的，家庭承担医疗费用。四是对因公负伤和鳏寡孤独等特困社员，所有的医药费用均由医疗保险基金支付（曹普，2014）。

保健站医务人员的待遇报酬采取现金支付与记工分相结合，根据医务人员的医疗服务水平、诊疗次数以及诊疗态度，基于保健站成员的民主评议，按月发放六成的现金待遇，其余待遇根据医务人员的家庭情况和保健站经营情况记入劳动工分，等到秋收之后分配粮食。

“米山经验”得到卫生系统的充分肯定，卫生部将米山保健站的合作医疗经验形成文件报请国务院批准在全国各地推广。除了山西米山保健站，比较典型的合作医疗还有河南正阳的“合作医疗”、江苏无锡的农民“半劳保医疗”、广东曲江“医药费包干”的医疗保健等。1959 年 11 月卫生部在山西省稷山县召开全国农村卫生工作会议，正式肯定了农村合作医疗制度。至此基层自发创立的农村公共医疗制度得到官方肯定，并被大力推广。

伴随农村合作医疗而来的一项重大制度创新就是赤脚医生和生产队卫生员制度。1965 年毛泽东主席关于医疗卫生工作的第一次谈话（即

“6·26”指示）指出：“医学教育用不着收什么高中生、初中生，高小毕业生学三年就够了。”“主要在实践中学习和提高。”他赞成学生学会“常见病的治疗和一些预防工作”，然后接受有经验的医疗人员带班学习一段时间，就能够满足农民基本的医疗卫生需求。他说：“这样的医生，就算本事不大，总比骗人的医生与巫医要好，而且农村也养得起。”（转引自：曹普，2014）

“6·26”指示引起卫生部门的高度重视，并提出通过医疗下乡、建立半农半医与不脱产的医疗卫生队伍、整顿基层医疗卫生机构等举措推动农村医疗卫生事业发展。赤脚医生和生产队卫生员就此而生，他们都是从事农业生产的兼职卫生工作者，构成了农村医疗人员的主要组成部分。赤脚医生主要来源于三类人：乡村医学世家，略懂医术病理的高中生以及上山下乡的知识青年。他们一般都会在县城参加为期 6 周的培训课程，这也是他们仅有的医疗培训。还有一些只接受过最简单培训的生产队卫生员，这些人只上过简单的急救和卫生课程。在缺医少药的时代，赤脚医生和生产队卫生员做出了积极的贡献。到 20 世纪 70 年代中期，中国农村已经拥有大约 150 万名赤脚医生和 350 万名生产队卫生员，这个人数足以让每个村子常年都有 1～2 名属于自己村落的兼职卫生员（巴里·诺顿，2019）。

这些赤脚医生和卫生员由大队或生产队支付工分作为报酬。由于给赤脚医生和卫生员分配工分意味着降低了农活的工分价值，所以他们事实上是靠当地公社的销项税获得补偿。当然，他们也会为公社社员提供免费服务作为回报。正因此，大部分农民都享有合作医疗的基本医疗保障服务。遇到小病小灾，他们就可以去找当地的赤脚医生和卫生员。如果病情严重，他们也可以去公社或县城的医院。

合作医疗伴随农村合作化运动而生，集体经济的好坏很大程度上决定了农村合作医疗的兴衰。三年困难时期和“大跃进”时期，严重削弱了农村集体经济。许多农民食不果腹，面临生存危机，更无力缴纳合作医疗个人部分的费用。合作医疗大面积遭受挫折，滑入低谷。“文化大革命”时期，是否搞合作医疗不仅关乎农民健康问题，更关乎执行革命路线问题。农村合作医疗因此得以迅速普及。经过粗略统计，截至20世纪70年代末期，有70%～80%的农村人口享受到了合作医疗服务（巴里·诺顿，2019）。

由于有了一个为农民提供基本医疗服务的合作医疗体系，中国在提高农村人口寿命预期和改善基本医疗条件方面取得了成功。尽管合作医疗提供的医疗服务处于初级水平，但对整体健康水平的影响却十分大，因为这一体系有三个关键因素：一是提供了预防性（不同于治疗性）医疗投资的有效渠道；二是为一些小病和外伤提供了最基本的医疗服务；三是至少在某些地区提供了转诊到更高级医疗机构的服务。因此，农村集体第一次为广大的农村地区带来了基本的医疗服务。值得指出的是，除了合作医疗，农村集体在提供防止流行性传染病方面的医疗服务也颇见成效。另外，农村集体还有能力调动大量民众开展公共卫生运动。比如，在稻田里出现由钉螺传播的血吸虫疫情时，就可以调动大家共同抗击血吸虫病。

有研究表明，中国的合作医疗仅以全国两成左右的卫生费就初步解决了八成以上的农村人口的基本医疗保障问题，被世卫组织誉为发展中国家卫生领域成功的革命（巴里·诺顿，2019）。

然而必须看到的是，受限于政府补助少、风险分担网络（风险分担池）小、集体经济力量弱以及农作物产量自然风险高等因素，农村合作医疗的保障能力还十分有限。

（二）农村合作医疗的解体与重建尝试（1978—2001年）

改革开放以后，农村合作医疗制度经历了“脆断式”变迁，即改革开放初期合作医疗体制的解体以及20世纪90年代无疾而终的重建尝试。

1978年《政府工作报告》中要求：继续将医疗卫生工作重点放在农村，在办好县、社两级医院的基础上，提高医务人员水平，巩固农村医疗保险制度建设。同时，1978年3月5日第五届全国人民代表大会第一次会议通过的《中华人民共和国宪法》——即“七八宪法”首次将“合作医疗”纳入其中，指出农民有权享受基本的医疗服务，为农村医疗保险制度建设提供最高法律依据。随后，卫生等部门联合发布相关文件，指出基于自愿互助原则而形成的集体福利型医疗保险制度要继续巩固，并对其基本任务、管理机构、基金制度、医疗人才、组织制度等进行了明确规范。

1979 年农村开始实行家庭联产承包责任制，人民公社体制逐步瓦解。20 世纪 80 年代，投向农村医疗体制的资源也随之枯竭。生产队不再分配工分，也没有办法给医护人员支付报酬。有些已经建立了乡镇企业的公社，很容易就把提供医疗保障的责任转移到企业身上。那些拥有盈利乡镇企业的公社，可以要求承包乡镇企业的个人或组织为医疗服务拨款。但是，能够在公共财力之外拿出资金支持医疗服务的只有少部分公社。同时，农村赤脚医生和卫生员的总数减少到不足 70 年代顶峰时期的 1/4。农村医疗用床也没有增长，因此每千名农村居民拥有的病床数量，在到达 1985 年的 1.5 张的最高值之后，一直下降到 2003 年的 0.72 张（巴里·诺顿，2019）。在没有资源的情况下，生产大队举办合作医疗比重，从 1977 年的 85%下降到了 1985 年的 5%，1989 年又进一步下降至 4.8%（周寿祺，2002）。截至 90 年代中期，享受农村合作医疗的农村人口已经下降到不足 10%。1998 年，农村居民自掏腰包支付了 87%的医疗费用，相比之下，城镇居民只支付 44%的医疗费用（曹普，2014）。全国大部分农民失去了低水平的医疗保险，不得不重新自费看病。农民的健康保障问题逐渐显现，因病致贫或因病返贫的现象在农村地区屡见不鲜。盛极一时的合作医疗制度恰似“秋风扫落叶”，出现不可逆转的“脆断式”解体。

20 世纪 90 年代，农村合作医疗的恢复重建受到媒体的广泛关注。1990 年年底，江苏如皋农民写信给《人民日报》反映农民求医难的问题，“农民看一次病需要跑上好多次才能遇见医生”（朱谦平，1990）。对此，《人民日报》多次刊登合作医疗的相关报道（董纪新，1990；徐机铃，1991）。卫生系统也没有放弃重建农村合作医疗的探索工作。卫生等五部门于1990年3月联合发布《我国农村实现“2000年人人享有卫生保健”的规划目标》，它是继《农村合作医疗章程》制定以来中央发布的第一份关涉农村医疗保险制度的专门文件。这份文件明确提出人人享有卫生保健的最低目标。1992年，《关于加强农村卫生工作若干意见的通知》要求，“按照自愿互利的原则，鼓励受益群众、全民、集体企事业单位和社会团体多方面筹集资金，支持建设乡镇卫生院、村卫生室和举办农村合作医疗”。

1994年以后，中央和各地方政府做了一些努力，试图恢复合作医疗。但是重建的合作医疗持续的时间往往很短，坚持下来的合作医疗也主要分布在发达的沿海地区。一方面，这是由于缺少可靠的经济来源和有效的制度设计，另一方面农村政策的不协调，也造成了农村合作医疗重建工作的无疾而终。尤其是农民减负政策的出台，将农民所缴纳的医疗保险费作为“乱集资”项目进行取缔，不得强行建立农村医疗保险制度。甚至，还对未禁止集资建设农村医疗保险制度的行为给以严厉批评（杨辉和张朝阳，1996）。农村医疗保险相关政策的矛盾扭曲与难以协调，使基层政府无所适从，开展农村医疗保险制度建设不仅无功可言，还会被认为违反中央为农民减负的精神，承担加重农民负担的风险与责任，农村医疗保险制度断裂不言而喻。故而，重建农村合作医疗制度的努力“无疾而终”。

截至1997年年底，农村医疗保险制覆盖行政村的比率仅有17%，比1996年还略低，参保农民占农村总人口的比例也仅有9.6%（曹普，2014）。这一结果与改革开放前近九成的合作医疗覆盖率自然不可同日而语。即使进入21世纪，2003年农村人口当中的合作医疗者也只有9.5%（巴里·诺顿，2019）。

（三）新型农村合作医疗的建立与完善（2002—2011年）

在全面总结以往合作医疗经验教训的基础上，2002年10月中共中央、国务院发布《关于进一步加强农村卫生工作的决定》（以下简称

《决定》)，将农村医疗保险制度建设作为农村卫生工作的重中之重，要求从 2003 年起在全国农村逐步建立新型农村合作医疗制度。

《决定》出台不久，改革开放以来首次全国农村卫生工作会议于 10 月 29 日到 30 日在北京召开，主要目的是进一步加强和落实农村卫生工作决定。会议指出：加强对包括农村医疗保险在内的农村医疗卫生工作的领导和精心部署，对农民健康给予切实维护。并且，要对《决定》提出的建立新型农村合作医疗制度加以重视。此次会议给农村医疗保险制度创新带来新的曙光，确定了建立新农合制度的创新方向。

对此，次年 1 月 16 日，卫生部联合财政部等五部门制定《关于建立新型农村合作医疗制度的意见》（以下简称《意见》)，并受到国务院办公厅的转发。《意见》不仅明确了新农合制度实行的原则及目标，而且对《决定》中提出的筹资、管理、支付等具体机制进行细化。同时，提出从 2003 年开始新农合政策试点，并不断完善新农合政策实施的配套措施。《意见》的出台标志着新型农村合作医疗保险制度的正式设立。根据新农合政策的相关规定，中央有关部门选取湖北、浙江、云南、吉林四省为新农合第一批重点试点省，并在每个省选择 2～3 个县（市）进行新农合试验（曹普，2014）。

2003 年，一场以前人们不了解、传染性极高并致人死亡的疾病——非典型性肺炎（SARS）从广东省发端并迅速在中国境内蔓延。数以百万计外出务工的农民离开了城市，有些人还把这个病带回了家乡。随着农民工返乡，中国面临一个可怕的现实：农村没有可以应付大量返乡人员的医疗体系，如果这个疾病带回了农村，农村并没有可以用来追踪病情发展的医疗设备，也无法对相关人员进行检疫隔离或控制传染病的进一步传播。但最后疫情并没有扩散。由于某种不明原因，一进入夏天，这种新的疾病突然失去了威力，疾病消失的速度与它来时一样迅速。但是，这次侥幸脱险进一步强化了中国重建已经崩溃的农村医疗卫生体系的决心。新型农村合作医疗制度由此在全国全面展开。

新型农村合作医疗是由上级政府资助、以大病统筹为主、兼顾小病理赔的公共保险项目。新型农村合作医疗采取个人缴费、集体扶持和政府资助的方式筹集资金。2003 年，中央政府对中西部地区除市区以外的参加新型合作医疗的农民每人每年补助 10 元。地方补助因县而异，但是中央政府要求地方对参加新型合作医疗农民的补助每人每年不得低于 10 元，个人缴纳的保费每人每年 10 元。在富裕的县份，地方补助可以超过最低标准（10 元/年），收取的保费也可以在 10 元以上。总的来说，在富裕地区新农合的预算更多，在贫困地区新农合的预算较少。2006 年，中央政府对中西部地区除市区以外参加新型合作医疗农民的补助提高到 20 元/年，同时要求地方政府的最低补助至少也要提高到 10 元/年。2018 年，根据中央政府的政策指导，许多地区将新型农村合作医疗保险和城镇居民医疗保险合并为城乡居民医疗保险。中央政府通过城乡居民医疗保险对参保农民的补助进一步提高到了 490 元/年，参保农民的个人保费按县收取。①

新型农村合作医疗的报销政策有三个特点。一是，由于预算不足，新农合的补偿率并不高，医疗费用支出中自付的比例仍然很大。二是，在富裕地区地方政府能够为每个参保者筹集更多的资金，从而富裕县份的保险福利从整体上要优于贫困县份。三是，为了鼓励病患在基层医疗机构就医治疗，相比高级医院，在低级别医院看病治疗可以报销的范围更大。根据 2006 年中国新型农村合作医疗保险的评估报告，在三级、二级和一级医院支出医疗费用的报销率分别为 45%～60%、50%～70%和 55%～80%（曹普，2014）。在可以报销的项目上，大多数县在早期只可以报销住院费用，目的是保护农民免受灾难性支出的影响。为鼓励农民参与新农合，许多县使用家庭医疗储蓄账户报销门诊费用，而一些县可报销的门诊费囊括了多种慢性病。近年来，随着预算的增加，新农合报销的范围都涵盖了住院费用和门诊费用，报销率也大幅度

① https://baike.baidu.com/item/新型农村合作医疗/4151870?fromtitle=新农合&fromid=1616836&fr=aladdin.

提高。

与传统农村合作医疗相比，新农合有几大不同。一是与传统农村合作医疗以生产大队或乡镇为统筹单位相比，新型农村合作医疗提高了统筹层次，一般以县（市）为单位，扩大了风险池。二是与传统农村合作医疗主要依靠农村集体经济相比，新型农村合作医疗增加了政府资助义务，增强了医疗风险保障强度，从而改善了新型农村合作医疗制度的效率。三是与传统农村合作医疗强制参加相比，新型农村合作医疗强调农民的自愿参加。四是与传统农村合作医疗主要保障常见病、多发病相比，新型农村合作医疗主要补助大额医疗费用或住院医疗费用。

一开始新农合项目的资金规模不大，政府给每位参与者资助 20 元，每个家庭的参与者自己出 10 元，然而，资金规模一直在持续、快速增长。截至 2016 年，政府为每位参与者的缴费已经增加到 420 元。相比之下，家庭平均每人缴纳 150 元（巴里·诺顿，2019）。因此，成绩十分显著。

经过不断调整发展，新型农村合作医疗的覆盖面不断扩大，“应保尽保”的目标基本实现。2013 年的国家卫生服务调查发现，97%的农村居民参加了某种形式的医疗保险项目，其中 74%参保新农合。新型农村合作医疗保险的覆盖面并不全面：新农合成员实际上可以报销 50.1%的住院费用，而占到家庭人均收入 33%的单次住院的平均自付费用（3 309 元），仍然是农民的沉重负担。因此，有 8.2%的新农合成员说，由于费用的原因而没有寻医求药。但用同样方法度量的结果也表明，不去医院就诊的比例已经比 10 年前的 26.6%有了大幅下降（国家卫生计生委统计信息中心，2015）。

（四）城乡医疗保险制度的整合（2012 年至今）

随着新农合制度的深入发展，医保政策在城乡之间的差距受到越来越多的关注，新农合和城镇居民医疗保险、城镇职工医疗保险城乡分割的弊端逐步显现，重复参保、重复投入、待遇不够公平等问题日益突出。

在新农合推广后不久，一些地方开始自发探索城乡公共医疗保险制度的整合，以广东东莞、江苏苏州最为典型。但是，历经多年的探索实践，城乡医保制度未能实现有效整合。因此，中央出面解决公共医疗保险制度的城乡并轨。2016 年《国务院关于整合城乡居民基本医疗保险制度的意见》(国发〔2016〕3 号，以下简称《意见》) 指出，“整合城镇居民基本医疗保险和新型农村合作医疗两项制度，建立统一的城乡居民基本医疗保险制度，是推进医药卫生体制改革、实现城乡居民公平享有基本医疗保险权益、促进社会公平正义和增进人民福祉的重大举措，对促进城乡经济社会协调发展、全面建成小康社会具有重要意义”。《意见》在总结城镇居民医疗保险和新农合运行情况以及地方探索实践经验的基础上，明确并轨要整合基本制度政策，统一覆盖范围、筹资政策、保障待遇、医保目录、定点管理和基金管理，同时要理顺管理体制，整合经办机构，创新经办管理，提升服务效能。

截至 2016 年 10 月，至少已有 19 个省份先后出台文件，部署城乡医保并轨，其中天津、上海、浙江、山东、广东、重庆、宁夏、青海等 8 个省份和新疆生产建设兵团在国务院出台文件前已经全面实现制度整合；河北、湖北、内蒙古、江西、新疆、湖南、北京、广西、陕西和福建等地也于 2016 年上半年先后出台文件，部署城乡医保整合。

然而，《意见》仍旧采用“鼓励有条件地区理顺医保管理体制，并对经办资源进行整合”之谨慎而模糊的用词，未能对“整合城乡医保”的实施主体和责任主体进行整合和统一，使整合城乡医保的规则制定主体依然在人社部门与卫生部门之间“摇摆不定”。对此，同年 10 月 25 日，《“健康中国 2030”规划纲要》发布，将城乡医保纳入中国健康战略规划之中并对其做了统一谋划，要求加快整合城乡居民基本医保制度和经办管理，完善全民医保制度体系。继之，《“十三五”医改规划》和《“十三五”人力资源和社会保障规划》发布，指出：基于城乡居民基本医保“六统一”，加快整合城乡医保管理体制和经办运行机制，提升医保服务效能，全面推动城乡医保制度深度整合。此外，《关于积极推动

“三医联动”改革的指导意见》和《关于进一步推广深化医药卫生体制改革经验的若干意见》也要求：按照公平医保制度建设原则，加快推进城乡医保政策统筹、体系统筹、管理统筹、服务统筹、区域统筹，确保医保在“三医联改”中基础作用的充分发挥。即便如此，整合城乡医保也因医保管理体制的“割据”而未能实现一体化整合。由此，探寻统一的医保管理体制成为整合城乡医保亟须突破的内容。

2018 年全国人大会议决定成立“国家医疗保障局”，并于 5 月 31 日正式挂牌，负责对城乡医保进行统一管理，标志着整合城乡医保制度全面进入中央和地方上下联动、实质性整合的新阶段。新组建的“国家医疗保障局”，不仅将分散于卫生部门的新农合管理职责，人社部门的城镇职工医保、城镇居民医保和生育保险管理职责进行整合，而且对发改委的医疗服务和药品价格管理职责，民政部的医疗救助管理职责进行全面整合。对此，各省将五花八门的医保管理模式进行了统一规范。

二、公共医疗保险制度改革的成效

（一）保障范围明显扩大

一是新农合的覆盖面迅速扩大。新农合作为中国农村地区医疗保险改革方面的重大举措，发展极为迅速，2008 年已覆盖全国 95.65％的县（市、区）。2003 年新农合开始试点，在全国共有 304 个试点县，占全国县（市）的 10.62％；经过两年发展，试点县增加至 2005 年的 23.70％，2006 年已经过半，2007 年超过七成。到 2008 年，覆盖 2 729 个县（市、区），占比达到 95.65％，基本实现了全覆盖（国家卫生和计划生育委员会，2017）。

参合农民数量则是先增后减再增。2003 年全国有 0.645 亿人加入新农合，之后逐年递增，增长速度在 2005 年和 2006 年分别达到 122.64％和 129.05％，并在 2007 年达到增速的最高点 178.05％。2008 年参合农民超过 8 亿人，继续增长两年后达到 2010 年的 8.36 亿人。

2010 年之后，随着城镇化进程的加快和农村人口的城向流动，新农合参保人数呈下降趋势。截至 2014 年，参合人数减少到 7.36 亿人。之后，参合人数又开始回升，2012 年参合人数达 8.05 亿人（国家卫生和计划生育委员会，2017）。

不同于参合人数的先增后减再增，新农合参合率从 2003 年到 2014 年呈明显的上升态势。在 2004 年还仅为 9.07%的参合比率到了 2006 年就已经接近 50%，2007 年继续上升 35.8 个百分点到达 83%。2008 年之后参合率突破 90%，之后连年递增至 2014 年的 98.90%（国家卫生和计划生育委员会，2017）。

二是城乡居民基本医疗保险并轨进一步实现了参保人数的上扬。整合后的城乡居民基本医疗保险从制度安排上减小了城乡医疗保障的差距，提高了城乡居民参保的积极性和公平性，参保人数得以增加。2017 年末，全国参加城乡居民基本医疗保险的人数达到 87 343 万人，其中获资助者 5 203 万人。2017 年国民经济和社会发展统计公报显示，这一年的参保总量比上年增加 42 483 万人，远远大于参加职工基本医疗保险的 30 320 万人。2019 年全国超 10 亿人参加城乡居民基本医疗保险，比 2018 年增加了 12 761 万人。[①] 当然，城乡居民基本医疗保险参保人数迅速上升有并轨后制度吸引力增大的作用，同时这也是原有两大制度覆盖群体的合并，再加上全民参保登记的开展，基本医疗保险覆盖面的扩大颇为可观。

（二）保障水平明显提升

一是新农合保障水平不断增强。新农合基金支出快速上升，受益人次增长显著。新农合从 2008 年到 2014 年人均筹资水平不断上升，在此基础上基金支出呈现出明显的上升趋势。2008 年全国新农合基金支出 662.31 亿元，是 2007 年的 1.91 倍，此后继续以 39.34%的增速上升至 2009 年的 922.92 亿元，在 2010 年基金支出过千亿元后 2012 年支出翻

① 国家医疗保障局网站，http：//www.nhsa.gov.cn/art/2020/6/24/art_7_3268.html.

番，并在 2013 年达到了 2 909.2 亿元。受益人次方面，新农合从 2008 年起以平均每年 2.71 亿人次的数量增加，年际平均增速为 28.01%，到 2013 年已有 19.42 亿人次当年受益，2014 年略有下降，但年受益人次依旧保持在 16.52 亿人的高值之上。从受益人次占参合人数比率上来看，新农合在 2010 年超过 100%，在 2012 年突破 200%，到 2013 年这一比例已经升至 242%，农民受益程度提升较快（国家卫生健康委员会，2020）。

二是城乡居民基本医疗保险待遇显著提高。首先，医保制度整合后，报销按照待遇就高不就低的原则进行调整，参保人员得到了更多实惠。以宁夏回族自治区为例，制度整合后，实行了统一的“一制三档”，三档的缴费标准分别为 84 元、233 元和 466 元，各档最高支付限额分别为 7 万元、12 万元和 16 万元，其中三档最高支付限额是原新农合最高支付限额的 3 倍，是原城镇居民医保的 2 倍，城乡居民在二级以下医疗机构住院费用政策范围内报销比例达到 70%。浙江省城乡居民医保人均筹资标准从 2012 年的 489 元提高到 2015 年的 785 元，县域内政策范围内门诊费用报销比例从 2012 年的 35%提高到 50%左右，县域内政策范围内住院费用报销比例从 2012 年的 62%提高到 75%左右。其次，城乡居民基本医疗保险按照用药就宽不就窄的原则进行统筹。截至 2015 年年底，全国至少有 12 个省份统一执行基本医保药品目录。如山东、广东、宁夏统一使用基本医保药品目录，农民可报销品种分别从 1 100 种、1 083 种、918 种扩大到 2 400 种、2 450 种、2 100 种，用药范围增加了一倍多（国家卫生健康委员会，2020）。这不但给参保群众带来了方便，也更加凸显医保的公平性。最后，统筹层级得到了提高。之前的新农合一般以县（市）为统筹单位，城乡居民医疗保险制度原则上实行市（地）级统筹，鼓励实行省级统筹。随着统筹层次的提高，定点医院按照就多不就少的原则重新规划，参保居民就医范围也相应扩大，定点医疗机构相应增多，医院层次也水涨船高，并减少不同地区之间的保障待遇差距，从而提高城乡居民医疗保障待遇的公平性。而且，由于市级统筹的实施，原来在新农合中属于跨地区就医的一些医院纳入本地就医范围，原新农合跨县（区）异地就医随之减少，这既满足了农村居民多样化的就医需求，也推进了就医公平的进一步落实。

（三）城乡差距逐步缩小

基本医疗的整合在制度上推进了社保城乡差异的缩小。整合后的城乡居民基本医疗保险，意在从制度安排上减小城乡间的差距，提高城乡居民参保的积极性和公平性。虽然在具体实践中，一些农村地区较之合并前的待遇有所下降，但合并后的制度在今后更多面对的将是城乡社保在一定程度同一框架下的“同进同退”，这虽然暂时无法同城镇职工社会保险达到同一水平，但也为进一步统一协调城乡居民和城镇职工社保制度奠定了基础。

三、公共医疗保险制度面临的问题与挑战

新中国成立以来，农村的公共医疗保险制度发生了巨大变化。农村医疗制度的改革取得了良好的效果，在提升农民获得感的同时也提高了制度的运行效率和实施效果。然而与此同时，我们也应该注意到这一过程中所暴露出的问题，进而找到改进的方向。

（一）基层医疗设施短缺、医护人员不足

中国医疗服务的供给者主要分为三级医院、二级医院和初级卫生保健机构。三级医院通常设立在发达的城市，比如北京、上海、各省的省会以及发达的地级市。三级医院往往聚集了当地最好的医疗设备和水平最高的医生。二级医院拥有的医疗设备、医疗人员以及提供的医疗服务范围要比初级卫生保健机构好，但是要比三级医院差。一般县里级别最高的医疗机构就是二级医院，它们主要分布在县城所在地。初级卫生保健机构包括了社区卫生服务中心、村卫生室和乡镇卫生院等。这一级别的基层医疗机构尤其缺乏优质的医疗设备。特别是，农村医务专业人员的工资仍然相对落后，因此技术高超的医护人员极其短缺，村医奇缺、乡医不足乃是当前中国农村医疗面临的最大问题。截至 2018 年年底，

全国卫生人员总数达 1 230 万人，而 8 亿多农民，只有百万村医（刘奇，2019）。乡村医疗基础薄弱，导致一些农民常见病、慢性病得不到及时治疗，罹患有些疾病则必须去大城市的三级医院诊疗。

国家统计局的数据显示，与 2015 年相比，2016 年医院诊疗人次增加 1.9 亿，增长 6.2%，而县级及县级以下基层医疗卫生机构诊疗人次增加 0.32 亿，增长仅为 0.7%。在基层医疗卫生机构中，统计数据也呈现出诊疗服务由低向高的聚集效应：2016 年，全国县级（含县级市）医院诊疗人次比上年增加 0.5 亿，乡镇卫生院诊疗人次仅增加 0.3 亿，而村卫生室诊疗人次反而减少 0.4 亿。2017 年上半年，在其他类型医疗卫生机构医疗服务量都有所增加的情况下，乡镇卫生院诊疗人次较 2016 年上半年下降了 1.2%，而村卫生室诊疗人次更是下降了 2.5%（赵黎，2018）。由此可见，基层医疗机构的服务增长缺乏后劲，深层次原因就是基层医疗设施的短缺以及医护人员的不足。

（二）农村公共医疗保险待遇水平低

首先，新型农村合作医疗（或城乡居民医疗保险）对医疗费用的报销比例因就医机构层级和疾病的不同而不同。对于同一医疗费用，不同层级医疗机构的报销比例是不同的。以 2016 年广西的新型农村合作医疗保险为例，在三级医院只能报销 20%门诊费用，在二级医院可以报销 30%的门诊费用，在镇卫生院和村卫生室等初级卫生保健机构则分别可以报销 40%和 60%。[①] 而有些疾病只能在三级医院或者专门的二级医院诊疗，但是这些层级医院的报销比例相对较低。

其次，新农合的国家报销目录清单有限，只有有限的诊疗服务和药品可以报销。有些疾病需要就医治疗和使用相应的药物，但是这些诊疗服务和药物不在报销范围内，家庭不得不自掏腰包支付所有的医疗费用。此外，只有部分省份的新农合涵盖了医疗康复项目，并且所有的新农合都不覆盖病后护理、预防性治疗、居家医疗照护和临终关

① https://www.51test.net/show/7450301.html.

怀的医疗费用支出。病患及其家庭很可能在很长一段时间内需要支付高额的医疗费用。

（三）城乡公共医疗保险并轨难度高

中国的城乡公共医疗保险主要有三种基本类型：一是城镇职工基本医疗保险，它已经存在很长一段时间，主要面向城镇职工（包括城镇退休人员）；二是城镇失业居民、儿童和老人有资格自行参加的城镇居民基本医疗保险；三是农村居民可以自愿参加的新型农村合作医疗保险。此外，2003 年卫生健康部门还启动了医疗救助项目，旨在为极端贫困的居民提供补充的医疗资金。近年来一些省份已经开始试点将城镇居民基本医疗保险制度和新型农村合作医疗整合为城乡居民基本医疗保险制度。

不同基本医疗保险统筹基金的资金来源是不同的，但这三个基本医疗保险都有起付标准、共同支付和最高支付限额条款。从总体上来说，中国的城乡居民基本都能负担得起基本医疗保险的保费。2010 年，城镇居民基本医疗保险的保费是 140 元/年，新型农村合作医疗保险的保费是 160 元/年，对于新农合个人缴纳部分可以低至 20 元/年。

但是，城乡公共医疗保险的待遇水平差异极大。城镇职工医疗保险制度原来由人社部管理，通过工资扣款筹集资金，正因如此，城镇职工医疗保险制度比其他两个体系统筹的资金要丰厚得多。因此，与城镇居民基本医疗保险和新型农村合作医疗保险相比，城镇职工基本医疗保险最为慷慨，因为它覆盖的药品和医疗服务范围更广、报销比例更高、最高支付限额更高。城镇职工基本医疗保险覆盖了所有类型的门诊费用，但是只有一些发达县份的城镇居民基本医疗保险和新型农村合作医疗保险覆盖了所有类型的门诊费用。

中国已经设定了目标，在 2020 年整合三大医疗保险体制，实现制度框架的统一。虽然这种做法具有可能性，但也会带来巨大的行政和财政挑战。通过合并将农村医疗体制提升到与城镇职工医疗体制相同的水平，成本将极其高昂。

四、完善小康时代“病有所医”的建议

中国农村公共医疗保险制度的改革尚处于完善阶段，各项整合政策还在选择和完善之中，应充分认识到基层医疗薄弱、待遇水平低和城乡差异明显对农村医疗保险制度的影响，及时调整，取得更好的保障效果。

（一）稳定和优化基层医疗人才队伍

待遇不高，设施匮乏，留不住青年医生，成为阻碍乡村卫生医疗体系发展的最大瓶颈，亟须通过政策性调整保障基层医疗人才队伍稳定和结构优化。可以通过“县管乡用，乡管村用”的人事制度，解决基层医疗机构的人才缺乏问题；通过政府购买公共医疗服务等方式提升基层卫生人员的待遇；通过完善城市医疗卫生人才对口支援农村制度，建立医联体、医共体，让优质资源“下基层”，加大“流动”医疗服务力度。

（二）推广完善大病医疗保险

新农合覆盖率的提高极大地降低了自付医疗费用支出的比重。但是，由于重大疾病的冲击，农村家庭自付医疗费用支出水平仍然居高不下。在一些极端的情况下，高昂的自付医疗费用让穷人望而却步，迫使其放弃医疗救治。为此，中央推出了大病医疗保险，以减轻群众看病的经济负担。作为新型农村合作医疗（或城乡居民医疗保险）的重要补充，大病保险制度在覆盖范围、筹资渠道、保障水平、减贫济困、管理体制等多方面取得了突破性进展，但保障效果依然有限。

今后可通过以下几个途径完善大病保险的保障效果。一是要建立健全大病保险稳健运行的长效机制。一方面坚持多方负担原则，建立健全与居民收入相挂钩的长效筹资增长机制。另一方面要厘清责任边界，构建政府与商业保险机构的新型合作关系。二是大力推进商业大病健康保险的发展。一方面要加大医保部门与商业保险机构的资源共享，鼓励商业保险机构根据自身经办经验，开发多样化的商业大病健康保险产品。另一方面要应用人工智能、大数据等技术建设大健康综合性平台型企

业，提升服务效率。三是积极探索大病互助模式。构建“大病保险＋大病医疗救助＋商业大病保险＋大病互助”的多层次大病保障体系。

（三）整合不同地区、类型的公共医疗保险体系

有关新型农村合作医疗、城镇居民医疗保险和城镇职工医疗保险的政策相互孤立，造成了整个公共医疗保险体系的不平等。由于户籍等制度性障碍，个人所能购买的公共医疗保险类型是不同的，从而导致不同人群的医疗保障程度不一，降低了制度的公平性，特别是农民工在使用现有医疗保险时仍面临障碍。

缩小地区和城乡的医疗不平等。一是要最大限度地缩小不同公共医疗保险体系在资金和运作方面的差异，缩小城乡差异。同时，还要出台激励政策强化地方实施改革的动力，特别是要强化地方、保险从业者与公众利益的一致性。二是要实现新型农村合作医疗（或城乡居民医疗保险）的跨地区整合。在最初实施新型农村合作医疗改革时，病患只有在户口所在地就医才能获得保险理赔。如果农民外出务工在非户籍所在地求医，他们必须回家申请才能得到相应的保险理赔。为此，应做好流动人口医疗保险的接续工作，简化流动人口的参保手续，整合不同城市、不同省份新型农村合作医疗（或城乡居民医疗保险）的管理，使农民能够在全国范围内都能获得保险理赔，提高保险流动性，降低保险使用障碍。

本章参考文献：

巴里·诺顿，2019. 中国经济：适应与增长［M］. 2版. 上海：上海人民出版社.

曹普，2014. 新中国农村合作医疗史［M］. 福州：海峡出版发行集团.

董纪新，1990. 为了广大农民的健康［N］. 人民日报，12-04.

国家卫生和计划生育委员会，2017. 2017中国卫生和计划生育统计年鉴［M］. 北京：中国协和医科大学出版社.

国家卫生健康委员会，2020. 中国卫生健康统计年鉴（2020）［M］. 北京：中国协和医

科大学出版社.

国家卫生计生委统计信息中心，2015. 2013第五次国家卫生服务调查分析报告［M］. 北京：中国协和医科大学出版社.

刘奇，2019. 补齐全面小康社会的乡村民生短板［J］. 中国发展观察（23）：49－51.

吴敬琏，2016. 当代中国经济改革教程［M］. 上海：上海远东出版社.

徐机玲，1991. 农民呼唤合作医疗［N］. 人民日报，10－31.

杨辉，张朝阳，1996. 14个县农村合作医疗保健制度改革研究［J］. 中国初级卫生保健（11）：3－6.

张自宽，2011. 新历农村卫生六十年［M］. 北京：中国协和医科大学出版社.

赵黎，2018. 发展还是内卷？农村基层医疗卫生体制改革与变迁［J］. 中国农村观察（6）：89－109.

周寿祺，2002. 寻求农民健康保障制度的发展轨迹［N］. 国际医药卫生导报，06－18.

朱谦平，1990. 尽快解决农村求医难［N］. 人民日报，12－04.

第六章　老有所养

人口老龄化问题是21世纪中国面临的最大问题。中国人口——特别是农村人口老龄化的形势十分严峻，老龄化问题异常突出。在这一背景下，农村养老问题迫在国家的眉睫，迫在民族的眉睫，更迫在每一个家庭的眉睫。

一、世界及中国老龄化趋势

人类对人口老龄化问题的关注可以追溯到20世纪60年代。1950—1960年，全球平均寿命增加了近20岁，当时的英、法、德、美等发达国家已经潜藏着人口老龄化的问题。但是，马耳他，一个美丽的地中海岛国最先感知到了“银色浪潮”的隐隐涛声。1969年马耳他刚刚独立5年，可是这个只有30多万人口的地中海小国那时有近4万人失业，而失业者中多为年长者（穆光宗，2016）。1969年8月16日在致联合国秘书长的一封公开信——《年长与年老人问题》中，马耳他提议在联合国第二十四届会议议程中增列年长与年老人问题的内容。这是世界范围内人口老龄化革命的第一声呼唤，从此这场无声的革命拉开了序幕。

马耳他的这一提议引起许多国家和联合国的重视。在1978年12月14日联合国的第33/52号决议中，其中一项内容是举行第一次老龄问题世界大会，以唤起全世界注意人数日增的老年人所受困扰的严重问题，以拟订出一项国际行动纲领来保证老年人得到经济和社会保障。1982年7月26日，来自124个国家和162个联合国专门机构的1 000多位代表在世界音乐之都维也纳召开了第一次老龄问题世界大会，第一次全面探讨了人类自身发展过程中出现的老龄化问题。2002 年 4 月，第二次老龄问题世界大会在西班牙的马德里召开，这次大会距 1982 年召开的维也纳第一次老龄问题世界大会已经整整 20 年了。在这段时期里，世界人口日趋老龄化。

随后的世界人口老龄化并没有得到缓解反而在加速中，人们开始用“人口老龄化冲击”“国际人口新秩序”这些新词汇来形容世界老年人口的激增。根据联合国的估计，2050 年世界 60 岁及 60 岁以上的人口比例将比 2000 年增加 1 倍以上。换句话说，老龄人口在全球总人口中的占比将从 10%上升到 22%。届时，这个比例将与 0～14 岁儿童所占比例相同。在 21 世纪的前 50 年，老龄人口的数量大概会翻两番，从6 亿人增加到将近 20 亿人。到 2050 年，一些发达国家的老年人口将是儿童人口的两倍以上（穆光宗，2016）。

人口老龄化冲击最为严重的是发展中国家，这些国家的人口势必将在 21 世纪上半叶迅速老龄化。未来几十年间，发展中国家老年人数的增长最快。今后 50 年，预期这些国家的老年人口会翻两番。到 2050 年，老年人的比例预期将上升到 22%，儿童比例将从 33%下降到 20%（穆光宗，2016）。这些数字足以说明情况的严重性。

更显紧迫的是，在不到 30 年的时间内，世界上的老年人口中将有 3/4 生活在发展中国家。1982 年举行第一次老龄问题世界大会时，大多数老年人生活在发达国家。然而，在发展中国家，尽管城市化不断加速，但大多数老年人仍将生活在农村地区。每月已有近百万人跨过 60 岁的门槛，其中 80%生活在发展中国家。老年人口中增长最快的部分是 80 岁和 80 岁以上的耄耋人口。他们现有 7 000 万人，在今后 50 年，其人数预期将增至目前的 5 倍（穆光宗，2016）。老年妇女的人数多于老年男子，而且年龄段越大相差越多。发展中国家将面临最严峻的资源挑战，因为它们将不得不同时面对快速发展和人口老龄化的问题。

作为全球老龄化的一个重要组成部分，中国的老龄化也在加速进行中。1999 年 10 月 1 日，中国老年人达到全国人口的 10%，这标志着中国开始步入老龄化社会。以 65 岁及 65 岁以上老年人口比例从 7%上升到 17%所需要的时间比较，发达国家一般需要 80～100 年，而中国只有不到 40 年的时间。目前，中国 60 岁及以上的老年人口已经超过 2 亿人，占全国总人口的 15%多。预计到 2050 年，老年人口将达到 4.2 亿人左右，占总人口近 30%（穆光宗，2016）。

中国人口迅速老龄化，已成为制约经济、社会发展的一枚“定时炸弹”。专家普遍认为，作为全球人口最多的国家，中国正面临世界各国从未遇过的一场人口危机：第一，中国人口老龄化速度快于全国总人口增长速度；第二，中国人口老龄化速度快于世界老龄化速度；第三，中国人口老龄化速度快于经济发展速度，呈现出“未富先老”的特征。根据联合国的估计，到下一代，中国的老龄化问题将比 20 世纪的欧洲严重，届时，中国将在经济尚不发达的情况下对付与人均国民生产总值高出自己数倍的国家类似的问题：老龄化引起的经济、社会、生产率挑战。也就是说，中国将在变富之前先变老。

二、中国农村人口老龄化的趋势特征

一是农村人口总量持续减少，人口老龄化程度不断加深。近年来，随着中国城镇化进程加速发展，中国城乡人口结构发生了显著改变，乡村人口比重逐渐下降，2011 年乡村人口数量首次少于城镇人口，到 2015 年中国农村常住人口总量 60 346 万人，占全国人口总量的比重下降到 43.9%。

根据第五次、第六次全国人口普查数据和 2015 年全国 1%人口抽样调查数据，中国农村老年人口总量持续攀升，占农村人口比重持续上涨。2000 年中国农村 60 岁及以上人口数为 8 556 万人，占农村人口总量的 10.19%。到 2010 年中国农村 60 岁及以上人口数为 9 930 万人，占农村人口总量的比重上升到 14.98%。到 2015 年农村 60 岁及以上老年人口总量约为 11 192 万人，占农村总人口比重已经达到 18.47%，老年人口抚养比高达 29.62%。

从 2000 年和 2010 年农村人口结构金字塔可以明显发现，农村人口年龄构成正从锥形向纺锤形转变，整体年龄结构上移趋势明显，农村人口老龄化程度不断加深（图 6－1）。

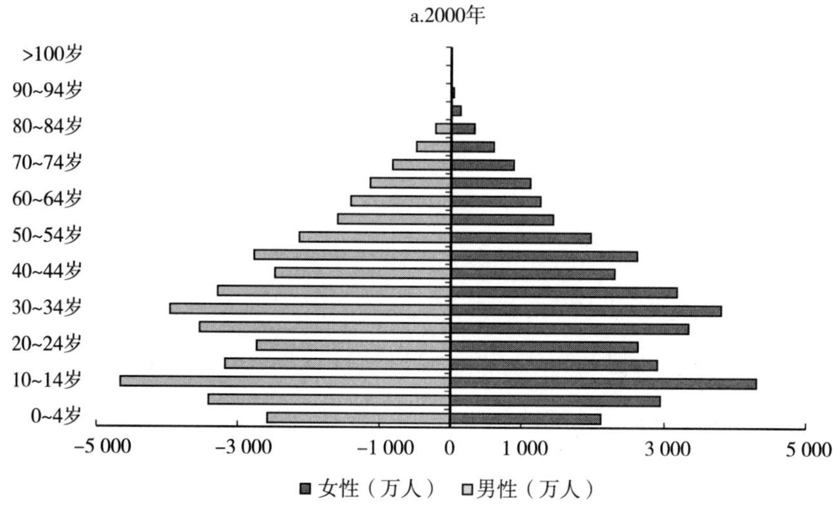

图 6－1　2000 年和 2010 年中国农村人口年龄结构金字塔

资料来源：2000 年全国第五次人口普查、2010 年全国第六次人口普查。

二是农村人口老龄化高于城镇，城乡人口老龄化倒置严重。根据历次全国人口普查数据和全国 1%人口抽样调查数据，中国城乡人口老龄化程度经历了从相对持平到差距逐渐扩大的演变过程，截至 2015 年农村人口老龄化显著高于城镇，农村人口老龄化程度高于城镇 4.13 个百分点。农村 60 岁及以上人口占农村人口总数的比重从 1990 年的 8.61%快速上涨到 2015 年的 18.47%，25 年提高了 9.86 个百分点。同期，城镇人口老龄化率从 8.55%上升到 14.34%，提高了 5.79 个百分点。

城乡人口老龄化水平的差距表明中国人口老龄化呈现典型的城乡倒置格局，这可能会对经济水平较低的农村地区带来更严重的养老和一系列的经济社会问题（图 6－2）。

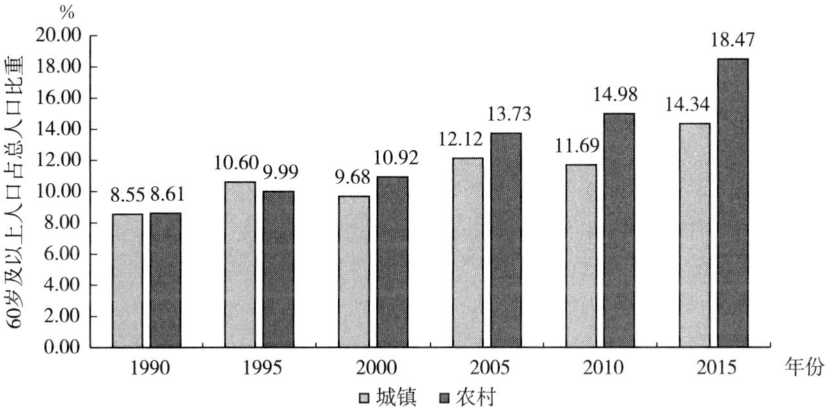

图 6－2　1990—2015 年中国城乡人口老龄化水平对比情况

资料来源：1990 年、2000 年、2010 年全国人口普查和 1995 年、2005 年、2015 年全国 1%人口抽样调查数据。

三是人口预期寿命大幅提高，农村人口高龄化趋势加重。随着人民生活水平的提升和医疗卫生条件的改善，中国人口预期寿命得到了极大的提高。新中国成立初期中国出生人口的平均预期寿命为 43.83 岁，低于世界 46.98 岁的平均水平，1965—1970 年中国出生人口平均预期寿命大幅提高，并开始超过世界平均水平。到 1981 年中国出生人口平均预期寿命达到 67.77 岁，已经超过世界平均水平 5.7 岁。根据 2015 年全国 1%人口抽样调查，中国出生人口的平均预期寿命已经达到 76.34 岁，较 2000 年提高了近 5 岁（图 6－3）。

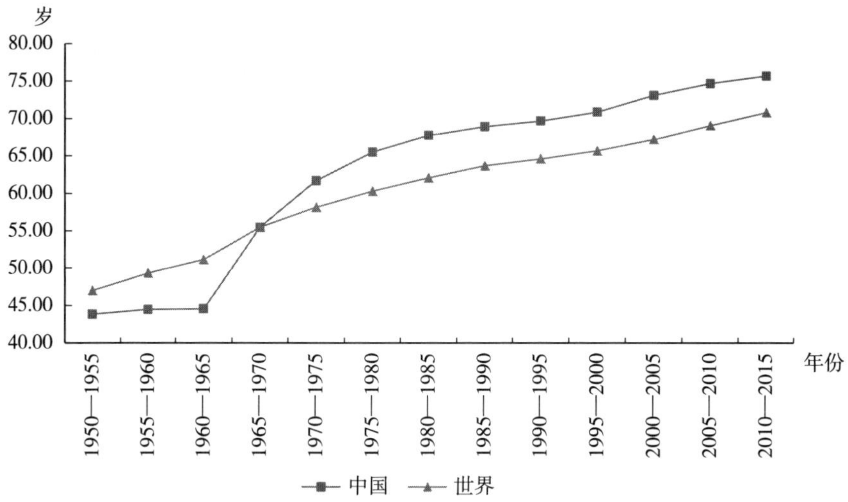

图 6－3 中国和世界出生人口平均预期寿命变化

资料来源：World Population Prospects 2017。

伴随着中国人口平均预期寿命的提升，农村人口中高龄人口的比例也呈现上升趋势。1990 年农村 80 岁以上老人 575 万人，占 60 岁以上老年人口的比例为 7.90％，到 2000 年“五普”时，中国农村地区高龄老人已经达到 818 万人，占老年人口的 9.56％。随着 60～69 岁老年人口占老年人口总量的比例逐渐下降，70 岁以上农村人口的高龄化趋势加剧，高龄化问题越来越突出。预计到 21 世纪中叶农村 80 岁以上高龄老人总量将达到 3 784 万人，占老年人口比例将达到 26％，即每 4 个农村老年人口中就有一个 80 岁以上的高龄老人。与城镇相比，农村人口的高龄化与城镇并无显著差异，但考虑到城乡养老保障制度的差异性，农村人口高龄化将对农业生产和城乡居民收入差距产生深远影响（表 6－1）。

四是农村老年人口以女性为主，但男性比重有所提高。1990—2015 年中国农村女性老年人口占老年人口总量的比重均在 50％以上，女性老年人口构成了农村老年人口群体的最主要部分。随着年龄升高，农村老年人口中女性老年人的比例越来越高，例如 2015 年，60 岁及以上老年人口中女性占比为 51.08％，65 岁及以上老年人口中女性占比为

51.93%，而75岁及以上老年人口中女性的比重则上升为56.01%。

表6-1　中国城乡老年人口不同年龄组的构成情况（%）

年份	60～69岁		70～79岁		≥80岁	
	农村	城镇	农村	城镇	农村	城镇
1990	61.64	63.88	30.47	28.15	7.90	7.98
1995	59.95	63.49	31.55	28.41	8.50	8.11
2000	57.69	61.07	32.75	30.35	9.56	8.58
2005	55.53	56.14	33.72	33.74	10.76	10.12
2010	56.23	56.13	31.74	32.33	12.04	11.54
2015	59.97	59.84	28.47	28.14	11.56	12.02

资料来源：历年人口普查资料和人口抽样调查资料。

虽然农村老年人口中女性占比具有绝对的优势，但是近年来，男性老年人口的比重有所提升。其中60岁及以上老年人口中男性老年人口比重从1990年的47.19%上升到2015年的48.92%，65岁及以上老年人口中男性老年人口比重从1990年的45.28%上升到2015年的48.07%，75岁及以上老年人口中男性老年人口比重从1990年的39.86%上升到2015年的43.99%（表6-2）。

表6-2　中国农村老年人口性别构成（%）

年份	60岁及以上人口		65岁及以上人口		75岁及以上人口	
	男性	女性	男性	女性	男性	女性
1990	47.19	52.81	45.28	54.72	39.86	60.14
1995	47.68	52.32	45.99	54.01	40.58	59.42
2000	48.82	51.18	46.97	53.03	41.76	58.24
2005	49.39	50.61	48.09	51.91	43.04	56.96
2010	49.20	50.80	48.13	51.87	43.71	56.29
2015	48.92	51.08	48.07	51.93	43.99	56.01

资料来源：历次人口普查资料和人口抽样调查资料。

五是农村老年人口素质显著提升，但仍远落后于城镇。与1995年相比，农村60岁及以上老年人口的受教育程度有显著的提升。其中未上过学的老年人口占农村老年人口比重从 1995 年的 71.45%下降到 2015 年的 29.47%，下降了 41.98 个百分点；小学文化程度和中学文化程度的老年人口占比从 1995 年的 24.3%和 4.11%上升到 2015 年的 53.06%和 17.27%，分别提升了 28.76 个百分点和 11.16 个百分点。农村老年人口中文盲人口比重显著降低，人口整体素质得到显著提升。

但是农村老年人口的受教育程度仍然处于偏低状态，与城镇老年人口具有较大差距。农村 60 岁及以上老年人口的受教育程度主要集中于小学水平以下，2015 年 60 岁及以上老年人口中未上过学和小学文化程度的占到 82.53%，而大专及以上文化程度人口很少。城镇老年人口中未上过学的仅为 15.19%，且主要集中在小学和中学文化水平，受过小学和中学教育的城镇老年人口的比重为 78.6%，而且城镇老年人口中受过大专及以上教育的人口比重也有 6%以上，远超过农村高素质老年人口比重。

六是农村老年人口失能率增加，且失能比例高于城镇。根据 2010 年第六次全国人口普查数据，中国 60 岁及以上人口中失能人口达到 521.5 万人，其中农村失能人口 329.7 万人，占全部失能人口的 63.2%（表 6－3）。

表 6－3　中国城乡老龄人口失能化的年龄组趋势分布

单位：万人，%

年龄组	城镇			农村		
	人口数	失能人口	失能人口比重	人口数	失能人口	失能人口比重
60～64 岁	2 603.69	18.23	0.7	3 263.04	32.96	1.01
65～69 岁	1 791.03	21.31	1.19	2 320.3	40.61	1.75
70～74 岁	1 477.73	31.18	2.11	1 819.51	56.59	3.11
75～79 岁	1 053.15	38.86	3.69	1 332.06	64.21	4.82
80～84 岁	576.28	39.82	6.91	761.04	66.44	8.73
85～89 岁	239.22	27.10	11.33	323.97	44.09	13.61
90 岁以上	88.01	17.85	20.28	110.41	25.63	23.21
合计	7 829.11	191.81	2.45	9 930.33	329.69	3.32

资料来源：《中国 2010 年人口普查资料》，根据作者计算获得。其中，失能人口指生活不能自理人口。

农村无论是高龄人口的绝对数量、相对比重还是高龄人口中失能人口的比例均超过城镇。由表 6－3 可知，城乡老年人口中失能老年人口比重随着年龄增长都有增大的趋势，说明年龄越大，老年人失能的情况越严重。而对比城乡失能老年人口可以发现，不论是哪个年龄组，农村的失能老人数量和失能老人比重均高于城镇。

三、中国农村人口老龄化的成因

人口老龄化主要是人口生育率和死亡率变动的结果。当前，中国农村人口老龄化快速发展，这在一定程度上是时代发展的必然趋势，符合世界人口年龄结构转变的自然规律。但是中国农村人口老龄化又具有与人口普遍演变规律不同的特征。根据上述对农村人口老龄化现状的分析我们知道，中国农村人口老龄化不仅增长速度惊人，而且人口老龄化呈典型的“城乡倒置”格局，农村人口老龄化程度高于城镇。因此，对农村人口老龄化成因的分析不能只关注推动人口年龄结构转变的一般性因素，而应该将农村的发展置于一个开放的环境下，全面地探究农村人口的自然变动和机械迁移对农村人口老龄化的影响。

（一）出生率和死亡率“双降”推动农村人口结构快速转换

根据人口出生率和死亡率的不同，人口转变理论将人口再生产分为“高出生、高死亡、低增长”阶段、“高出生、低死亡、高增长”阶段和“低出生、低死亡、低增长”阶段三个主要发展阶段。不考虑 1959—1961 年三年困难时期，中国人口出生率在经历了 20 世纪 50 年代和 60 年代的婴儿潮后迅速下降，从 1963 年最高时期的 43.6‰下降到 1980 年的 17.82‰。自从中国推行严格的计划生育政策以来，人口出生率更是持续走低，21 世纪以来稳定在 12‰左右；死亡率在 1978 年之前处于稳步下降趋势，1978 年以后稳定在 6‰～7‰，近年来略有上升；人口自然增长率与人口出生率保持了较高的契合度，总体上处于下降趋势，1998 年人口自然增长率跌破 10‰，到 2015 年人口自然增长率已不足 5‰（图 6－4）。从人口结构转变看，中国已经完成了人口转变（邬沧萍和杜鹏，2012）。

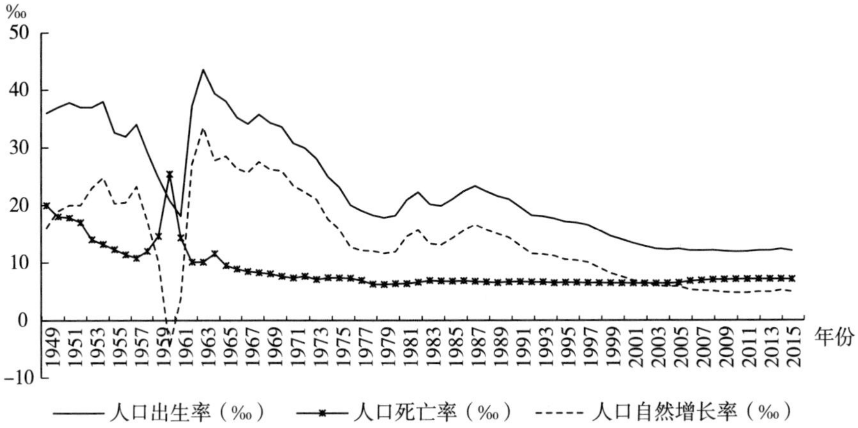

图 6－4　1949—2015 年中国人口增长情况

资料来源：国家统计局。

人口出生率的下降控制了人口结构转变的“入口”，出生率越低则少儿人口增长越少，对年轻人口的补充就越少，因此当老年人口数量一定时，出生率的下降就会提升整体的人口老龄化程度。相反，人口死亡率的下降控制了人口结构转变的“出口”，死亡率越低意味着人生活得越长久，预期寿命也越长，人口的长寿导致了老年人口累积越多，因此，在新增人口一定的情况下，老年人口越多则老龄化程度越高。由于中国农村人口在 20 世纪五六十年代经历了两次生育高峰，此后计划生育政策导致的急速转变的出生率和死亡率又加速了人口年龄结构自然转变的进程，随着人口年龄队列的推移，农村人口进入了人口集中老化的阶段，从而推动了农村人口年龄结构的快速转换。

（二）农村劳动年龄人口大规模迁出加速了农村老龄化进程

新中国成立后为了保障重工业优先发展，实现“赶超”英美的工业化战略，中国走了一条农业支持工业的发展道路（林毅夫，2012）。初步形成了一个扭曲生产要素价格、采取集中计划分配资源和产品、阻止生产要素特别是劳动力流动、缺乏生产经营和劳动激励的经济体制模式。

为了保障这种制度模式的顺利进行，政府对农业生产实行合作化，对农产品实行统购统销，对农民则实行城乡二元户籍制度，严格限制农民脱离土地进入城市工业部门。这一系列政策最终导致改革开放前夕中国农村人口占到全部人口的82%，农业从业人员占到全部从业人员的70%以上。将农民严格禁锢在土地上不仅没有带来农业生产的丰收，而且对城市的生产生活也造成极大不便，物质生活仍处于十分匮乏的阶段。按世界银行每天收入不足1.9国际美元（2011年不变价）的标准，1981年全国有8.78亿人口处于绝对贫困（蔡昉，2017），人民急需改变这种贫穷落后的状态。

改革开放以后，随着城乡劳动力市场逐步开放，大量农村剩余劳动力开始获得从边际产出低的农业部门转移到城镇边际报酬较高的工业部门的机会。可以从“退出权”、“流动权”和“进入权”分析农业剩余劳动力的转移历程：一是家庭联产承包责任制极大地解放了农业劳动生产力。家庭联产承包责任制改革的核心是赋予农户配置生产要素的自主权。“交足国家的、留够集体的，剩下都是自己的”，农户可以自主选择种植和经营内容，自主支配劳动时间，这种对剩余生产要素的所有权和支配权的改革对农民产生了正向的激励，解放了生产力，农业劳动力剩余开始凸显。据估计，在20世纪80年代，中国农村有30%～40%的劳动力是剩余的，总量达1亿～1.5亿人（Taylor & Adelman，2003）。

二是阻碍农业农村劳动力转移的二元经济制度的逐步破除使得农业剩余劳动力能够向城市和非农产业流动。随着农业生产微观激励的改善，农产品产量大幅增长，农业剩余增加，农民被严格禁锢在土地上保障农产品生产的必要性受到挑战。1983年起，农民被允许从事农产品长途贩运和自销，第一次突破了就业的地域限制。1988年政府又允许农民自带口粮到邻近城镇就业，第一次突破了城乡之间的就业藩篱。到20世纪90年代初期，随着粮票等票证制度被取消，农村劳动力进入各级城镇居住和就业也就不再有实质性的障碍，农业剩余劳动力的转移就业也随之进入了一个高潮（图6-5）。

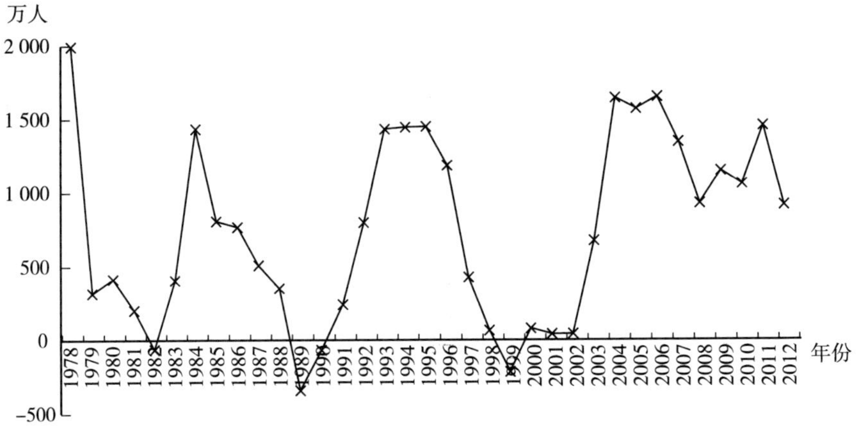

图 6-5　1978—2012 年中国劳动力转移数据

资料来源：胡景北．农业劳动力转移的定量指标与标准数据计算方法［J］．经济评论，2015（2）．

三是工业和服务业的快速发展为农村剩余劳动力进入城市部门和非农部门就业提供了广阔的机会。首先是 20 世纪 80 年代末的乡镇企业异军突起，促进了农业剩余劳动力就近就地的转移就业，乡镇企业成为农业转移劳动力就业的主要载体。其次是 1992 年邓小平南方谈话，促进了沿海地区劳动密集型产业的发展，而外向型劳动密集型产业的兴起进一步促进了农业剩余劳动力跨地区的长距离转移就业，形成了最初的民工潮。再次，中国改革开放以后大力引进外资弥补中国经济发展中资本不足的先天缺陷，通过国外先进技术和管理理念的引入，带动了本土私营企业的发展。最后，20 世纪 90 年代末推行的国有企业改革，打破了城镇职工“铁饭碗”，农业转移人口获得了竞争就业的机会。

1978—2012 年，中国累计转移农业劳动力 2.6 亿人，且农业劳动力转移具有显著的周期性趋势（胡景北，2015）。1978 年以来，中国农村农业劳动力向城镇非农产业转移就业经历了三次高峰，同时也经历了三次显著的低谷，但总体上农业劳动力转出是大趋势。而中国农业农村劳动力向城镇非农产业转移中主要以青壮年劳动力为主，根据朱勤

（2014）和王金营、原新（2007）的测算，2000—2010 年乡村净转出的人口中 15～64 岁劳动年龄人口占到 80%以上，即使到 2030 年仍有 71%以上的转移劳动力是 15～64 岁人口（表 6-4）。

表 6-4　2000—2010 年中国乡-城转移人口结构

单位：万人，%

年龄段	城市净转入		镇净转入		乡村净转出	
	人口数	占比	人口数	占比	人口数	占比
0～14 岁	675.53	7.27	1 523.34	17.68	2 198.87	12.28
15～64 岁	8 382.49	90.26	6 397.06	74.26	14 779.55	82.56
≥65 岁	229.05	2.47	694.33	8.06	923.37	5.16
合计	9 287.07	100	8 614.73	100	17 901.79	100

资料来源：朱勤．城镇化对中国城乡人口老龄化影响的量化分析［J］．中国人口科学，2014（5）．

从以上分析可以发现，自从改革开放以后，不论是农村生产经营的微观环境，还是整体经济发展的宏观就业环境，抑或是阻碍农村劳动力转移的制度环境都发生了明显的改变。在这种情况下，农村居民增加收入、改善生活水平的愿望具有了实现的路径，那就是从低边际报酬的农业部门转移到高边际报酬的工业和服务业部门。而我们上述分析的一个潜在假设就是那些从农业转移到非农产业就业的人口是农村的劳动年龄人口，随着这部分人口流向城镇非农产业，农业农村中的劳动年龄人口自然就会大幅的减少，而这种农业剩余劳动力转移就业的过程恰恰就是农村人口老龄化加速发展的过程。

（三）城乡二元分割的体制机制障碍促使高龄农村劳动力被迫返乡

虽然经过近 40 多年的改革开放，农村剩余劳动力获得了从农村流向城市、从农业转移到非农产业就业的机会，但是由于城乡分割的就业制度和户籍制度改革并不彻底，多数转移劳动力仍然很难在城市真正地定居下来，绝大多数的农民工在过度消耗其健康后，仍然处于被迫返乡的尴尬境地（陆铭，2016）。

一是城乡不合理的就业制度导致中国对农业转移就业人口的用工极

其浪费，大部分高龄农民工在劳动年龄的后期要返回农村。改革开放以来，在劳动力剩余、转型期劳动者劳动权利保护弱化、企业劳资关系失衡下，中国企业的用工方式发生了重大变化，即出现了改革开放以前闻所未闻的企业只利用劳动力之劳动生命最年轻时段，而大量弃用城乡 40、50 岁劳动力的倾向，弃用农民工年龄更低（侯东民，2007）。这种极其不合理的、极其浪费的用工模式导致了农村高龄劳动力很难在城市非农部门找到合适的工作机会，而在权衡其获得工作的概率和生活成本之后，这部分人不得不做出返乡的决定。国际劳工组织认定的工人的黄金劳动年龄是 25～54 岁，而中国城镇就业的农村劳动力在 45 岁左右以后就返回农村，不仅造成了劳动力资源的极大浪费，而且这部分高龄劳动力返回农村后也提高了农村人口的平均年龄。

二是在中国城镇化进程中户籍制度改革较为滞后，没有及时地将农业转移就业人口转换为稳定的城镇居民，从而导致农民工转移就业具有很大的不稳定性。虽然在改革进程中中国城乡户籍制度不断松动，农民具有进入城市定居并获得城市户籍的可能性，但是各种等级的城市在发展中偏向于高层次的人才，而对于“低端”人口的农民工采取了排斥的态度，通过设置一系列的落户限制，将大量的农村转移劳动力“拒之门外”。例如 20 世纪 90 年代末到 21 世纪初期普遍推行的购房落户、当前各大城市推行的积分落户等，而农民工群体购买能力较低且文化素质不高，因此很难达到城市落户条件。由于享受不到城市的公共福利待遇，大部分的农民工在达到一定的年龄后仍然会返回农村。

当然，除上述原因外，诸如老年人口在心理和情感上很难融入城市生活，回归农村乡里文化的诉求较大，城市高房价高物价挤出农村老年人口等也是农村老年人口增多的原因。但综合而言，农村人口老龄化程度高、速度快主要是由于中国农村经历了婴儿潮一代的人口逐渐老化，而在城乡二元制度分割和城乡经济利益差距较大的诱使下，一方面是农村劳动年龄人口的持续外流，另一方面是高龄劳动力的回流，双向挤压使得农村人口老龄化发展速度高于城镇。

四、中国农村养老模式的演变与成就

在人口迅速老龄化的情况下，如何在广大农村地区公平有效地发展养老事业，保障农村老人的基本生活，使他们老有所养、老有所依就显得尤为迫切。

按照“养老支持力”学说对养老模式进行划分，可以将中国农村养老模式主要划分为三类：家庭养老、自我养老和社会养老。

（一）家庭养老

家庭养老是指养老支持力主要来源于子女、配偶或亲属的养老模式，即当人身体各方面机能开始退化，步入老年状态需要照顾时，依靠家庭成员赡养终老的模式。与西方相比，传统乡土中国以家庭为本位的社会，社会的基本单元是家庭，其主要功能之一就是保护其成员免受外部风险的冲击。长期以来传统中国面临人口过剩和资源缺乏的问题，个体之间的竞争往往很激烈，并且缺乏正式的社会保障制度，在这种环境下，强势的家庭制度可以看作为抵御险恶多变的环境而不得不如此的选择，农民唯一能够相信的人就是他自己家庭的成员。因此，家庭通常被视为首要的养老主体，在物质支援、生活照护和精神慰藉方面具有不可替代的作用。

在中国漫长的历史长河中，家庭养老的时间最长。养老一旦采取家庭养老的制度安排，那么子女从经济学角度来看，在某种程度上就是一种“金融资产”。在传统乡土社会里，个人在青壮年时生产能力较大，其生产的产品个人消费不了，而当人们进入老年时，他们的生产能力逐渐丧失，没有产品可供他们消费。这个时候，如果每个家庭养育一些孩子，将那些青壮年时消费不了的产品“投资”在孩子身上，当他们的孩子成为青壮年时，他们的养老就由他们的孩子来承担。每一代人都是根据这样的安排来解决养老问题的，家庭养老就逐渐成为一种体系。由于生产力水平的低下，所谓的“多子多福”，事实上就是家庭尽可能多地将未消费的产品储蓄起来，投资在孩子这一特殊“金融产品”上，老年时获得生活所必需的回报。孩子多，将来回报也多，这实际上是一种金融制度（袁志刚，2019）。

传统乡土中国所提倡的“孝”，从经济学角度看，就是保证这样一种金融系统不出现金融危机。因此，家庭养老既是一种金融制度，也是一种养老的安排。当然，家庭养老由于每个家庭子女的多寡、能力的大小、身体的健康与否等都是难以控制的，因此具有一定的风险。

在中国的文化传统里，子女养老就是最好的，四世同堂的理念非常流行。在四世同堂的家庭里，各个年龄段的家庭成员各尽其能，各司其职，中青年养育孩子，青老年照顾老老年，老龄化的问题就在家庭内部解决了。

新中国成立以后，农村仍沿用中国传统社会的办法，以家庭保障作为主要的养老形式，改革开放以后亦是如此。根据2010年第六次全国人口普查数据显示，农村地区的大多数老年人仍主要依靠子女拿钱支持生活，即农村老人的主要收入来源仍然是以家庭其他成员供养为主，占到47.74%，其次的收入来源是劳动收入，达到41.18%，社会养老相较于家庭养老明显供给不足，只占到较小的比例（刘媛媛，2014）。而且，无论老年人是否在经济上依赖自己的孩子，多数老年人与他们的孩子同住。在农村，60岁以上的老年人中只有9%不是多代同堂，而在城市中，这个数字是26%（巴里·诺顿，2019）。

在农村，即使面临人口出生率下降的困境，这种靠孩子赡养的家庭养老传统仍具有生命力。据估计到2030年，平均年龄65岁的农村居民还能依靠2.3个孩子赡养。相比之下，这个年龄的城市居民仅能依靠1个孩子（巴里·诺顿，2019）。家庭养老低成本、更多的生活照料和精神慰藉以及节约财政支出的优点，可以为老年人提供温馨的家庭氛围。同时，在中青年外出工作时，老年人可在家中帮忙照看孩子和家庭，进行隔代抚育，节约年轻人经济成本的同时也可以缓解老年人的孤独感。

（二）社会养老

社会养老是指养老支持力主要来源于社会的养老模式。社会养老服务的提供主体主要有政府部门、机构和社区，它们向老人提供包括经济帮助、服务照料以及精神安慰等多元化的服务内容。

在古代中国，养老照顾、养老供给等资源不仅仅由家庭提供，也由国家、宗族、宗教慈善组织等社会力量提供。比如，南北朝时期齐国的六疾馆、梁国的孤独园，隋唐的悲田养病坊，宋代的福田院、居养院和养济院，元明代的孤老院，清代的养济院和普济堂等。从其职能看，这些机构收养的是鳏寡孤独不能生活自理者，具有复合职能。从出资和管理看，有官办，亦有民办，也有官民合办的，已具有了社会养老机构的性质。值得称道的是，南宋时出现了专门性的养老机构，较为典型的有淳安县之安老坊和玉峰县之安怀坊，这是社会养老机构的重大发展。

在计划经济时期，作为家庭养老的补充形式，中国农村对鳏寡孤独等无人赡养的合作社（或人民公社）社员设置了“敬老院”等低水平的社会保障，即“五保”制度。改革开放后至今，除了最低生活保障制度和“五保”制度，中国农村老人主要可以享受到以下两个方面的社会养老保障。

一是农村养老保险制度。养老保险对于农民来说是个新事物。1986 年 10 月，民政部决定在农村经济比较发达的地区实行以社区为单位的农村养老保险。1991—1993 年，建立了一些县级农村社会养老保险制度试点。1999 年 7 月，国务院指出农村尚不具备普遍实行社会养老保险的条件，决定对已有的业务实行清理整顿，引导有条件的地区逐步向商业保险过渡。2003 年 7 月劳动和社会保障部发出通知，要求积极稳妥地推进农村养老保险事业的健康发展。此后，农村养老保险制度也在不同地区以不同方式逐步推进。上海采取了“镇保＋农保”的模式；广东中山市采取了“社区单位缴纳＋政府补贴”的模式；江苏阜宁市及北京大兴区则主要采取了自我保障模式。不过，这些举措大多在东部沿海较发达的地区开展，中西部地区的养老保险模式并没有明显的改进。截至 2007 年年末，全国参加农村养老保险的人数仅为 5 171 万人，年末农村养老保险基金累计结存 412 亿元（吴敬琏，2016）。

2009 年 9 月，国务院发布《关于开展新型农村社会养老保险试点的指导意见》，决定从2009年开始在全国选出10%的县（市、区）实行试点，在2020年之前建立覆盖全国的新型农村养老保险。新农保基金由个人缴费、集体补助、政府补贴构成，基础养老金标准为每人每月55元。目前，新型农村社会养老保险已经基本实现全覆盖；不过，新型农村养老保险水平过低，现阶段对缩小城乡养老社会保险差距作用有限，这就形成“全覆盖”下城乡养老社会保险差距之大，远远超出人们想象的新情况。2011年城镇职工基本养老保险基金支出12 764.9亿元，离退休人数8 626.2万人，人均给付养老金14 797.8元；新农保试点基金支出587.7亿元，达到领取待遇年龄参保人数8 921.8万人，人均领取658.7元，仅相当于城镇职工的4.5%（吴敬琏，2016）。如果加上城镇离退休人员各种补贴收入，差距还要增大许多，严重挑战养老社会保险的公平性性质。

由于城乡差别在短期内不会得到根本性消除，农村社会保障制度应与城镇社会保障制度有所不同。在农村社会保障制度建设的立足点和发展策略上，理论界和政府部门还存在着一些不同的认识。一类观点认为，农村社会保障应当由国家、集体和个人共同负担。另一类观点则认为，在传统农业生产方式仍然没有彻底改变的情况下，家庭保障仍然是农村社会抵御风险的主要方式。在这种传统生产方式下，最为适合的是农民自愿基础上的合作性社会保障，而不是带有强制性质的统筹资金的社会保障。

2014年一项与现有职工退休方案不同的城乡职工退休新方案（城乡居民基本养老保险）正式启动。这一方案在2016年基本覆盖了5.08亿城乡有关人员（巴里·诺顿，2019）。与新农合一样，该方案也是采用个人缴纳加上政府补贴的模式。尽管最初的缴费水平和补贴水平都很低，但如果该方案遵循与医疗保险计划相同的轨道，可能出现迅速的增长。

二是农村社区互助养老制度。互助养老的基本理念是由低龄人口照顾高龄老年人，由身体好的人口照顾身体弱的老年人，通过代际接力方式完成互助养老。国务院办公厅2011年印发了《社会养老服务体系建设规划（2011—2015年）》，提出“积极探索农村互助养老新模式”。

2013年，《中央专项彩票公益金支持农村幸福院项目管理办法》（财综〔2013〕56号）中明确提出农村幸福院申报的条件和规范，是农村互助养老服务制度化的有益尝试。虽然只有3万元的建设资金，但这一管理办法的颁布有利于促进互助养老模式在全国内推广。2016年，国务院办公厅出台《关于全面放开养老服务市场提升养老服务质量的若干意见》，明确提出“倡导‘互助养老’模式”。2017年，《“十三五”国家老龄事业发展和养老体系建设规划的通知》（国发〔2017〕13号）指出：“通过邻里互助、亲友相助、志愿服务等模式举办农村幸福院、养老大院等方式，大力发展农村互助养老模式。”党的十九大报告指出：积极应对人口老龄化，构建养老、孝老、敬老政策体系和社会环境。上述系列文件，促进了我国农村互助养老模式的规范化、标准化及制度化。

目前，我国各地都因地制宜地展开了农村互助养老试点，形成了多种多样的互助养老模式，为互助养老制度化提供了有益探索。农村互助养老模式分为两种：一种是集中互助，将老人集中在一起，老人互相提供养老服务和精神慰藉，如“农村互助幸福院”、村社区照料中心等；另一种是散居互助，老人散居在家，参加互助养老服务，如“老伙伴计划”和“老友关爱圈”等。

脱贫攻坚期间，山东省乐陵市还发展出了“村级扶贫专岗”的新模式，实现了农村社区养老的互助，满足了特困老人的特困需求（比如，生活照料、精神慰藉），实践反馈良好，值得推广至全国。

专栏：村级扶贫专岗

山东省乐陵市“村级扶贫专岗”2017年4月始于该市西段乡，后在全市试行，由最初设置的202个岗位试行扩展到现在的433个，服务贫困户1 209户，1 866人，覆盖有帮扶需求人口（主要是失能半失能的老人）的80%以上。项目运行至今，进展顺利，管理运行和资金保障等方面都未遇到明显难题，现已在德州市及山东省广泛推行。其主要做法是：

（一）主要做法

1. 采用政府购买服务的方式，雇佣有劳动能力和服务意愿的贫困户，就地就近帮扶需要并愿意接受服务的贫困户

“村级扶贫专岗”是为有劳动意愿但劳动能力较弱或因其他原因不能外出务工的人员，专门开发设置的就地就业岗位。在岗人员集护理员、代办员、信息员于一身，为深度贫困的老弱病残幼群体（主要是失能半失能的老人）提供生活照料、就医护理、代办事务、情感疏导等有偿服务。一个在岗人员每天工作1个小时以上，服务3～5人，由政府发放补贴14.7元（根据省最低工资标准折算制定）。既为有能力的贫困户提供了岗位，又为需要帮助的特困户提供了服务。

2. 政府搭台牵线，在自愿的前提下，通过互选的方式完成服务对接

实现服务对接分三步：第一步，排查摸底，筛选出贫困户中愿意服务和需要服务的具体人员；第二步，对上岗人员进行培训，并签订三年期合同；第三步，在村干部协调下，让服务和被服务人员互选对接。政府提供平台、资源、信息，事先牵线、事后考核，双方自愿互选，既保证了项目的有序推进，又尊重了参与主体的主观意见。

3. 政策资金和社会资金多元注入，放宽上岗年龄限制

项目前期设置的202个岗位，主要由上级下拨的就业扶贫基金承担，但该资金的使用有政策限制，只能聘用60周岁以下人员。为了让超过60岁的贫困老人也有上岗机会，乐陵市采用多元资金（就业扶贫资金、慈善捐助、社会捐助、村集体经营收入等）共同注入的方式，保障项目的顺利运转。

（二）经验及价值

乐陵市的扶贫专岗项目创造了“穷帮残”“穷帮病”“穷帮弱”的扶贫新模式，既是农村部分贫困人口就业新模式，又是农村部分特困老人解困新模式，激发了贫困群众的主观能动性，解决了脱贫攻坚中攻什么、怎么攻的问题，一石多鸟，成效突出，极具推广价值。

1. 合适的人与适合的事有机结合

同为贫困群众，又是乡邻，专岗人员与服务对象的生活相似，情感相近，语言相通，他们交流顺畅，服务起来更为贴心，这就是找到了合适的人。同时，多数贫困户身体条件欠佳或缺乏劳动技能，其他从业机会不多，不出村照顾比他们生活更贫困的老人就是在做适合的事。西段乡西崔村贫困户李书章，因患软骨病自小无法从事重体力劳动，但干起帮扶工作得心应手，照顾了4个同村特困老人。

2. 脱贫与解困有机结合

扶贫专岗每天有14.7元的补贴，有劳动意愿的贫困户可以通过自己的劳动获得每月三四百元的收入，基本可以解决脱贫问题。同时，专岗人员的服务又解决了比他们更困难的群众的生活问题，使老有所养、弱有所扶、病有所助、困有所解。既实现了上岗人员的就地就近自立脱贫，又能够帮助特困老人排忧解难。

3. 家庭养老与社会养老有机结合

有关调查显示，95%以上的老年人选择居家养老。但一些居家老人缺少自理能力，需要社会的帮扶。扶贫专岗由政府花钱买单，为生活困难的老年人提供上门服务，使老人们不用离家便可得到帮扶，还增加了沟通、丰富了社交，实现了家庭养老与社会养老的有机结合，探索出一条农村居家养老服务的新模式。

4. 服务他人与提升自身有机结合

为提升专岗人员的服务水平，乐陵市已经免费开展家政服务、养老护理、月嫂培训、卫生护理等各种技能培训47次。上岗的贫困户通过接受培训学会了生存的技能，既学到了知识，又帮助了别人，而且在帮助别人的同时，也改变了以往生活邋遢、行为懒散的不良习惯，自己的生活质量和素质不断提高。一些人在培训过后，还能进城务工，通过做月嫂、家政等工作获取报酬，提升了个人价值，得到了自我认同。

5. 扶智、扶志与扶制有机结合

上岗人员在学习技能的同时，也能丰富知识、开发智力。他们通过劳动换取报酬，不但锻炼了能力，还树立了自信、赢得了尊重，激发了依靠自身劳动脱贫的主动性和能动性。同时，在扶贫专岗创建过程中，实施办法、考核办法、聘用标准、资金使用程序等相关制度体系不断完善，使这项扶“智”、扶“志”的扶贫工作有了可持续的制度保障。

6. 花小钱与办大事有机结合

“村级扶贫专岗”项目所需资金主要用于扶贫专岗工作补贴和岗前培训，数量不多。按照目前的标准，每个岗位每年只需 4 000 元左右。也就是说，每年用不到 200 万元的资金就可以解决全市 15 个乡镇的扶贫难题，实现 400 多人脱贫，1 800 多人解困，是名副其实的花小钱办大事。

7. 开发就地就业与开发家园红利有机结合

部分贫困户虽有一定劳动能力，但因上有老、下有小或出不了门、进不了车间、干不了重活，很难外出就业。扶贫专岗为他们提供了就地就近就业脱贫的机会。上岗人员在获得劳动机会的同时，为其他村民送去关怀，提供慰藉，促进了邻里互动，重新激活了存在于农村熟人社会的凝聚力、向心力、辐射力和归属感。互帮互助、扶贫济困的生活气氛，也提高了群众的幸福指数，让所有村民都享受到家园红利，如此往复，形成一个良性循环，使家园红利不断累积，醇厚古朴的民风由此得以重现。

8. 激发个体活力与激发群体活力有机结合

扶贫专岗人员在劳动过程中实现了个人价值，激发了个体活力，精神风貌大大改变。村民们亲眼见证他们从“不敢见人、不愿见人、自觉低人一等”的贫困户转变成自力更生、笑语常开的爱心帮扶工作者，自然也会产生改变的信心和动力。这种发生在身边的鲜活案例最容易散播传递，激发群体活力。而活跃的群体氛围同样可以带动个体的生活热情，个体和群体互相影响，最终提升起整个乡村的精神风貌。

9. 创设公益专岗与弘扬孝善文化有机结合

设置扶贫专岗是政府的公益行为，体现了党和政府对贫困群众的深切关怀。同时，通过配套工作的宣传和定期活动，向社会传递了尊老敬老的孝善信息，弘扬了传统美德，增强了群众的敬老意识。据称，扶贫专岗工作开展以来，孝亲敬老蔚然成风，老人得不到赡养的现象基本杜绝。

（三）自我养老

自我养老是指养老支持力主要来源于老人自己的养老模式。自我养老的经济来源主要是老年人之前的储蓄和参与劳动或耕种土地获得的经济收入，因而相较于家庭养老，自我养老带给老人更有尊严的生活。自我养老有一定的优点，老人通过自己的劳动实现老有所养，一定程度上减轻了家庭养老和社会养老的负担，而且适度劳动有利于老人的身体健康，提高老人的社会地位，从而实现自我价值。

以自我养老为主、家庭养老为辅的养老模式在农村较为常见。然而，自我养老是一种无奈的选择，并不是我国未来养老的主要发展方向。就目前的情况，在一些欠发达的农村地区，由于家庭养老的弱化和社会养老的缺失，老人不得不依靠自我养老。随着农村的老年人口结构趋向高龄化和失能老人的增多，农村的自我养老模式将难以为继，须配合其他养老模式对其加以支撑。

五、完善小康时代“老有所养”的建议

小康社会的时代背景要求我们必须直面现实，重塑理念，调动一切积极因素，培育多元养老主体，打造一个多元互动、多元互补的养老保

障体系，这个体系的基本构架是：家庭尽孝、社会尽力、市场尽能、政府尽责。

（一）家庭应倡导孝道立家

中国有“二十四孝图”的范例，有“百善孝为先”的古训，有“以孝治天下”的王朝。孝道文化是我国社会的基本伦理，是中华民族的传统美德，居家养老是天经地义的事情，具有广泛的社会心理基础。孝道是传统家庭养老方式的思想与文化依托。今天，家庭养老模式减弱的一个重要原因就是孝道观念的淡漠与消失，在家庭价值观中以孝彰显的核心价值中落。要重构家庭养老模式，首先必须重新树立“孝道立家”的道德规范，让孝道文化重新回到家庭道德的制高点上，重新成为家庭价值观的核心价值，让赡养老人是子女应尽的义务成为发自内心的“自律”，而不是来自外力的“他律”。政府在采取多种方式弘扬孝道文化的同时，还可以结合运用减免税费、经济补贴、社区监督、法律约束等多种手段，鼓励发展以家庭为基础的各种养老服务形式，使家庭回归到养老责任第一主体和主要承担载体的位置。

（二）社会应引导全员参与

生老病死是人生规律，任何人都有走向老年的那一天，那一天都需要别人的关爱，今天你关爱别人，明天别人才会关爱你。应搭建全国性乃至国际性的舆论平台，以广东清远为基地，把养老服务业高层论坛办成像博鳌论坛、达沃斯论坛那样具有世界影响力的论坛。社会应经常开展“我该怎样安度晚年”的醒世教育，唤起社会关爱老人的良知。“老吾老以及人之老”是中华民族的古训，只有人人尊老、敬老、养老，社会才会和谐，才会健康发展。坚持多措并举，构建全社会共同参与，多元合作的养老保障体系是当务之急。首先，应建立覆盖城乡的社区养老服务中心，主要承担社区托老服务、对居家老人上门服务、中介服务、应急救助服务、健身康复服务、精神慰藉与文化娱乐服务。社区养老服务点是政府居家养老服务网络的最基层组织机构。社区养老服务中心应该以政府投资兴办为主，鼓励社会力量通过与街道（乡镇）合作的形式参与。其次，应组织义工、志愿者做好社区养老服务。主要为那些行动不便、无法进行基本的家务劳动的老人服务，比如买菜、做饭以及一些简单的卫生整理。应动员具有专业优势的学校、医院、机关等事业单位以及一些社会上热衷于公益事业的组织及个人参与社区养老服务活动，做得好的给予奖励。对于做满一定时间的学生，可以从政府得到一定的奖学金，还可以规定必须无偿地为社会服务一定时间才能毕业等。应把尽力挖掘志愿者资源，建立完善的志愿者队伍作为各类群团组织的重要工作任务。再者，应建立老年组织，鼓励支持老人发展自我互助服务。最后，提高农村基本养老保险的待遇水平，逐渐消除城乡公共养老保险的给付差距。

（三）市场应孵化养老产业

养老产业涉及家政服务、医疗康复、饮食服装、食物保健、休闲旅游、金融地产等方方面面，是多产业相互交叉的综合性产业。应鼓励企业在农村建立若干全产业链基地，发展养老服务业，这样可有效形成老年产业集群效应以及集群之间的互动效应。“全产业链”模式能够实现跨界互补式操作、同界联合运作，搭建起企业联盟优势平台，进而带动整个老年产业链上下游的发展，从而实现老年产业的可持续发展。

发育孵化“全产业链”社会化养老企业，必须以市场机制引导，引入多元投资主体，加大政府扶持和管理。要改变养老机构非营利的体制束缚，允许养老机构差别化经营。可以有偿服务、低偿服务、政府购买服务，经营者自负盈亏，促进善经营会管理的企业迅速成长为“全产业链”大型企业。

要按照政策引导、政府扶持、社会兴办、市场推动的原则，大力推进投资主体、投资方式多元化。要放宽民办养老服务机构准入门槛。允许民办服务机构从小做起，边运作边发展，帮助企业规范管理，拓宽服务内容，或者采用公办民营、民办公助等形式促进养老机构发展。在机构运作中，要做好监管工作，促进其规范化建设，各省市县应尽快成立养老服务行业协会。

（四）政府应保底特殊人群

在“养儿防老”已经过渡到“制度养老”的今天，无论养老形式怎么改变，政府的职责只能强化，不能有丝毫削减。特别是在人口老龄化程度急剧加深的情境下，又同时面临着家庭养老功能弱化，社会养老不成体系，机构养老供需紧张、服务水平不高的形势下，政府必须兜底解决家庭、社会不能解决的养老问题。坊间戏言，过去是“养儿防老”，今天是“养官防老”。官即政府，纳税人向政府纳税就是想让政府帮助解决自身解决不了的问题。一是失去独生子女或者独生子女一、二级残疾的老年人，他们为我国计划生育国策的实施做出了重大牺牲。有关方面估算，我国未来失独家庭大约在 1 500 万个左右，不解决好他们的养老问题，将是社会永远的痛。二是农村“三无”老年人。对于无劳动能力、无生活来源、无赡养人和抚养人，或者其赡养人和抚养人确无赡养能力或者抚养能力的老人应该由政府兜底养老。三是重度残疾老年人。四是重点优抚对象。县级以上任命政府批准的对社会做出重大贡献的老年人。

本章参考文献：

巴里·诺顿，2019. 中国经济：适应与增长［M］. 2 版 . 上海：上海人民出版社 .

蔡昉，2017. 改革时期农业劳动力转移与重新配置［J］. 中国农村经济（10）：2－12.

侯东民，2011. 国内外思潮对中国人口红利消失及老龄化危机的误导［J］. 人口研究，35（3）：29－40.

胡景北，2015. 农业劳动力转移的定量指标与标准数据计算方法［J］. 经济评论（2）：41－51.

林毅夫，2012. 解读中国经济（增订版）［M］. 北京：北京大学出版社 .

刘媛媛，2014. 中国当代农村老年人养老现状与需求分析——以大连市旅顺口区柏岚子村为例［J］. 人民论坛（19）：241－243.

陆铭，2016. 大国大城：当代中国的统一、发展与平衡［M］. 上海：上海人民出版社.

穆光宗，2016. 银发中国：从全面二孩到成功老龄化［M］. 北京：中国民主法制出版社 .

王金营，原新，2007. 分城乡人口预测中乡-城人口转移技术处理及人口转移预测［J］. 河北大学学报（哲学社会科学版）(3)：13 - 19.

邬沧萍，杜鹏，2012. 老龄社会与和谐社会［M］. 北京：中国人口出版社.

吴敬琏，2016. 当代中国经济改革教程［M］. 上海：上海远东出版社.

袁志刚，2019. 人口结构——东西文明中养老的核心问题［J］. 探索与争鸣，35（8）：5 - 8.

朱勤，2014. 城镇化对中国城乡人口老龄化影响的量化分析［J］. 中国人口科学，5：24 - 35，126.

Taylor J E，Adelman I，2003. Agricultural Household Models：Genesis，Evolution，and Extensions［J］. Review of Economics of the Household，1（1 - 2）：33 - 58.

第七章　幼有所育

办好学前教育，实现“幼有所育”，是党的十九大作出的重大决策部署，这为我国0～6岁学龄前儿童的保育和教育指明了方向、提出了要求。学前教育是国民教育体系的重要组成部分，保障每一位农村适龄儿童能够享受公平且有质量的学前教育，是补齐乡村民生短板、培养德智体美劳全面发展的新农村建设者的有效举措，对于农村阻断贫困代际传递具有重要意义。

教育公平是实现社会公平的基础，更是建设和谐社会、提升群众满意度和幸福感的关键。学前教育作为终身教育体系的开端，对个人的身心健康、习惯养成、品德培养、创新能力和创造力的形成具有不可替代的作用，是人力资源开发的重要奠基阶段。因此，教育公平必然要从学前教育公平抓起，没有起点教育的公平，就没有真正意义上的教育公平（邵蕴然，2012）。而农村学前教育发展的弱势和短板就成为实现社会公平的一大障碍。如何保障农村儿童在教育起点上的公平是当前发展学前教育中需要关注的重要问题。

一、“幼有所育”的历史演进

（一）调整与恢复（1978—1982年）

1978年教育部在普通教育司设立幼教特教处，作为空缺16年之久的全国幼教事业的行政领导机构，负责对全国城乡各类幼儿园进行政策及业务工作的指导。同年10月，教育部颁发《关于加强和发展师范教育的意见》，要求做好幼儿教育培养骨干师资，一些幼儿师范学校和学前教育专业陆续开始恢复招生。1979年7月，教育部、卫生部、财政部、劳动总局等13个单位联合召开了全国托幼工作会议，国务院设立了“幼托工作领导小组”。同年10月，中共中央、国务院转发了《全国托幼工作会议纪要》（以下简称《纪要》），指出农村学前教育必须坚持“两条腿走路”，而且“要大力发展农忙托幼组织，有条件的社队要举办常年托儿所、幼儿园（班）”。该《纪要》对农村学前教育在加强领导、经费工资、事业发展、保教队伍、保教质量等方面提出了指导性意见，起到了拨乱反正的作用（唐淑等，2009）。1980年教育部颁发《关于办好中等师范教育的意见》，指出“幼儿教育是整个学校教育的基础”，必须要做好幼儿师范学校的规划和建设。

该阶段标志着我国幼教管理机构的恢复，也带动了农村学前教育步入调整与恢复阶段。截至1982年，我国县镇、农村入园人数为881万人，占全国总数的79.2%，对比1978年增长了35.7%。全国县镇、农村幼儿教师已达30余万人，具有高、初中文化程度的青年教师不断增加，保教质量有效提高（杨川和鄢超云，2019）。

（二）稳定与提升（1983—1996年）

1983年5月，中共中央、国务院发布《关于加强和改革农村学校教育若干问题的通知》，明确提出“要积极发展幼儿教育”。同年9月，国家首次专门针对农村幼儿教育事业发展发布了《关于发展农村幼儿教育的几点意见》，指出“要积极创造条件，有计划地发展农村幼儿教育”，坚持“两条腿走路”的方针，“从实际出发，因地制宜，采取多种形式、多种渠道办园”，“提高保教质量，建设一支稳定、合格的幼儿教师队伍”。该《意见》对农村地区的幼儿教育起到了积极的指导作用。1986年教育部颁发《关于进一步办好幼儿学前班的意见》，肯定了学前班是学前教育的一种教育形式，并对学前班的办班条件、师资培训和领导管理等方面提出改进意见。1987年10月国务院办公厅转发了国家教委等八个部门《关于明确幼儿教育事业领导管理职责分工的请示》的通知，提出“幼儿教育事业主要由地方负责”，由此确定农村学前教育发展的责任主体为地方政府。紧接着，全国第一次幼儿教育工作会议在北京召开，促进了我国幼儿教育事业的稳步提升。1989年新中国成立后第一部幼儿教育行政法规——《幼儿园管理条例》颁布。1991年国家教委发布《关于改进和加强学前班管理的意见》，重申学前班对农村幼儿教育的重要性，以及农村学前班的举办性质和举办原则。1993年中共中央、国务院印发《中国教育改革和发展纲要》，规定农村幼儿教育的发展目标为“积极发展学前一年教育”。

相关政策的颁布切实有效地促进了农村学前教育的稳定与提升，明确了发展农村学前教育的责任主体与目标，为改变农村学前教育工作的责任不明、发展缓慢等提出了有效措施。该阶段，农村学前教育发展趋于稳步提升，农村幼儿园与入园幼儿数量不断提升，达到阶段高峰。同时农村幼儿园专任教师数量也不断上升，截至1996年已增加至412 818人（唐淑等，2009）。

（三）动荡与下滑（1997—2002年）

1997年国家教委印发了《全国幼儿教育事业“九五”发展目标实施意见》，明确规定了省级政府和乡镇政府在农村学前教育事业发展中的职责，也详细指导了我国幼儿园办园体制和格局变化，直接指引着农村探索学前教育社会化、市场化改革。但此次改革原本为推进非政府力量与政府联手举办学前教育，共同提供学前教育资源和民主管理学前教育过程（何锋，2012）。然而，由于政策不明晰、理解不透彻等原因，部分地方出现政府推卸责任甚至非政府力量欲弱化政府在农村学前教育办学的职责，使得现存农村幼儿园受到关、停、并、转、卖等处置，农村学前教育数量与质量发生严重动荡与下滑。1999年中共中央、国务院颁发《关于深化教育改革，全面推进素质教育的决定》，指出幼儿教育也要注重素质教育，再次重申要“积极发展以社区为依托的、公办与民办相结合的幼儿教育”。

在这一阶段，我国农村学前教育受到了前所未有的冲击。虽然国家逐步提升了对农村学前教育的关注和支持，但面对学前教育的社会化和市场化改革，我国农村学前教育机构数量急剧缩减，幼儿入园率急剧下降。据统计，农村幼儿园数量从 1997 年的107 348所降至 2002 年的 49 133 所，降幅在 6 年之内达到 54.23%；在园幼儿数量从 1997 年的 1 453.01 万人降至 2002 年的 1 004.90 万人，6 年之内降幅达 30.84%（孙美红，2019）。更为严重的是，该阶段我国农村学前教育质量也急剧下降，教育性和公益性受到威胁。部分农村地区的学前教育在经过社会化和市场化改革后，出现了等同于“私营化”，甚至无法保障幼儿身心健康与安全卫生的民办园。

（四）改革与振兴（2003—2009 年）

2003 年 3 月，国务院办公厅转发了教育部、中央编办、国家计委、民政部等《关于幼儿教育改革与发展的指导意见》，提出今后五年我国幼儿教育的改革与发展目标，同时也首次明确了各级政府在农村学前教育事业发展中的具体职责，指导形成了我国农村三级办学（县政府、乡政府、村民自治组织），二级管理（县、乡政府二级）的学前教育管理体制和机制。同年 9 月，国务院常务会议通过了《国务院关于进一步加强农村教育工作的决定》，首次提出要“重视并扶持农村幼儿教育的发展”，要“充分利用农村中小学布局调整后富余的教育资源发展幼儿教育”。2005 年 3 月，教育部颁发《教育部关于做好 2005 年中小学幼儿园安全工作的意见》《加强中小学幼儿园安全和管理工作》等系列文件。同年 6 月，教育部印发《关于进一步做好中小学幼儿园安全工作六条措施》的通知。2007 年，胡锦涛总书记在党的十七大报告中提出了把“重视学前教育”作为优先发展教育、建设人力资源强国的重要举措之一（顾秀莲，2008）。2008 年 10 月 12 日，中国共产党第十七届中央委员会第三次全体会议通过《中共中央关于推进农村改革发展若干重大问题的决定》，再次强调要重视发展农村学前教育。

这一阶段，国家对包括学前教育在内的农村教育进行了一系列改革，我国农村教育事业由此进入了改革与振兴发展时期。该阶段不仅完成了制定农村学前教育的改革和总体目标，明确了各级政府在农村学前教育过程中的职责，还完善了农村学前教育的管理体制，更是扭转了农村学前教育事业连续 6 年的下滑局面并使其开始逐步上升。截至 2009 年，我国农村幼儿园数量约为 66 366 所，比 2002 年增长 35%，幼儿在园人数约为 1 126 万人，比 2002 年增长 12%（孙美红，2019）。

（五）改变与发展（2010 年至今）

2010 年制定的《国家中长期教育改革和发展规划纲要（2010—2020 年）》中明确提出“重点发展农村学前教育，努力提高农村学前教育普及程度”，“采取多种形式扩大农村学前教育资源”，“支持贫困地区发展学前教育”。同年 11 月，国务院下发《关于当前发展学前教育的若干意见》，提出了加快学前教育发展的十条政策措施（简称“国十条”）。同年 12 月，国务院又召开全国学前教育工作电视电话会议，专题部署学前教育发展。国家教育主管部门也按照“国十条”要求制定和实施学前教育三年行动计划，推动农村学前教育的发展、缓解“入园难”问题。2011 年财政部出台《关于加大财政投入支持学前教育发展的通知》，明确规定“把加快发展农村学前教育作为工作重点，中央财政重点支持各地特别是中西部地区农村学前教育发展”。2017 年 5 月，教育部等四部门颁发《关于实施第三期学前教育行动计划的意见》，专门指出“支持地方通过多种方式为农村和边远贫困地区培养补充合格的幼儿园教师”。同年 9 月中共中央办公厅、国务院办公厅印发《关于深化教育体制机制改革的意见》，明确提出要“理顺学前教育管理体制和办园体制，建立健全国务院领导、省市统筹、以县为主的学前教育管理体制”。在“幼有所育”战略目标指引下的新时代，2018 年 1 月，《中共中央　国务院关于实施乡村振兴战略的意见》也强调发展农村学前教育（龚欣和李贞义，2019）。同年 11 月，《中共中央　国务院关于学前教育深化改革规范发展的若干意见》再次强调要“大力发展农村学前教育”，“国家继续实施学前教育行动计划，逐年安排建设一批普惠性幼儿园，重点扩大农村地区、脱贫攻坚地区、新增人口集中地区普惠性资源”。

这一阶段，我国农村学前教育逐步普及化，学前教育三年行动计划也持续为农村学前教育事业注入力量，我国农村学前教育发展状况得到了前所未有的改变。从规模上看，我国政府自2010年“国十条”颁行以来，农村大量新办幼儿园建成，其中乡镇公立幼儿园的建设速度明显加快，普惠性学前教育资源较大程度扩大。据统计，从2010年至2018年，农村地区幼儿园总数增加了61.6%，幼儿在园规模增加了26.6%（教育部，2019）。从质量上看，随着三年行动计划的推行，我国每个乡镇基本都能够建起或者正在建设一所标准化的公办幼儿园，同时通过系列“幼儿教师国家级培训计划”“乡村教师支持计划”构建了农村幼儿园教师队伍建设支持体系，使得农村学前教育整体质量得到了有效提升。

二、“幼有所育”的成效

（一）农村学前教育得到普及

农村学前教育事业通过政府主体责任层层落实、公办民办并举的实践使得农村幼儿园规模快速增长。从2010年到2018年，城市地区幼儿园数量增加了56.4%，农村地区则增加了61.6%（教育部，2019），足见国家对农村地区学前教育普及的支持力度。农村学前三年毛入园率较大提高，截至2015年农村地区（镇区和乡村）已达60%左右，而2007年仅为35.6%（胡马琳和蔡迎旗，2020）。受益于国家通过发展教育阻断贫困代际传递的脱贫攻坚系列政策，以及中央和地方财政安排的支持学前教育发展专项资金，全国各地通过实施“每个乡镇原则上至少办好一所公办中心园，大村独立建园或设分园，小村联合办园”，农村学前教育普及率大幅提升。

（二）农村学前教育普惠性得到增强

在学前教育方面，国家十分重视幼儿教育的公益普惠属性。目前，全国总体上已基本实现学前三年毛入园率达到85%、普惠性幼儿园覆盖率达到80%的目标（梁慧娟，2019），各省份陆续出台了公办园生均公用经费标准或生均财政拨款标准、普惠性民办园扶持政策，17个省份明确了普惠性民办园的生均补助标准。而且，为解决农村学前教育供给不足的难题，我国基本确立了以普惠性公办园为主体的改革路径，在农村地区大量增设“规范、高质量、低收费”的公办幼儿园，在农村学前教育投入体制机制的构建和突破创新中，始终将普惠性作为农村学前教育投入的基本原则。如表 7－1 所示，农村幼儿园所数自 2011 年起稳步增长，其中教育部门、集体、事业单位、部队办园所数占比较大，教育部门办园所数稳步增加，而且还有大量受政府资助或委托，提供学前教育服务，具有普惠性质的民办幼儿园应运而生。

表 7－1　2010—2019 年农村不同性质幼儿园所数

年份	所数	教育部门办园	集体办园	事业单位办园	地方企业办园	其他部门办园	部队园	民办园
2010	71 588	16 142	9 758	—	—	376	—	45 312
2011	58 684	13 938	6 565	1 472	50	124	13	36 522
2012	63 091	17 014	6 221	1 265	49	119	13	38 410
2013	69 878	21 703	6 258	1 413	49	130	14	40 311
2014	72 583	24 627	6 116	1 341	47	141	15	40 296
2015	77 260	28 751	6 148	1 212	39	159	16	40 935
2016	83 884	34 858	5 889	1 331	38	149	19	41 600
2017	90 182	41 230	5 725	1 281	34	150	21	41 741
2018	94 051	45 608	5 316	1 230	30	140	20	41 707
2019	98 688	49 867	5 004	1 261	34	125	19	42 378

资料来源：历年教育统计数据，http：//www.moe.gov.cn/s78/A03/moe_560/jytjsj_2019/.

（三）贫困地区儿童入园机会得到改善

2010 年颁布的《国家中长期教育改革和发展规划纲要（2010—2020 年）》明确提出要“支持贫困地区发展学前教育”，“重点支持中西部贫困地区充分利用中小学富余校舍和社会资源，改扩建或新建乡镇和村幼儿园”，加大对贫困地区教育投入，教育资源向贫困地区倾斜，着力解决农村学前教育的薄弱环节和突出问题。通过开展学前教育巡回支教试点、流动幼儿园、季节班等，配备专职巡回指导教师，对农村偏远地区，特别是边远山区、牧区等农村地区适龄儿童和家长提供灵活多样的学前教育指导。经过国家对贫困地区和薄弱地区幼儿教育的重视和倾斜，我国农村学前教育基础薄弱的西部连片贫困地区，适龄幼儿在园数量和学前三年毛入园率得到了快速提高，增加了处境不利幼儿接受学前教育的机会。

（四）农村学前教育师资队伍建设得到重视

国家十分重视构建农村幼儿园教师队伍，为确保农村幼儿园教师“进得来”“留得住”，一系列补充师资、解决编制、提升工资待遇的政策措施陆续出台，并通过加大农村幼儿教师培训经费投入、制定科学幼儿教师分类培训计划，并支持地方通过多种方式为农村和边远贫困地区培养补充合格的幼儿园教师，持续稳定了农村幼儿园教师队伍、提高了幼儿教师队伍整体素质和专业化水平。2013 年《幼儿园教职工配备标准（暂行）》颁布，幼儿园“两教一保”成为“标配”。此后，各地通过公开招考、小学富余教师转岗、特岗计划、公费师范生等多种方式补充幼儿园教师。据《2019 年教育统计数据》可知，截至 2019 年，我国农村幼儿园教职工数为 77.1 万人，对比 2010 年的 43.3 万人增长了 78.1%。另外，国家还引导有条件的地方实施农村公办幼儿园教师生活补助政策。以北京为例，2016 年初，北京市政府办公厅印发了《北京市乡村教师支持计划（2015—2020 年）实施办法》，明确规定实施范围包括乡村和镇区的中小学及幼儿园教师，北京市教委根据所有乡村和山区镇区中小学校离北京城市中心的直线距离远近，给予乡村教师每人每月 1 400～4 000 元不等的补助（孙美红，2019）。

三、“幼有所育”面临的问题与挑战

（一）农村学前教育经费投入不足

经费投入是农村学前教育事业发展和质量提高的基础性条件，尽管近年来我国政府不断加大教育经费投入，但与世界其他国家和地区相比还相差甚远。目前，我国农村学前教育发展的主要问题就是教育资源总体匮乏，而且对有限的教育资源分配时会产生重义务教育和高等教育，轻学前教育尤其是轻农村学前教育的倾向。从国家财政经费投入看，农村学前教育获得的投入十分有限。据2016年统计数据显示，我国学前财政性教育经费仅占教育财政经费的4.42%，2017年提升至7.65%，仍远低于学前三年毛入园率在80%以上国家的平均水平（9.67%）（龚欣和李贞义，2019）。而且，现行学前教育经费投入偏向城市、乡镇，农村学前教育资源分配较少、发展更为困难。大多数农村公立幼儿园办学条件都十分艰苦，无论硬件还是软件设备都处于落后状态，幼儿园班级的采光、基本卫生、厕所设备都普遍很差，甚至园舍建筑达标率都普遍较低，为数不多的教具和玩具也没有办法做到及时补充和更新，更别说乐器设备、户外体育活动器械和室内游戏材料等现代化教学所需器材，这样也就导致农村教师无法根据幼儿的身心健康发展和素质教育培养去提供灵活多样、现代丰富的教学课程，农村学前教学质量也十分堪忧。因此，学前教育经费总量的不足严重制约了农村学前教育的发展，有限经费使用的偏向性、被侵占和低效率更使得很多贫困地区及弱势群体的学前教育发展严重失衡。

（二）农村幼儿园布局不协调

2018年《中共中央　国务院关于学前教育深化改革规范发展的若干意见》提出，“大力发展农村学前教育，每个乡镇原则上至少办好一所公办中心园，大村独立建园或设分园，小村联合办园”。然而，在地方执行过程中，由于农村地势复杂、人口居住较为分散，且当地政府财政投入力度有限，基于物质资源利用最大化原则，大部分资源会优先用于建设乡镇中心幼儿园去完成政绩任务，而较少考虑是否能够方便适龄儿童选择就近入园，因此在布局过程中忽略了边远地区、山区和牧区等小规模幼儿园、学前教育试点等教育资源供给。2017年全国农村普查数据显示，在中国59万个行政村中，仅有19万个有村一级幼儿园，这意味着仍然有近40万个行政村没有幼儿园（赵晨等，2020）。在村一级幼儿园严重缺少情况下，很多乡镇中心幼儿园又距离行政村较远，而学前教育阶段幼儿的身心健康发展及其心智不成熟特点离不开父母与亲人的呵护，这就要求幼儿园与家庭的距离能够保证在一定范围之内，方便家长为适龄儿童就近选择幼儿园。而现实情况是，有条件的农村家庭为了就近入园而选择民办幼儿园，经济基础较差或者偏远地区家庭则无法保证子女能够享受学前教育。因此，这种农村幼儿园分布的结构造成了乡村学前教育资源效应低、时间成本和经济成本高的明显短板，实质上并未打通农村学前教育的最后一公里，使大量农村幼儿失去了获得学前教育的机会（胡马琳和蔡迎旗，2020）。

（三）师资队伍不适应学前教育发展

随着国家对农村学前教育事业的发展越来越重视，公办幼儿园的建设力度也逐年增加，随之也产生了极大的师资缺口，农村幼儿教师编制严重不足，幼儿园平均师生比陷入困境。又由于农村幼儿园教师工作生活条件艰苦、工资待遇水平偏低、安居问题无法有效解决等外部原因，对有素质、高水平的年轻幼儿教师吸引力不足，导致农村学前教育师资队伍呈现出年龄大、公办教师少、非专业化等现象，严重制约着高水平农村学前教育的发展（刘奇，2019）。同时，农村民办幼儿园的师资队伍也面临着流动性强的问题。由于资金限制和地区偏远等原因，很多农村民办幼儿园难以为教师解决户口、评定职称、安排进修培训等，相关福利待遇、生活环境都与公办幼儿园教师相差甚远，使得农村民办幼儿园难以拥有较稳定、高水平的师资队伍。根据我国农村地区幼儿园教职工与在园幼儿比约为1∶15.8，专任教师与在园幼儿比约为1∶26.2，严重低于城市幼儿园（胡马琳和蔡迎旗，2020）。

（四）“小学化”倾向严重

农村幼儿教师专业能力弱，班级管理和课程安排“小学化”（李重阳等，2019）。根据2017年《中国教育统计年鉴》的数据，农村专任幼儿教师中未定职级的约占75.68%，且多为高中及以下学历、非幼教专业毕业，实质上不具备从教资格。因此，这些幼师在日常教学的方法和内容上均不同程度上出现教育形式单一，教育内容“小学化”倾向，在对幼儿培育过程中的作息制度安排、教学活动设计与实施等方面都缺乏科学化、专业化的学前教育管理理念和措施，严重影响教学质量。部分民办幼儿园还过度逐利，为了幼儿园能够更多地吸引招生，一味地迎合家长需求，教育活动违背了幼儿园应围绕幼儿身心健康发展和学习品质培养，显示出农村学前教育在发展过程中跑偏，更不利于实现农村“幼有所育”。

四、完善小康时代“幼有所育”的建议

（一）加大政府财政投入

农村学前教育的发展，供给的增加，质量的提高，都离不开充裕的经费。作为农村基础教育重中之重的学前教育，应该让每个学前儿童都拥有平等接受教育的机会。确立农村地区学前教育发展的优先地位，改变过去资源分配倾向义务教育、高等教育趋势，将农村学前教育资源切实、高效运用到村屯幼儿园建设，增加农村幼儿园建设数量。具体的，建立以公益和普惠为价值内核的学前教育资金投入保障机制，确保农村学前教育必要经费投入不断，且不被任何单位或部门截留、挤占或挪用，做到专款专用（林娜，2015）。改变农村学前教育投入主要由县级政府负责的情况，由于地方尤其是中西部贫困地区的县级政府的财政供给能力非常有限，无法加大对农村学前教育的投入，应根据各级政府承担学前教育的具体责任，确定省、市、县、乡四级政府承担学前教育经费的比例。而且，在特别贫困的农村地区可推行学前教育免费，最大限度减轻农村家庭的经济负担。

此外，为更好地实现农村学前教育对幼儿身心健康发展的目的，着力改善农村偏远地区幼儿园园舍条件、教学设备状态，完善教学所需的教玩具、多媒体，配备“营养早餐”计划，改变当前农村地区幼儿因营养不良而发生的身体发育迟缓或其他健康问题，助力提升农村学前教育培养质量。

（二）科学制定学前教育发展规划

因地制宜、合理布局农村园所是农村实现公平优质的学前教育的必

然要求，也是均衡利用有限教育资源、满足适龄儿童选择就近入园的关键。县级政府应充分考虑到当地社会经济发展水平，根据适龄儿童数量、分布及变化趋势，提前预测入园需求和供给缺口，持公平优先、兼顾效率的原则，科学地制定切合农村发展实际的学前教育中长期发展规划，统一整合各类教育资源，因地制宜、细致筹划地布局和配置学前教育资源，合理调整幼儿园的数量和布局。

制定农村学前教育规划时立足全县学前教育发展全局，充分考虑适龄儿童就近入园的需求，可以实行大村独立建园，小村联合办园，同时优先利用中小学或教学点的闲置校舍改建为幼儿园，或者依托各行政村的小学举办附属幼儿园（龚欣和李贞义，2019）。在边远地区，应积极组织巡回支教试点、家庭辅导站、流动幼儿园等非正规学前教育，争取达到“一村一幼”的目标，以方便当地适龄幼儿就近入园。

（三）大力建设规模与质量兼具的幼儿园教师队伍

有好的教师，才有好的教育，教师的素养直接决定教育质量的高低。从目前农村学前教育的发展状况来看，师资队伍补充与培养是当前我们面临的最为迫切的亟待解决的重要问题。建设一支兼具规模与质量的农村幼儿园教师队伍是提升学前教育质量、去“小学化”倾向，推动农村实现“幼有所育”的关键突破口。应健全农村幼儿园教师补充机制，着力设计有效的激励机制，吸引更多优秀、年轻的幼儿园教师到农村任教，保障幼儿教师的社会地位，享受与义务教育教师同等工资福利、医疗保障、职称评级等系列待遇，享有同等培训机会，减少优质教师资源的流失。另外，各地方政府还可以积极探索通过定向、委托培养，“特岗计划”等多种途径，优先扩大农村幼儿园教师规模，保障幼儿园教师数量（孙美红，2019）。

此外，增加农村学前教师的编制，对长期在农村地区、中西部和艰苦边远贫困地区普惠性幼儿园工作的教师，实行编制、工资、津补贴、教师职称评定与住房保障等特殊倾斜政策，稳定贫困地区幼儿园教师队伍。更重要的是，依据当地的幼儿园师资水平，制订有针对性的培训计划，例如保教知识、心理学知识等幼儿培育所必需的专业技能，切实提升现有师资的专业水平和素质能力。对农村特别贫困及边远地区的普惠性幼儿园教师，应设立偏远贫困地区普惠性幼儿园教师培训专项经费，由中央和省级财政加强统筹和转移支付的力度，以切实加强和保障普惠性幼儿园教师培训权利与队伍素质提高的落实（孙美红，2019）。鼓励高校增设幼儿教育本科和研究生专业，吸引更多优秀的毕业生报考农村学前教师岗位，进入农村学前教师队伍。

本章参考文献：

龚欣，李贞义，2019. 贫困地区农村学前教育的发展困境与突围策略——基于41所农村幼儿园的实证研究［J］. 行政管理改革（6）：28－34.

顾秀莲，2008. 关注儿童的生存、教育和发展［J］. 早期教育（教师版）（1）：4.

何锋，2012. 学前教育政府责任研究［D］. 南京：南京师范大学.

胡马琳，蔡迎旗，2020. 乡村振兴战略下的农村学前教育［J］. 河北师范大学学报：教育科学版（4）：71－77.

教育部，2019. 学前教育法草案计划纳入国务院2020年立法计划［EB/OL］.（2019－08－22）https：//baijiahao. baidu. com/s? id＝1642558320642680958&wfr＝spider&for＝pc.

李重阳，李国强，施东城，2019. 农村幼儿园园本课程与教师专业“互促”式发展探索——基于英国《教师专业发展标准》（STPD）的启示［J］. 知识经济（18）：170－171.

梁慧娟，2019. 改革开放40年我国学前教育事业发展的回望与前瞻［J］. 学前教育研究（1）：9－21.

林娜，2019. 农村学前教育存在的问题及完善对策［D］. 石家庄：河北师范大学.

刘奇，2019. 补齐全面小康社会的乡村民生短板［J］. 中国发展观察（23）：49－51.

刘奇，2020. 统筹城与乡完善“十六有”——补齐全面建成小康社会的乡村民生短板［J］. 农村工作通讯，768（4）：25－27.

邵蕴然，2012. 教育公平呼唤教育起点公平［J］. 经济师（8）：41－42.

孙美红，2019. 改革开放40年我国农村学前教育的变迁与政府责任［J］. 学前教育研究（1）：33－44.

唐淑，钱雨，杜丽静，郑影，2009. 中华人民共和国幼儿教育 60 年大事记（上）[J]. 学前教育研究（9）：68－71.

唐淑，钱雨，杜丽静，郑影，2009. 中华人民共和国幼儿教育 60 年大事记（下）[J]. 学前教育研究（10）：62－69.

杨川，鄢超云，2019. 我国农村学前教育七十年足迹回顾与趋势展望 [J]. 幼儿教育（30）22－29.

赵晨，陈思，曹艳，凯瑟琳·斯诺，卢迈，2020. 教育精准扶贫："一村一园"计划对农村儿童学业成绩的长效影响研究 [J]. 华东师范大学学报（教育科学版），38（2）：114－125.

第八章　业有所就

就业是现代社会化大生产条件下劳动的具体表现和实现形式，承担着维系民生、推动发展和稳定社会的重任。对于个体而言，就业是大多数公民获得收入的主要手段，关乎个人的生存、尊严和价值，也是人们融入社会并实现自身全面发展的基本途径。对于社会而言，就业不仅是一个经济问题，更是重大的社会问题和政治问题。

一、我国农村就业政策发展的历程

根据经济社会和就业发展的形势任务、指导方针、政策内容和工作实践等各方面特征，我国农民就业可以分为几个不同的阶段：①“不离土不离乡”的城乡分割阶段；②进入改革开放后“离土不离乡、就地进工厂”的乡镇企业蓬勃发展阶段；③随后，走过“离土又离乡，进城进工厂”的跨省跨地区就业的阶段；④以及党的十八大以来“扎根中小城市，就近就地就业”的就业优先政策等4个阶段。

（一）不离土不离乡，农业生产为主：1949—1977年

在新中国成立初期，农村人口向城市迁徙比较自由，实行迁徙证制度，对在城市有生存基础的居民都准予入户。1951年7月，公安部颁布《城市户口管理暂行条例》，统一规定了城市户口登记制度，这是新中国最早的一个全国性的户籍法规。1953年，全国第一次人口调查，户籍在治安管理中的作用被强化。1955年6月22日，周恩来总理签署颁布《国务院关于建立经常户口登记制度的指示》，提出：“争取在几年之内，将经常性的户口登记制度逐步建立和健全起来。”

1958年1月颁布的《中华人民共和国户口登记条例》，是新中国当

代户籍制度的形成标志。《条例》以法律形式规范了全国的户口登记制度，规定了控制人口迁徙的两项基本制度：户口迁移的事先审批制度和凭证落户制度，目的是“既不能让城市劳动力盲目增加，也不能让农村劳动力盲目外流”。《条例》第一次明确将城乡居民区分为“农业户口”和“非农业户口”两种不同户籍，奠定了我国现行户籍管理制度的基本格局。

农民就业大部分被限制在农业部门，国家不允许农户自行从事除了农业生产之外的非农业生产，只有少部分农民在农村工业和服务业中就业，这些农村工业和服务业都是由农民自己兴办的，城市经济部门吸收农民劳动力严格在国家计划下进行。

（二）离土不离乡、就地进工厂：1978—1991年

改革开放之前，我国实行城市搞工业、农村搞农业、城里人当市民、农村人当农民的二元经济社会格局，广大农民被局限在“一亩三分地”上，只能从事农业甚至只能是粮食生产，“种粮为国家、养猪为过年、养鸡下蛋为换盐”，农民不能参与工业化过程、共享工业化成果。当时，我国不允许农户自行从事除了农业生产之外的非农业生产，我国农村地区很少有农民从事非农业生产。

党的十一届三中全会之后，我国实行家庭联产承包责任制，这一制度调动了农民生产的积极性，农村生产率大幅度提高。党中央认为“尽管单位面积产量和粮食总产量都有了增长”，但是“当前我国农业提供商品粮、副食品的能力，以及城市的负担能力都很不适应”，而“农业发展速度不加快，工业和其他各项建设事业就上不去，四个现代化就化不了”。因此，《关于加快农业发展若干问题的决定》明确提出“从中央到地方的各级党委和政府，都要把农业工作放在首要地位”，“坚定不移地执行以农业为基础的方针”。

同时，党中央意识到“随着农业现代化的进展，必将有大量农业劳动力可以逐步节省下来”。于是，我国放松了对于农村非农就业的限制，鼓励农村发展自己的工业，农村非农就业的组织形式形成了人民公社时

期的社队企业，即乡镇企业。“社队企业要有一个大发展，逐步提高社队企业的收入……城市工厂要把一部分宜于在农村加工的产品或零部件，有计划地扩散给社队企业经营，支援设备，指导技术。”

1981 年 12 月，《国务院关于严格控制农村劳动力进城做工和农业人口转为非农业人口的通知》指出，1978—1980 年，非农业人口增加了 1 800 万人，平均每年增加 600 万人。为避免农村富余劳动力大量涌入城市，影响到国民经济的调整和城镇就业问题的解决，《国务院关于严格控制农村劳动力进城做工和农业人口转为非农业人口的通知》提出“各地区、各部门要认真落实党在农村的各项政策，大力发展农村经济，引导农村多余劳动力在乡村搞多种经营，不要往城里挤。同时，要采取有效措施，严格控制农村劳动力进城做工和农业人口转为非农业人口”。城镇从农村招工受到了严格的限制，未经批准用人单位不得从农村招工，已经在城镇就业的农民被辞退、劝回，严格控制城镇户口的准入，没有户口的一律不供应商品粮。据统计，1982 年农村出乡就业的劳动力回落到 200 万人左右（王海青，2009）。80 年代初中国的农民工流动，虽然露出了一丝曙光，然而乍暖还寒。

我国在严格控制农村劳动力涌入城市的同时，积极推动乡镇企业发展、鼓励农村劳动力向乡镇企业转移。1984 年是乡镇企业发展的转折点，这一年随着中央 1 号和 4 号文件的颁布实施，农村企业发展滞后的局势得到了改观。尤其是中央 4 号文件，为农民自主联合办企业和农民个体办企业开了绿灯。在文件中，将农民户办、联户办的企业与原有社队集体企业统称为“乡镇企业”，把它们放到了同一起跑线上，明确提出鼓励户办、联户办企业与乡村所属集体企业共同发展，并要求各级政府对乡镇企业与国营企业同等对待，一视同仁，给予必要的扶持，形成了乡镇企业发展的热潮。中央政府充分肯定了乡镇企业对于农村劳动力的吸纳作用，并在政策上给予了扶持，乡镇企业发展飞快。在这些政策的引导下，农民工开始由农业转入非农业，由农村流入城市，由纯粹的农民变成兼业的农民工。

党在这一阶段的农民工政策有着十分重大的意义，首先为农民进城务工提供了政策依据，把世代禁锢在黑土地上的农民解放出来，为农民进城务工创造了可能性和现实性，在这一政策引导下，农民工队伍迅速发展壮大。据统计，1984 年乡镇企业的个数从上一年的 134.64 万个，猛增到 606.52 万个。其中，1984 年 5 月，仅在浙江省一省范围内，农民就集资了 1.4 亿元人民币，兴办起 2 万多个乡镇企业。[①] 在这一时期，乡镇企业数量由 1984 年的 606.5 万个增加到 1988 年的 1 888.2 万个，企业总产值由 1 709.9 亿元增加到 6 495.7 亿元，吸纳社会就业超过 9 500 万人。发展乡镇企业对我国农村剩余劳动力转移意义重大，1980—1989 年，农村非农劳动力年均增长率达 12.37%（闵庆兰，2012）。

1988—1989 年，全国出现了经济增长过热，信贷规模过大，货币发行过多等经济问题。1988 年 9 月，中央十三届三中全会提出了治理经济环境、整顿经济秩序的改革方针，着手调整经济发展的速度和规模。在随后的 1～2 年，全国各地出现了一股“压乡办企业，保全民企业”的潮流。乡镇企业的外部环境开始变得日益严峻起来，使得大量农民再次开始涌入城市，在就业、管理等方面与城市居民产生冲突。

党和政府一方面继续坚持放松对农民的管理，通过积极发展多种经营与乡镇企业来消化从农业生产率增长中产生的剩余劳动力。而另一方面，采取严格控制的政策，严格禁止农民工跨地域盲目流动。1990 年 4 月，《国务院关于做好劳动就业工作的通知》指出，“合理控制农村劳动力的转移，减轻城镇就业压力……对农村富余劳动力，要引导他们‘离土不离乡’……农村劳动力向城镇转移，要同建设事业的发展和城镇的承受能力相适应……防止出现大量农村劳动力盲目进城找活干的局面”，同时要求对农村劳动力进城务工通过多种手段实行有效控制、严格管理。1991 年 2 月，国务院办公厅发布《关于劝阻民工盲目去广东的通

① 中国乡镇企业的发展与变化，中国社会科学院经济研究所，http://ie.cass.cn/achievements/research_papers/201712/t20171204_3762937.html.

知》。同年，国务院颁布《关于收容遣送工作改革问题的意见》，将收容遣送的对象扩大到三证（身份证、暂住证、务工证）不全的流动人员。

尽管在1978—1991年，我国农村剩余劳动力的转移政策经历了波折与调整，在施行大部分允许农村剩余劳动力转移政策的基础上，通过组织实施农村剩余劳动力开发就业的试点，加强对农村剩余劳动力盲目流向城市的管理和控制。这一阶段乡镇企业快速发展，吸纳了大量农村富余劳动力，每年增加农民就地就业人数有621.7万（宗锦耀，2018），催生了星罗棋布的小城镇，提高了农村经济的分工水平，激发了农村新的经济活力。“农民工”这一称谓也随之而生，形成了“离土不离乡、就地进工厂”的农民非农就业阶段。

（三）离土又离乡，进城进工厂：1992—2011年

随着社会主义市场经济的发展，快速推进工业化的东部沿海地区和大城市对劳动力的需求日益旺盛，政府顺应农村劳动力的自发外出就业愿望，逐渐放开了对外出就业的限制，开始在政策上允许农村劳动力的外出自发就业。一大批农村富余劳动力进城务工经商，形成了“离土又离乡，进城进工厂”的第三个阶段。

1992年以后，为增加农民收入，政府对农村剩余劳动力转移的政策也逐渐发生了变化。国家开始放宽农民进城务工的条件，对农民工的管理政策也由“控制盲目流动”调整为“鼓励、引导和实行宏观调控下的有序流动”。

党的第十四次全国代表大会提出市场将要作为社会资源的基础配置力量发挥作用。而农民工作为一种生产要素，在市场上自主流动，不仅仅是必须的，在政策上也应该是支持鼓励的。控制农民工进城、异地流动就业的政策转向积极引导、鼓励流动。1993年，党的十四届三中全会《中共中央关于建立社会主义市场经济体制若干问题的决定》进一步提出，要鼓励和引导农村剩余劳动力逐步向非农产业转移和地区间有序流动。1994年，劳动部颁发了《农村劳动力跨省流动就业暂行规定》，开始实施以就业证卡管理为中心的农村劳动力跨地区流动的就业制度，

并有条件地放开了一些小城镇的户籍；同时一些大中城市也进行了户籍改革的尝试，以吸引更多的农民进入城市。随着城市国有企业改革开始全面启动，下岗失业人员增多，优先解决城市失业问题成为政策的首要目标。1995 年，中共中央办公厅发出《关于加强流动人口管理工作的意见》，决定实行统一的流动人口就业证和暂住证制度，以提高流动的组织化和有序化程度。同年国务院转发了《关于加强流动人口就业证和暂住证制度》，政府采取总量控制，确保城市就业，对外来人口务工工种进行限制等政策。同时，国家仍继续强调根据城市及发达地区的需要，合理引导农村劳动力进城务工。1998 年，党的十五届三中全会再次拓宽了农村劳动力就业的政策思路，立足农村，大力发展二三产业，开展小城镇建设。该时期政策的目标仍是优先保障城市居民就业，将农民工就业限定在城市职工不愿从事的工种及非正规就业部门。

21 世纪以来，党和政府在治理农村劳动力就业方面的政策做了重要的改变，由之前的分离城乡劳动力市场逐渐转向统筹城乡就业，由消极限制农民工就业逐渐转向帮助扶持。特别是加入世界贸易组织后，我国工业化、城镇化加速发展，农民工的数量不断增加、素质不断提升。我国从制度角度入手，开始对农民工就业和非农就业进行保护，逐步放宽了对农村劳动力的就业限制，并积极鼓励劳动力的跨区域流动，加快推进农村劳动力的非农就业，使得农村劳动力分享改革成果。2000 年 1 月，劳动部颁布的《关于做好农村富余劳动力就业工作的意见》指出，各地政府要建立劳动力流动就业信息预测预报制度，促进劳务输出的产业化，同时，发展和促进跨地区的劳务协作，开展流动就业专项监察，保障流动就业者的合法权益。同年 7 月，劳动保障部、国家纪委、农业部、科技部、建设部、国务院发展研究中心等联合下发了《关于进一步开展农村劳动力开发就业试点工作的通知》，提出要推进城乡分割体制的改革，逐步取消对农民进城就业的不合理限制。2001 年 3 月，全国人大通过了《中华人民共和国国民经济和社会发展第十个五年计划纲要》，指出要“切实打破城乡分割体制，逐步建立起市场经济体制下的新型城乡关系，改革城镇户籍制度，形成城乡人口有序流动的机制，取消对农村劳动力进入城镇就业的不合理限制，引导农村富余劳动力在城乡、地区间有序流动。坚持城乡统筹的改革方向，推动城乡劳动力市场逐步一体化”。

2002 年 1 月，中共中央、国务院首次提出对农民进城务工“公平对待，合理引导，完善管理，搞好服务”的十六字政策原则。以党的十六大为起点，农民工政策进入扶持阶段，在“以人为本”的科学发展观的指引下，实行城乡统筹，保护农民工的切身利益，逐步解决农民入城的问题。2002 年中共中央要求各地认真清理对农民进城务工的不合理限制，纠正简单粗暴清退农民工的做法。2003 年 1 月，《关于做好农民进城务工就业管理和服务工作的通知》标志着农民工政策导向发生根本性转变，国家开始从农民权利和发展的角度对待农民工。同年 8 月开始实施《城市生活无着落的流浪乞讨人员救助管理办法》终止了对农民工的强制收容、遣送制度。2004 年，中共中央、国务院在《关于促进农民增加收入若干政策的意见》中首次提出进城就业的“农民工”已经成为产业工人的重要组成部分。

2006 年 3 月 27 日，国务院《关于解决农民工问题的若干意见》中在确定了五条基本原则的基础上，提出了一些可操作性的措施：促进农民工的就业、解决农民工子女的教育问题、实施农民工社会保障、向农民工提供教育培训、解决农民工的住房困难、保护农民工的合法权益、逐步改革城乡分治的户籍制度、逐步推进对农民工的人文关怀。2007 年 10 月，党的十七大提出实现全面建设小康社会奋斗目标的新要求，强调“要加强农业基础地位，走中国特色农业现代化道路，建立以工促农、以城带乡长效机制，形成城乡经济社会发展一体化新格局”。国家批准成都、重庆为城乡统筹发展综合改革试验区，开始了户籍制度、城市公共服务体系、城市市区完善等改革的探索，促进了农民工融入城市和实现完全市民化的步伐。

2008 年 9 月，中国共产党第十七届三中全会在北京召开，大会审议通过了《中共中央关于推进农村改革发展若干重大问题的决定》,《决定》提出“统筹城乡劳动就业，加快建立城乡统一的人力资源市场，引导农民有序外出就业，鼓励农民就近转移就业，扶持农民工返乡创业”。

为增强农民工的就业技能，提高农民工的市场竞争力与就业率，党和政府出台了大量政策扶持农民工的技能培训工作。2008 年颁布的《关于切实做好当前农民工工作的通知》中明确指出对于青年农民工，要通过开展劳动预备制培训，强化青年农民工的职业技能实训，对于返乡的农民工也要开展职业教育培训，提高他们的就业创业技能。国务院在 2010 年公布的《关于进一步做好农民工培训工作的指导意见》指出，农民工培训项目要坚持按照培养合格技能型农民工的标准开展进行，要逐步建立统一的资金统筹管理体制，努力适应农村劳动力转移就业的需要。同年,《关于进一步实施特别职业培训计划的通知》又提出要对在岗农民工开展技能培训，重点大力推进创业培训，强调指出农民工培训资金的使用要更加有效，并提出要重点加强基础服务工作。

这一阶段国家对于农村人口流动和外出就业政策的一个显著特点就是从公平对待、合理引导、完善管理、搞好服务转向全面改善农民工的生活和就业条件。这一阶段的政策，在我国经济社会发展中具有长远而深刻的影响。通过劳动就业制度的改革解除了城乡之间、地域之间、部门之间和所有制之间的制度分割，国家不断放宽对农村劳动力向城市转移的限制条件，政府出台的相关政策文件，重在对农民外出务工的规范，以使农业劳动力的转移更有序和规范，在推动城乡二元结构融合，增进社会成员流动机会等方面都有着很大的进步。此外，党在这一阶段的农民工政策不仅仅为农民工本身带来了实惠，也为全面建设小康社会和建设社会主义新农村做出了巨大贡献。农民工在城市和发达地区就业获得的收入，大部分带回了农村。农民工群体每年带回家的数以千亿元计的现金，成为购买农业生产资料和改善生活条件的重要资金来源，对农业和农村发展具有国家各项财政支农资金所不可比拟的促进作用。

（四）扎根中小城镇、就地就近就业：2012年至今

党的十八大以来，农民工发展进入新阶段。党的十八大报告以“农业转移人口”这个概念替代过去惯用的“农民工”概念，将他们看作与城镇原住民一样的城镇“常住人口”，并要求城镇基本公共服务覆盖全体城镇居民，反映了党和国家对中国发展趋势的深刻把握。2014年9月，《国务院关于进一步做好为农民工服务工作的意见》提出，“按照工业化、信息化、新型城镇化、农业现代化同步发展的要求，积极探索中国特色农业劳动力转移道路，着力稳定和扩大农民工就业创业，着力维护农民工的劳动保障权益，着力推动农民工逐步实现平等享受城镇基本公共服务和在城镇落户，着力促进农民工社会融合，有序推进、逐步实现有条件有意愿的农民工市民化”。

为加快建立多层次多样化的返乡创业格局，全面激发农民工等人员返乡创业热情，创造更多就地就近就业机会，打开新型工业化和农业现代化、城镇化和新农村建设协同发展新局面，2015年国务院办公厅先后印发实施了《关于支持农民工等人员返乡创业的意见》和《关于推进农村一二三产业融合发展的指导意见》，并提出《鼓励农民工等人员返乡创业三年行动计划纲要（2015—2017年）》。

2016年人社部联合五部门下发了《关于实施农民工等人员返乡创业培训五年行动计划（2016—2020年）的通知》，提出到2020年鼓励农民工返乡创业的资金支持、创业培训等一系列政策。通知要求，结合适合创业的绿色农产品经营、民族传统手工艺、乡村旅游、家庭农家乐或输入地市场与输出地资源能够有效对接的项目等，重点开展创业意识教育、创业项目指导等培训；对处于创业初期的人员，结合区域专业市场对企业发展需求，重点开展企业经营管理等培训；对已经成功创业的人员，重点开展发达地区产业组织形式、经营管理方式等培训，把小门面、小作坊等升级为特色店、连锁店、品牌店。

随着各地返乡创业政策落地之后，农民工返乡创业进入“爆发期”。根据国家发改委网站2017年发布《农村一二三产业融合发展年度报

告》，2017 年，全国返乡创业人员超过 740 万，其中返乡农民工占 72.5％，返乡创业人员中 82％以上创办的都是农村一二三产业融合类项目，广泛涵盖特色种养业、农产品精深加工业、休闲农业和乡村旅游、信息服务、电子商务等产业，返乡创业不仅解决了农民工自身就业的问题，同时也带动了本地农民就近就地就业。

在经历了几十年的发展后，农民工群体目前已呈现出明显的新老交替态势。国家统计局统计数据显示，2017 年，新生代农民工在全国农民工中占比首次超过 50％，达到 50.5％；2018 年，这一数字上升为 51.5％，新生代农民工已成为农民工队伍中的中坚力量，并呈快速上升之势。老一代农民工进城务工是为了挣钱回乡，享受晚年在农村“过自己的小日子”。新生代农民工则是为了扎根城市，寻求更多的个人资源和发展机遇。促进新生代农民工的社会融入，是共建共享社会主义建设成果的应有之义。

2017 年国务院公布了《关于印发“十三五”推进基本公共服务均等化规划的通知》，让农民工基本就业服务的均等化政策安排提上日程，这不仅是新型城镇化的战略依托，也是新形势下就业保障工作的转型，即由经济保障转向服务保障。

随着中小城市放宽落户标准、生活成本比大城市低、子女上学更容易，新生代农民工不再一味选择大城市就业，而是更倾向于落户中小城市，成为新居民。国家统计局发布的《2019 年农民工监测调查报告》显示，农民工跨省流动继续减少，更倾向于在“家门口”就业。其中，到省外就业农民工人数同比下降了 1.1％，省内就业农民工同比增加了 0.9％。这是农民工跨省流动人数连续两年下降。

党的十八大以来，农民工创业创新作为中央实施创新驱动发展战略的一项重大部署，在培育创新人才、解决农村“三空”难题等方面发挥着越来越重要的作用。支持农民工返乡创业，形成农村大众创业、万众创新的良好局面，为农业农村发展注入新动能，是发展现代农业至关重要的动力来源。完善制度，调整政策，让农民找准自己的职业定位，能进城的进城定居，该回乡的回乡发展，不论进城还是回乡都能享受到现代化的实惠成果，这是时代赋予的使命！

二、我国农民就业成就与经验

（一）农民工就业总量稳定增长

改革开放以来，大量农村剩余劳动力向城市流动，进入制造业、建筑业和服务业等行业从事非农工作，为中国经济的持续稳定增长贡献了重要的人口红利，也为中国成为“世界工厂”提供了重要的比较优势。从总量来看，中国农民工数量正在逐年增长。《2019 年农民工监测调查报告》数据显示，截至 2019 年年底，我国农民工总量达到 29 077 万人，比 2018 年增加 241 万人。其中，本地农民工 11 652 万人，比上年增加 82 万人；外出农民工 17 425 万人，比上年增加 159 万人。

（二）农民工就业结构不断优化

我国农民工就业在行业分布上存在较大的差异，批发零售业、制造业和建筑业是当前农民工就业的三大主要行业。《2009 年农民工监测调查报告》显示，在外出农民工中，从事制造业的农民工所占比重最大，占 39.1%；其次是建筑业，占 17.3%；服务业占 11.8%：住宿餐饮业和批发零售业均占 7.8%；交通运输、仓储和邮政业占 5.9%。

随着我国产业结构的升级、城镇化的发展、农民工教育培训的加强和新生代农民工文化素质的提高，农民工的就业结构、就业方式都将继续发生变化：农民工仍持续流向工业和建筑业，但餐饮、娱乐、新型服务业等第三产业正在成为更多农民工就业的重要选择。《2019 年农民工监测调查报告》数据显示，农民工在制造业、建筑业、批发零售业、住宿和餐饮业及交通运输、仓储和邮政业占比分别为 27.4%、18.7%、12%、6.9%及 6.9%。

（三）农民外出务工就业环境明显改善

改革开放以来，国家在改善农民工外出务工就业环境、实现城乡平等就业方面取得了比较大的成就，清理和取消了各种针对农民工进城就业的歧视性规定和不合理的限制。

在就业管理方面，取消对农民进城就业的职业工种限制和不合理收费，取消专为农民工设置的登记项目，实行暂住证管理制度；农村劳动者外出务工，不再需要办理外出人员就业登记卡和外来人员就业证；各行业和工种尤其是特殊行业和工种要求的技术资格、健康等条件，对进城就业农民和城镇居民要一视同仁；各地教育部门和学校对进城就业农民子女接受义务教育涉及的入学条件等方面与当地学生同等对待，不得违反国家规定乱收费。

在职业介绍服务方面，城市公共职业介绍机构向农民工开放，免费提供政策咨询、就业信息、就业指导和职业介绍服务。各地在每年春节后开展以帮助进城求职农民找工作为主题的“春风行动”，公共就业服务机构全部向农村劳动者开放，免费提供政策咨询、就业信息、就业指导和职业介绍服务。

在劳动权益保障方面，切实保护农民工的合法权益。一方面各级政府都建立了农民工工作协调机制，初步形成了政府统一领导、部门分工负责、上下联通、区域协作的工作网络。各有关部门出台了一系列保护农民工的政策法规。重庆、河南、山西、江苏、云南等地还制定了农民工权益保障办法或条例。另一方面，农民工成为法律服务和法律援助的重点对象。全国农民工法律援助工作网络已经基本形成，使更多的农民工通过司法手段维护了自身的合法权益。各地工青妇组织，发挥各自优势，帮助农民工解决生产生活中的困难和问题，维护农民工的权益。

三、新时代中国农民就业面临的挑战

（一）新科技、新业态带来的用工荒与就业难并存

我国劳动力供给总体还是供大于求，但是企业仍存在用工难的问题，招工难与就业难现象长期并存，主要原因是劳动者技能素质与企业用工需要不相适应的结构性矛盾突出。

近年来，以工业自动化、互联网产业化、生产智能化为代表，以人

工智能、信息技术、航天技术、海洋技术、3D打印、智能制造、虚拟现实、生物技术、新能源和新材料等为主的新一轮科技革命迅猛发展，并快速渗入到人类经济社会生活的方方面面。新技术的应用涉及实体经济和虚拟经济，覆盖了制造业、信息业、金融业、安全产业、教育业、医疗业、能源以及生活服务等几乎所有行业与领域。

科技革新对就业的影响既有“促进改造效应”，也有“抑制替代效应”，给就业结构和人力资本带来较大压力。一些企业加速推进“机器换人”，被替代岗位多为程序化、重复性工作，主要是流水线工人、接线客服等对受教育程度、技能要求相对较低的岗位。研究发现，工业机器人数每增加1台，人类工作岗位就可能减少5.6个。世界经济论坛发布的《未来就业报告（2018年）》指出，目前机器可以完成的任务时长，占当前工作总时长的29%，2022年后预计可达42%。

未来我国“机器换人”的步伐将进一步加快，部分农民工不可避免要面临下岗失业的阵痛。新业态发展过程中的不稳定性会带来农民工失业风险，突出表现在低知识技能水平的劳动者被甩出劳动市场。据报道，第二产业技术密集型岗位要求劳动者有10.4年的受教育年限，第三产业技术密集型岗位为13.3年（李心萍，2019）。农民工的受教育程度，尚不足以支撑他们转向新兴行业。也就是说，在知识和技能逐渐代替简单体力劳动作为劳动力市场选择标准的背景下，如果新生代农民工的教育和技能水平不能获得比劳动力市场需求更快的发展，按照他们目前的技能水平估算，只有大约三成的人能够在城市长期稳定就业。

目前对农民工的技能培训存在时间短、质量差、针对性不强等问题，许多培训与实际生产脱离，不能满足企业对技能人才的迫切需要；同时，农民工培训的设施不够完善，师资力量缺乏，不能很好地完成对农民工的工作技能培训；而且由于农民工的文化水平限制，大部分人的培训热情并不高，培训意识十分薄弱。企业出于自身原因以及财务资金方面的压力，也没有很好地履行对在职农民工的技能培训义务，基本忽视了对农民工的技能培训。

（二）新生代农民工诉求增多，基本公共需求难以满足

我国农民工数量庞大，该群体的就业不仅影响群体自身，还涉及其父母、子女等非劳动适龄人口的利益，可谓关系重大民生的关键环节。受户籍制度制约，农民工随迁子女教育和社会保障为主的基本公共需求难以满足。

新生代农民工是指在1980年及之后出生，进城从事非农业生产6个月及以上的农民工。他们很早进入社会，游离于城市和乡村之间，基本没有从事过农业生产，总体看新生代就是产业工人，属于城市的新市民。新生代农民工基于自身阅历和切身体验，对子女受教育的期望很高。他们中越来越多的人为了让子女能够在城市接受更好的教育而选择在务工地就业和定居。随着新生代农民工年龄的增长，他们中越来越多的人将步入育龄阶段，与此相伴的随迁子女教育问题，也必将越来越成为他们在务工地稳定就业、生活不得不面对的现实性、紧迫性问题。

另外，我国农民工"亦农亦工，非农非工"。新生代农民工更接近于市民，对城市的认同感较高，但与城市劳动力相比，由于缺乏必要的专业技能和进入正规就业市场的本领，心中过高的期望与所面对的非正规就业市场，形成巨大落差，在城市中无法实现真正立足，但也不愿甚至没有能力退回到农村中务农，成为城市和农村之间真正的"两栖人"。新生代农民工实际享有的社会保障水平，与他们企盼在务工地城市稳定就业和生活的诉求之间的距离还相当悬殊，农民工无法和城市居民享受同等社会保障待遇。

（三）新生代农民工"短工化"问题严重

"短工化"正逐渐演变成新生代农民工就业的突出问题。有报告指出，65.9%的农民工更换过工作，25%的人在近7个月内换了工作，50%的人在近1.75年内换了工作，普工和服务一线的岗位员工"短工化"现象尤为突出（谢玲红，2015）。"短工化"导致用工成本加快上升，进而减弱企业对普通农民工的需求，促使企业对生产设备和制造流程进行升级优化，减少用工数量并向智能化道路发展。"短工化"折射

出了新生代农民工的多重诉求，仅靠企业改善工作环境和提高薪酬待遇，是难以遏制“短工化”趋势的。

四、新时代实现农村居民“业有所就”的建议

新时代，中国农村居民就业工作站在了新起点上，做好农民转移就业，具有重大的现实意义和战略意义。农民工就业具有脆弱性和不稳定性，要坚持以习近平新时代中国特色社会主义思想为指导，坚持以人民为中心的发展思想，坚持深化改革、调整结构、统筹城乡，将促进就业作为经济社会发展的优先目标，实施更加积极的就业政策，加强财政政策、货币政策、产业政策与就业政策的协调配合，全方位促进就业增长，确保农民就业形势和就业转移的稳定，牢固树立“就业优先”的理念，不断开创农民就业工作新局面。

（一）拓宽外出就业渠道，创造更多就业机会

促进农民就业，最直接的就是增加就业岗位。一是大力发展生活服务业、劳动密集型产业，创造更多就业岗位，满足农民转移就业。二是大力发展规模化经营和特色农业，发展农林产品加工业、农林产品物流冷链和产销对接等相关产业，推动休闲观光、健康养生、农事体验等乡村休闲旅游业健康发展，不断提高农业效益水平和农业现代化水平，增强农村的就业吸引力，缓解农民在城市的就业压力。三是以乡村振兴战略为契机，通过各种政策与产业支持，促进农民工、大学生和退役士兵等人员返乡创业，全面激发农民工等人员返乡创业热情，创造更多就地就近就业机会。乡村振兴战略是新时代解决“三农”问题的总抓手。抓住乡村振兴战略的契机，引导农民加入到乡村振兴战略的推进过程中，通过各种政策与产业的支持，鼓励和带动农民实现就地就近就业，推进农村经济发展。

（二）大力发展二三产业，促进就地就近兼业

改革开放40多年来，我国大力推进土地流转，但至今2.3亿承包农户中仍有近70%的农户没有参与流转，耕种着自己的承包地。小规

模农户大多处于就业不充分的状态，每年的有效劳动时间平均在两个月左右。农业家庭经营的弹性特点为农民就地就近兼业提供了便利条件，可以让农民在农忙季节参与农业生产，农闲时进入中小城镇参与非农就业。大力发展农村二三产业，让农民就地就近兼业是符合中国国情的、实现农民充分就业的最佳途径。优化农民兼业环境，创造与完善农民兼业条件非常重要。大力扶持中小城镇二三产业，为农民就地就近兼业创造良好条件。一是出台一些鼓励企业进入中小城镇发展的政策，大力发展中小城镇的二三产业，配合特色城镇的打造，布局产业链较长、辐射带动能力强的二三产业，为农民兼业构筑坚实的产业基础。二是鼓励企业采取非全职、非全时等灵活用工制度，实行计件工资制和计时工资制，扩大兼业农民的就业弹性空间，吸引农民积极加入兼业队伍。三是改善城镇和农村公共交通条件，建立城乡一体化公交系统，将城镇公交延伸至农村地区，为兼业农民在城乡间的流动提供便捷的交通运输保障。

（三）健全技能培训制度，提高农民就业能力

职业技能培训工作是全面提升劳动者就业创业能力、解决结构性就业矛盾、提高就业质量的一个根本举措。同时，随着我国产业结构调整和转型升级的推进，“中国制造”正向着“中国创造”转变。这一过程中，知识水平与职业技能的不足必然导致大量的农民工丧失工作岗位。纵观世界发达国家发展历程，通过职业技能培训来化解结构性就业矛盾是行之有效的策略。一是要加大对职业教育和农民工技能培训的投入力度，健全农民工职业教育和技能培训体系，大幅度提高技术熟练型农民工的比重，以技能促就业。二是要进一步做好线上职业技能培训，要强化政策激励，支持企业搭建线上职业教育平台，鼓励劳动者积极参与培训。三是要基于“互联网＋”的就业信息平台高效传递就业供需信息，缓解“民工荒”和“就业难”并存的结构性难题。

（四）提高均等化服务水平，促进农民稳定就业

在当前的区域发展格局下，无论从就业机会还是从生活质量来看，

多数农民工更愿意在城市谋求发展，但他们在城市的公共服务需求尚不能得到有效满足。必须通过破除妨碍劳动力社会流动的各种体制与机制弊端，大力推进基本公共服务均等化水平。现有的城乡二元结构是阻碍农民工向城市流动的最大障碍，农民工通过代际的升级来改变自身命运与家庭命运的愿望很难实现。同时，农民工在城市人才市场遭受的诸多不公正待遇、难以享受相应的社会保障的部分原因也在于目前的体制和机制弊端。因此，通过创新各种体制机制，努力破除现有的体制与机制弊端，为农民工的正常社会流动创造条件势在必行。要让农民工群体在为城市发展作出贡献的同时也能享受到更充分的、高质量的基本公共服务，为广大的农民工群体解决后顾之忧，提高公共服务水平既能满足新生代农民工多元化的利益诉求，同时又能避免“短工化”现象的进一步加剧。

本章参考文献：

国家统计局，2019. 新中国 70 年系列分析报告之十九：就业规模不断扩大　结构逐步优化［EB/OL］. 北京，［2019－08－20］. http：//www.gov.cn/shuju/2019/08/20/content_5422616.htm.

金维刚，石秀印，2016. 中国农民工政策研究［M］. 北京：社会科学文献出版社.

李心萍，2019. 就业稳　经济稳（经济新方位·70 年数据说明什么）［N］. 人民日报，10－31（2）.

闵庆兰，2012. 改革开放以来中国共产党的农村剩余劳动力转移政策研究［D］. 曲阜：曲阜师范大学.

王春雷，2013. 我国农民工政策取向的演变历程［J］. 商业时代（17）：123－124.

王海青，庄晓，2009. 我国农村剩余劳动力转移出路［J］. 合作经济与科技（11）：4－6.

吴绮雯，武力，2019. 改革开放 40 年来我国城镇就业体制和劳动力转移政策变迁探析［J］. 求实（2）：61－72，111.

习近平，2017. 决胜全面建成小康社会 夺取新时代中国特色社会主义伟大胜利［N］.

人民日报，10－28（001）.

谢玲红，2015. 新时期农民工就业难点及对策［N］. 农民日报，08－08（003）.

谢秀军，陈跃，2019. 新中国 70 年就业政策的变迁［J］. 改革（4）：16－26.

徐平国，袁伦渠，2010. 中小企业就业质量分析［J］. 中国国情国力（5）：42－44.

徐增阳，付守芳，2019. 改革开放 40 年来农民工政策的范式转变——基于 985 份政策文献的量化分析［J］. 行政论坛，26（1）：13－21.

阳芬，肖定舟，2009. 改革开放以来农民工政策演变特点分析［J］. 鸡西大学学报，9（4）：79－80.

朱传慧，2018. 城镇化进程中农民进城就业的问题研究［D］. 南京：东南大学.

宗锦耀，陈建光，2018. 历史不会忘记乡镇企业的重要贡献——为纪念我国改革开放四十周年而作［EB/OL］. 中华人民共和国农业农村部，http：//www.moa.gov.cn/xw/bmdt/201807/t20180731_654959.htm.

第九章　劳有所得

通过自己奋斗、努力，获得更稳定的工作，创造财富，换来生活条件的改善，这是“劳有所得”。随着改革开放和社会主义市场经济的发展，居民收入来源出现多元化趋势，经营性收入、投资及财产性收入等不断增加，但对绝大多数普通老百姓来讲，主要收入来源仍然是劳动报酬。劳动报酬是劳动者及其家庭成员的基本生存保障。保障劳动者劳动报酬权益，关系到广大群众切身利益，关系到社会公平正义和社会和谐稳定。

党的十八大以来，习近平总书记在不同场合，多次围绕焕发劳动热情、释放创造潜能进行深刻阐述，为形成尊崇劳动、热爱劳动的良好氛围提供了根本遵循，“劳有所得”渐渐成为社会的普遍共识和核心价值体现。

一、我国农村居民收入变化历程

（一）农业集体经营收入为主：1949—1977 年

新中国成立以后，我国顺利完成了对个体农业、手工业和资本主义工商业的社会主义改造，三大改造的基本完成，标志着中国进入了社会主义社会。建立互助组成为当时农村恢复与发展生产的重要一环，为了引导新中国成立后农村互助合作的开展，新政权从一开始就非常注重从政策上进行指导。早在 1951 年春，中央政务院就在《关于 1951 年农林生产的决定》中明确指出：各地要加强对互助合作运动的领导，加强互助组的发展与巩固工作，以此来“达到进一步提高生产的目的”。

1953 年 12 月，全国第三次互助合作会议《关于发展农业生产合作社的决议》正式通过，自此，互助合作的重心从互助组转移到组建更高级的农业生产初级合作社。全国大多数省份在 1955 年底到 1956 年初完成了农业初级合作化。1956 年 4 月 30 日，《人民日报》向全世界宣布：中国农村基本实现了初级农业合作化。到这时，全国的合作社总数达到 100.8 万个，入社农户 10 668 万户，这一数字占全国农户总数的 90%。

随后，中国农村出现了持续性的“社会主义高潮”，一时间我国又加速完成了从初级社向高级社的过渡。当时全国范围内，1956 年上半年开始高级合作化，到 1956 年下半年基本宣告结束，也就是说，仅用了半年多的时间便完成了从初级社到高级社的建设。

从 1958 年 8 月 17 日北戴河会议“热烈地讨论了在全国农村中建立人民公社的问题”，到同月 29 日发布《中共中央关于在农村建立人民公社问题的决议》，再到 12 月 10 日中央《关于人民公社若干问题的决议》的颁布，只经过了几个月时间，全国 74 万多个农业生产合作社改组成了 2.6 万多个人民公社，参加公社的农户有 1.2 亿多户，已经占全国农户总数的 99%以上，从而高速度地在全国完成了人民公社化（梅德平，2004）。自此，大部分地区基本保持了由此确定的农村经济体制，农业生产基本稳定。

合作社按劳分配的依据是工分制。工分既可以用来反映劳动的数量、质量以及技术含量的高低，又是社员取得相应报酬的保证。劳动报酬即为合作社内社员通过集体劳动获得工分之后，由合作社集体在对劳动总成果作出必要扣除的前提下，按每个劳动者的工分数量所分配的个人收入，因为劳动在这一分配途径中的重要地位，劳动报酬自然也就可以称为社员的按劳分配收入。合作社的收入构成即是实物和现金，所以合作社内按劳分配的对象就是社内在一定时期内所生产的实物以及出卖农业收获物后的现金收入，其中实物包括粮食、蔬菜以及柴草等农民的最基本生活必需品。

实际上，从全国来看，进入高级社后，各阶层农户的收入都有不同程度的减少。根据对全国 20 个省份 564 个社调查统计，1956 年农户减少收入方面就已达到 23.0%～33.2%（冯开文，2004）。农民收入的下降说明高级社在生产的经营管理以及收入分配方面存在着制度缺陷，1956 年秋收之后各地出现的闹社与退社风潮其实在很大程度上正是农民在进入高级社后收入持续下降的直接反映。从高级社向人民公社组织的过渡，除了在组织规模上扩大之外，生产资料的集中程度和分配制度上的平均主义倾向日趋严重，特别是在 60 年代初公社调整前的大公社时期，在全国范围内普遍兴起的由共产和平调所产生的对生产资料的集中，和以供给制与工资制相结合的所谓共产主义的分配制度，对农民生产积极性的打击和对农业生产的破坏达到了前所未有的程度。

从新中国成立到改革开放前的这段时间内，我国在经济体制上实行的是社会主义计划经济，其特征是以生产资料公有制为基础，所有权和经营权的高度统一。农村收入水平大致平等，只不过是低水平上的平等。1949 年农村居民人均纯收入只有 44 元，1957 年达到 73 元，年均实际增长 3.5%左右。但此后，农村居民收入一度在低水平上徘徊不前，1978 年才提高到 134 元。1957 年到 1978 年农民收入年增长率降至 2.3%（国家住户办，2019）。

（二）农业家庭经营收入为主：1978—1991 年

随着计划经济向市场经济的转型，我国社会经济结构和农业与农村的发展发生着巨大的变化，农民收入在总体水平不断提高的过程中，出现收入水平、增长速度、收入结构等方面的变化。1984 年以家庭联产承包为主的责任制，已经成为我国农村普遍实行的一种最基本的生产经营组织形式。农村家庭承包经营制度，打破了农民收入水平在人民公社时期的长期徘徊状态，进入了快速增长期。

通过实行家庭承包经营责任制，农户成为独立的生产经营单位，劳动者与生产资料紧密结合，家庭经营迅速发展。农户家庭生产经营适应农业生产的特点和规律性，激发了农民的劳动积极性和投入积极性，降低了监督成本，解放了农业生产力，提高了生产效率。农业生产结构摆脱了过去以种植业为主的单一结构，朝着多种经营的格局演变，农产品供给充足，商品交换活跃，促进了收入增长。1984 年农民从家庭农业经营中获得的人均收入为 285.4 元，占全部纯收入的 80.3%，而这一比重在 1978 年只有 26.8%。同时，农民收入由以实物为主转变为以货币收入为主。1978 年我国农业仍处于小农经济状态，农民纯收入中实物收入占 58.1%，货币收入占 41.9%。农村经营体制改革，激发了广大农民的商品生产积极性，农村商品经济活跃起来。1984 年农民人均纯收入中货币收入的比重上升到 58.1%，人均 206.3 元，比 1978 年增长 2.7 倍（关浩杰，2013）。

乡镇企业和非农产业发展促进了农村经济结构和农村就业结构的变革，推动了农民收入来源的多元化和较快增长。农民从事工业、建筑、运输、商业、餐饮服务业等多种经营收入所占比重，从 1978 年的 7% 提高到 1984 年的 18.2%，非农收入增长速度高于农业收入的增长速度。此阶段农民家庭经营性收入得到长足发展，远远超过工资性收入并成为农民收入的第一大来源。1993 年家庭经营性收入比重为 73.6%，工资性收入的比重为 21.1%，财产性收入和转移性收入比重为 5.3%，在此阶段家庭经营收入与工资性收入比重相对较为稳定（关浩杰，2013）。

（三）农民收入多元增长：1992—2011 年

实行社会主义市场经济体制以来，党和政府非常重视农业和农村经济的发展，1994 年和 1996 年国家两次提高农副产品收购价格，提价幅度为 40%左右，农产品提价对农民收入增长的贡献度为 28%。在农民纯收入构成中，家庭经营收入占 70%以上，是农民收入来源的主要部分，所占比重逐步减少。1991 年农民家庭经营收入占纯收入的比重为 83.06%，1996 年下降到 70.4%（潘维胜，2006），再加上宏观经济形势有利于农村劳动力流动和就业，外出打工农民增加和农村非农产业发展，农民收入中来自非农产业的收入不断增长，有 35%的新增收入来自农村非农产业发展和劳动力外出打工。

进入21世纪以来，我国加快了对外开放步伐，尤其是党的十六大以来，中央高度关注“三农”问题，相继出台了一系列旨在解决“三农”突出问题的重要政策和措施。2004—2012年连续出台九个1号文件，加快了农业和农村发展，实现了农业结构稳步调整，农村经济稳步发展。2004年中央1号文件首次把“农民增收”从农业农村农民的头绪中梳理出来，2006年全面取消农业税，良好的发展环境促进农民收入稳定增长。“三补贴、两减免”政策，不仅激发了农民种粮积极性，而且直接增加了农民收入，减轻了农民负担，帮助农民政策性收入增长。

（四）非农收入快速增长阶段：2012年至今

党的十八大以来，党和政府一直把提高农村居民收入作为农业农村工作的重点，加大力度改革农村土地制度，持续推进实施各项惠农政策。尽管我国处于经济下行压力不断增大的背景下，但是农村居民收入还能一直保持高速增长，连续多年超过GDP增长率和城镇居民收入增长率。农村居民人均可支配收入实现一年上一个台阶，2019年突破1.6万元，提前一年比2010年翻一番，增速连续10年高于城镇居民（王浩，2020）。

2014年年底，新一轮农村土地制度改革大幕开启，农村征地制度改革、农村集体经营性建设用地入市、宅基地制度改革“三块地”的改革在全国33个地区开始试点。宅基地制度改革试点在确保农民住有所居、农村和谐稳定的前提下，积极探索农民宅基地租赁、抵押等，既有效盘活了闲置的农房和宅基地，提高了土地利用效率，也大幅增加了农民的财产性收入。全国集体经营性建设用地入市改革，盘活了农村空闲和低效用地，为农村新产业新业态发展提供了用地空间。截至2018年6月底，全国集体经营性建设用地入市地块970宗、2万余亩，总价款约193亿元，收取土地增值收益调节金15亿元。国家通过新一轮农村土地制度改革，健全家庭承包经营制度，鼓励土地流转，实现规模经营，推动农业现代化等措施，支持农民增收。

党的十九大报告提出“巩固和完善农村基本经营制度，深化农村土地制度改革，完善承包地‘三权’分置制度。保持土地承包关系稳定并长久不变，第二轮土地承包到期后再延长三十年”，让广大农民吃了“定心丸”。2018 年 10 月 22 日，《农村土地承包法修正案（草案）》提请第十三届全国人大常委会第六次会议二审。巩固和完善农村基本经营制度，深化农村土地制度改革，落实“三权”分置制度，成为此次修法的主要任务。“三权”分置入法进一步赋予农民充分而有保障的土地权利，激活农业农村发展的新动能，深化农业供给侧结构性改革，助推乡村振兴战略的实施。

党的十八大以来，全国农村集体经济组织账面资产总额由 2012 年的 2.18 万亿元增长到 2016 年的 3.1 万亿元，年均增长 9.2%（李慧，2018）。然而，数量如此庞大的资产，却长期面临权属不清、权责不明、保护不严、流转不畅等问题。随着工业化、城镇化的快速发展，农村集体资产还面临流失的风险。在这种背景下，通过改革探索赋予农民更多财产权利，明晰产权归属，完善各项权能，激活农村各类生产要素潜能势在必行。对此，党的十八大及十八届三中、五中全会，以及近年来多个中央 1 号文件，都高度重视农村集体产权制度改革。2016 年 12 月，《中共中央　国务院关于稳步推进农村集体产权制度改革的意见》正式发布，农村集体产权制度改革试点开始在全国推开。

另外，紧紧围绕有序推进农民工市民化的发展方向，着力稳定和扩大农民工就业创业，不断夯实农民工资性收入的基础。国发〔2014〕25 号文件要求，取消农业户口与非农业户口，统一城乡户口登记制度为居民户口，标志着城乡二元户籍制度将退出历史舞台。2016 年发布的“十三五”规划纲要明确在未来五年内“推进 1 亿左右农村转移人口和其他常住人口落户城镇”，要求居住证持有人享有居住地的义务教育、公共就业和卫生服务等基本公共服务权利。这个时期以支持农民市民化，加快社会现代化与城市化进程为动力，推动农民的工资性收入持续稳定快速的增长。

改革开放以来我国农民收入变化总体上呈现以下特点：

一是农民收入来源多元化。随着农业结构调整，在农业内部来自种植业之外的牧、林、渔业的收入增长较快；随着农村劳动力转移，在家庭经营农业收入不断增加的基础上，非农收入也快速增长。在农民纯收入中非农收入比重不断上升，农业收入比重不断下降，农民增收来源呈现多元化。

二是农民增收的农业基础不稳固。农业仍然是多数农民基本生产活动和收入的重要来源，但由于资源条件约束和农民素质的影响，难以适应市场化农业和现代农业发展，抗风险能力弱，盈利能力差，农民缺乏稳固的增收基础。

三是农民增加非农收入的途径不通畅。非农收入对农民增收的作用越来越突出，由于体制、机制的原因以及农民就业能力的限制，农村剩余劳动力转移和就业存在许多困难和问题，制约农民非农收入的增长。

二、我国农民工劳动报酬现状与存在的问题

农民工，作为流动性较大的社会弱势群体，其权益的保障尤其是工资的保障时常面临着诸多困难。特别是，在经济、实力等方面不平等因素的影响下，劳资关系存在着很多冲突与矛盾，由于资强劳弱和劳动力整体供大于求等多方面的原因，目前我国农民工劳动报酬权受侵害的现象十分严重，主要有以下三种：一是给予的劳动报酬过低。我国农村劳动者的劳动报酬被压得很低。二是拖欠劳动者的劳动报酬。现实中拖欠劳动报酬引起的劳动争议甚至群体性事件数量非常多，“前清后欠”现象很严重。三是剥夺或压低农民工的加班报酬。一方面是花样繁多的加班形式客观存在，另一方面是加班不给或少给加班工资，以劳动合同来否认加班工资。以上种种情况都会侵害农民工的合法权益，一方面打击了其就业积极性，不利于经济的良性循环发展，另一方面也不利于营造健康有序的市场环境，不利于经济的长远平稳发展。

第一劳动报酬过低。改革开放以来，我国加大对产业结构的调整，

逐步降低农业、轻工业的占比，大力发展第三产业，增加了就业岗位。但是，当前我国第三产业的就业人数比例仍然偏低，并且很多行业都处在全球发展链的末端，中低水平的农民工数量十分庞大，这些劳动者所掌握的技能简单，可替代性强。我国的企业大部分属于劳动密集型企业，这种类型的企业获得利润的主要方式是依靠廉价的劳动力，因此劳动力的成本越低，用人单位的利润也就越高，这使得企业进行劳动力成本压缩以取得市场的一席之地的现象越发明显。根据国家统计局的数据显示，2019 年全国乡村人口有 55 162 万人，农民工总量 29 077 万人，比上年增加 241 万人，其中外出就业农民工 17 425 万人。供大于求的劳动力数量和可替代性较强的低端劳动力，导致了私营企业在劳动力市场上的主导地位，为减少成本，农民工的劳动报酬被压低，其劳动报酬一直在较低的水平徘徊。另外，许多私营企业按当地最低工资标准来支付职工的劳动报酬。最低工资标准，是劳动报酬的底线，是保障性工资标准。由于劳动报酬的决策权往往掌握在企业手中，企业可以决定本单位的工资水平，许多企业只要求本单位的工资决策和工资水平不违法即可，在最低工资标准允许的范围内随意压低农民工的劳动报酬。

第二拖欠劳动报酬。按给付时间划分，雇主支付劳动报酬存在劳动报酬预付、劳动报酬后付和劳动报酬期中支付三种给付方式。我国《劳动法》第 50 条和《劳动合同法》第 30 条只规定了劳动报酬应当按月、及时支付，并未规定采取哪种支付方式，但在实践中实际上也是以劳动报酬后付方式为主，也就是先完成约定的劳动，后给付劳动报酬。这种“先工作后付酬”的支付方式，使得雇主不履约的风险全部交由劳动者承受，因此，我国欠薪现象特别是欠薪逃匿现象频繁发生。2019 年 1—9 月，我国各地查处欠薪违法案件 7.9 万件。虽然，在 2016 年国务院办公厅印发《关于全面治理拖欠农民工工资问题的意见》以来，经过多方努力，农民工被欠薪高发、多发的态势得到明显遏制，但农民工是被欠薪主体的状况没有改变。根据国家统计局监测调查，被欠薪农民工比重从 2008 年的 4.1%，下降到 2018 的 0.67%。随着以农民工为主体的欠薪顽疾被逐步降低，一些新的欠薪现象和问题开始浮现。在欠薪的领域上，正在由传统的建筑业、制造业向新兴的现代服务业、新业态等领域转移；在欠薪的对象方面，部分高薪人群被欠薪的现象开始出现。

第三剥夺加班报酬。随着经济社会的快速发展，各类经营主体对于劳动效率的要求水涨船高，行业竞争愈演愈烈，竞争压力传导至工作场域，导致受雇劳动力的超时工作现象屡见不鲜；加班俨然演变成一种工作“新常态”和职场“新文化”。为了鼓励大家延长劳动时间，企业也会适用各种手段，而且构不成加班事实。有一些企业，采用高压手段，如果你的工作时间不够长，就会被调岗、降薪，甚至以各种理由被辞退。农民工为了保住自己的“饭碗”，不得不无条件加班。碍于工时制度不同、企业管理方式不同以及劳动法和职业制度中的各种漏洞，很多延长劳动时间的工作不符合法定的“加班”行为要求，而企业基于自身利益的考虑，会故意不支付报酬，造成加班事实不成立或者加班但拿不到报酬的现象。

三、确保农民“劳有所得”的建议

当前，我国农民家庭收入主要由农业经营性收入和工资性收入组成。农业经营性收入在农民家庭总收入中的占比不断下降已成趋势。同时，农民工劳动报酬权的保护问题已经成为直接关系到广大劳动者的切身利益、决定劳动关系和社会关系和谐稳定的重大问题，加强与完善劳动报酬权的法制建设与制度保障非常重要。

（一）确保农业经营收入不断增长

我国农村基本经济制度是以家庭承包经营为基础、统分结合的双层经营体制，以家庭为单位的生产和经营方式将长期存在。近年来，国家惠农政策不断出台，加之劳动力大量向城市转移以及城镇化建设步伐的加快，农民的工资性、财产性和转移性收入持续增加，家庭经营性收入虽然保持了较快增长，但占比不断降低。农民家庭经营活动中，农业生产无疑是最为重要的方面。一方面，要通过增加农业生产中科技要素的含量，不断提高土地的产出效率，改善农产品品质，增加农业生产产量。另一方面，要加强农产品流通渠道和信息系统建设，尽量熨平农产品市场价格的波动，减少生产的盲目性，降低市场风险，真正实现增产增收，保证家庭经营性收入同步增长。

（二）建立欠薪保障金制度

欠薪保障金制度是指在用人单位因拒不支付或无力支付，拖欠劳动者薪酬时，由特定机关以之前筹集到的欠薪保障金偿付给劳动者的制度。在市场竞争环境下，许多企业常因经营不善而面临亏损或破产，此时，劳动者的薪酬极有可能被拖欠甚至无法支付，劳动者的合法权益得不到充分保障，极易造成社会的不稳定。因此，建立欠薪保障金制度可以有效地保障劳动者获得薪酬权利的实现，减少社会冲突，缓解社会矛盾。

目前，我国尚未建立起统一的欠薪保障基金制度，相关立法以地方性法规、规章为主，对保障基金的筹集、运作、管理方式规定差异较大，且效力等级不高、覆盖范围窄，影响了欠薪保障金制度的全面实施。因此，我国应以全国性立法的方式建立欠薪保障金制度，构建基本框架，再由地方各级政府根据实际情况，制定实施细则，在全国范围内普遍实施，确保劳动者“劳有所得”权益的实现。

当前，深圳、上海等少部分经济较为发达的城市，已经颁布了一些与欠薪保障基金制度相关的规定，部分地方城市的欠薪保障基金制度逐步建立起来。我国应在各省市建立专门的欠薪保障金账户，设立欠薪保障金委员会，由人社行政部门、工会、企业三方代表共同组成，对基金进行专项管理。欠薪保障金来源应确定为企业缴费为主、财政补贴为辅。用人单位每年向收缴部门缴纳一定比例的欠薪保障费用。如果用人单位未按照法律规定缴纳规定数额的欠薪保障金，必须对其进行处罚并追究其法律责任。在企业处于破产整顿，无力支付或拒不支付劳动者薪酬时，劳动者可直接申请保障金，对符合申请条件的劳动者在由人社行政部门审核通过后，可以直接去指定银行领取保障金垫付。

（三）建立薪酬优先支付制度

我国《企业破产法》中规定，破产财产在优先清偿破产费用和共益债务后，优先清偿破产人所欠职工的薪酬及相关费用。这即是薪酬优先权，薪酬优先权是为了保护弱势群体的薪酬债权而设立的。

在生产经营过程中，企业为了更好地实现其资产的融资功能，一般会对其设定担保物权，当企业经营状况恶化，资不抵债时，常常出现企业零破产现象。由于薪酬债权的迟延支付和不易设定担保物权的特点，就容易受到其他担保物权的排斥。薪酬债权仍落后于破产宣告前成立的有财产担保的债权和破产费用受偿。而劳动者的劳动报酬权与其他债权相比具有特殊的人身依附性，权利主体的特殊身份使权利在无法实现时产生的社会秩序破坏力比其他债权更严重，应当确定劳动报酬权优先于担保物权的偿债次序，并使优先效力及于劳动者劳动报酬权不能实现的所有领域，从而对劳动者劳动报酬权从法律方面提供充分保障。因此，为更好地保护劳动者群体的利益，保证社会稳定，法律应当设立薪酬优先支付制度，保证薪酬债权的实现。基于我国国情，在薪酬权利保障严重缺失的情况下，我国目前对薪酬优先权的保护还不够完备，在立法上应规定薪酬债权优先的性质为法定担保物权，优先于其他担保物权的次序，其优先效力及于劳动者薪酬债权不能实现的所有场合，从而在根本上建立薪酬优先支付制度，保障劳动者薪酬权益的实现。

（四）完善立法，强化执法

2011 年 5 月 1 日，《刑法修正案（八）》（简称《刑（八）》）首次将“恶意欠薪罪”入刑。根据法规规定：“以转移财产、逃匿等方法逃避支付劳动者的劳动报酬或者有能力支付而不支付劳动者的劳动报酬，数额较大，经政府有关部门责令支付仍不支付的，处三年以下有期徒刑或者拘役，并处或者单处罚金；造成严重后果的，处三年以上七年以下有期徒刑，并处罚金。”2013 年 1 月 23 日，最高人民法院出台的《关于审理拒不支付劳动报酬刑事案件适用法律若干问题的解释》开始实行，进一步明确了恶意欠薪入刑法的量刑适用标准。

但是，旨在打击恶意欠薪、保护劳动者权益的法律条文，施行得似乎并不尽如人意。拒不支付劳动报酬罪的规定过于笼统，操作性不强是最主要的原因。比如，何为“数额较大”，具体在办案中很难把握尺度；“有关部门”是指哪些部门没有明确规定；“责令支付”的表现形式是什么缺乏界定。再比如，认定“恶意”的取证非常困难，而恶意欠薪多少、恶意欠薪多长时间或拖欠多少劳动者的工资才构成犯罪，目前都没有明确的标准。这些都导致了拒不支付劳动报酬罪生效以来，被追究刑事责任者比较少，“欠薪多入刑少”现象普遍存在，没有达到像“酒后驾驶”入刑那种威慑力。

从现有规定来看，建立足以维护劳动者劳动报酬权的完善的薪酬法律制度，还有很多工作要做。我国要从国家立法层面制定“工资法”或者“工资支付条例”，建立一套科学、系统、有威慑力的工资基准保障体系，提升工资支付保障制度的立法层次，提高工资支付保障制度运行效果。薪酬相关法律体系，不仅包含刚性的工资标准，还要包含特殊群体的保护机制、工资支付保障预防机制、违法惩罚机制、加班费保护制度、最低工资制度、集体协商制度等，注意“工资法”与其他劳动法律法规的制度衔接。

刑法是法制的最后保障，当国家通过民事行政的手段和措施不足以制止危害行为时，应考虑使用刑罚，通过刑事强制手段遏制违法犯罪行为，使行为人的身心因受到强制而主动避免违法行为的再次发生。一直以来，违法成本偏低、处罚力度不够，是“欠薪”屡禁不止的重要原因。欠薪行为不仅是民事违法行为，侵害了劳动者的基本生存权，而且破坏了市场积极秩序与社会团结稳定，具有较大的社会危害性。相关执法部门需加强执法责任、执法意识和执法能力的建设，加大法律法规的执行落实力度，加重对违法行为的惩罚力度。欠薪违法行为的法律责任要根据欠薪的原因、影响而差别规制，加重企业的违法成本，使法律责任等规制对企业具有震慑作用。法律责任多样化，将工商、税务、质检等惩戒措施贯穿其中，令企业“不敢违法、不能违法、不想违法”。

（五）加强法制宣传力度

国家执法机关要定期举行《劳动法》宣传大会，并定期组织人员下到基层或企业当中进行《劳动法》宣传与讲解工作。加强《劳动法》的宣传力度不仅仅要加深企业对《劳动法》的认识，更要加强广大农民对《劳动法》的认识。在现实生活中，很多劳动者对于劳动薪酬权侵害情况不以为然，或是采取逆来顺受的态度，或是采取过激行为，以生命和自由作为交换，因此，在进行《劳动法》宣传的时候尤其要重视对劳动群众展开宣传，避免此类事件的发生，并为这一群体提供维权渠道和维权办法。

"劳有所得"是实现劳动者生存权最主要的保障。如果劳动者的工资得不到正常支付，那么相应的，劳动者的其他权利也就无从实现。用人单位及时足额地支付劳动者工资，既是保障劳动者基本的生活来源，也是维持社会稳定的需要。保障劳动者劳动报酬权任重而道远，通过以上几项措施，有利于劳动者劳动报酬权的保障。随着劳动者权利得到更大力度的伸张，"劳有所得"四个字的含金量定会越来越高，同时，对劳动者的每一份呵护，都将转化为推动社会发展进步的巨大动力。

本章参考文献：

冯开文，2004. 家庭责任制与农民收入——一个经济制度变迁的回顾［J］. 中国农业经济评论（2）：190－204.

关浩杰，2013. 收入结构视角下我国农民收入问题研究［D］. 北京：首都经济贸易大学.

国家统计局住户办，2019. 人民生活实现历史性跨越 阔步迈向全面小康［N］. 中国信息报，08－12（第001版）.

李慧，2018. 在全面深化改革中推动乡村振兴［N］. 光明日报，11－20（第01版：头版）.

刘晶，2018. 适应结构变化的农民收入调查问题研究［D］. 兰州：兰州财经大学.

刘振远，2017. 农民工劳有所得如何不再"老大难"［N］. 云南经济日报，12－25（A01）.

梅德平，2004. 中国农村微观经济组织变迁研究（1949—1985）[D]. 武汉：华中师范大学.

潘维胜，2006. 党的十一届三中全会以来农民收入问题研究 [D]. 长春：东北师范大学.

汪发金，2009. 进城务工农民劳动报酬权法律保障研究 [D]. 成都：西南交通大学 .

王浩，2020. 农民收入提前实现翻番目标（新数据 新看点）[N]. 人民日报，10-28（04版：要闻）.

习近平，2017. 决胜全面建成小康社会 夺取新时代中国特色社会主义伟大胜利 [N]. 人民日报，10-28（001）.

熊泽森，2017. 中央一号文件视角下的农民收入问题研究——基于 2004—2013 年农民收入及构成变化的分析 [J]. 山西农经（2）：11-12.

第十章　产有所链

农业在满足人类基本食物生产功能基础上同时还具备着经济、文化、生态、休闲等诸多功能，这就是它的多功能性。而这种多功能性也意味着农业经营和生产并不会只局限于第一产业，而且从事二产加工和三产服务的利润更好、收入更高。但是，曾经在过去很长的一段时间里，绝大多数农民都只从事一产，并没有完全享受到二产和三产的增值收益。改革开放以后，随着政策的不断放开和社会各界对农民生产生活关注度的不断提升，农业农村发生了翻天覆地的变化，农业生产链条不断延伸，农民在产业链条中的地位逐步上升，小农户逐渐搭上了现代农业产业链，融入农产品购销网，与农业现代化的有机衔接不断加强，所获利益持续提高，越来越享受到生产所需的各类现代化服务。

一、“产有所链”的演进及成效

（一）改革开放带来活力的释放

改革开放之前，严格的二元制将农民牢牢地束缚在土地上，农民几乎只从事一产，加之此前 20 多年的“平均主义”极大地影响了农民的生产积极性，导致农业产出率较低，从事农业生产所获得利益不高。改革开放之后，农业农村生产活力得到有效释放，不但生产力得到了明显的提高，而且还有大量的劳动力从一产中脱离出来，有的从事涉农二三产业，有的进入其他行业，其结果是农业生产的规模化程度不断增强，涉农二三产业不断发展，农民在产业链条中的地位有所提升，收入不断提高。

农村家庭承包经营责任制的推行，释放了农业劳动生产力的巨大潜力，农民的生产积极性得到极大的提升，生产效率明显提高。以粮食生产为例，1977 年全国粮食总产量还不足 3 亿吨，但到了 1984 年，短短几年时间，就突破了 4 亿吨大关。尤其是从 1980 年到 1984 年这一期间，粮食单产水平提高了 29.57%，其中稻谷、小麦、玉米单产水平分别增加了 26.60%、38.96%、32.80%。粮食产量的提高，直接促进农民增收，而且随着农村劳动力的转移，农业生产的人均作业面积一直在扩大，人均产出率持续提升。①

人是社会构成的基本要素，也是社会活动的基本单元，改革开放带来的活力首先就体现在对人这一要素的激活上。改革开放让城门洞开，同时赋予了城市的“拉力”和乡村的“推力”，在多方的共同作用下，农民逐步进入城市，而且规模逐步扩大，逐渐地由最初的盲流变成当下的潮流，不但深刻地改变了中国，也极大地影响了世界。这次源于农民自愿和主动的迁徙大潮，与历史上任何一次迁徙都有着本质的区别。它既不是因战乱或灾荒疫病而被迫的背井离乡，也不是自断后路的单向外迁，而是在物质不断丰富、农村内部剩余劳动力不断增多的情况下，出于对美好生活的向往，寻找更好的生活方式，行动上完全自主，来去自由。

但在改革开放的初期，由于城市就业岗位和粮食物资供给等多方面的限制，对农民进城也曾采取过一定的限制政策，比如在 1981 年 12 月国务院印发的《关于严格控制农村劳动力进城做工和农业人口转为非农业人口的通知》，强化了政府对农村劳动力流动的管理，要求未经批准用人单位不能从农村招工，1982 年外出的农村劳动力降低到 200 万人左右。但这种情况很快发生变化。1984 年以后，随着改革开放的不断深入，城市用工需求增加，就业政策也出现了一些松动，1984 年国务院印发《国务院关于农民进入集镇落户的通知》，允许农民自理口粮到县城以下的集镇入户居住，农民进城热情再次被激发出来，自带口粮进

① 根据国家统计局网站整理，http://www.stats.gov.cn/tjsj/.

城的农民数量快速增加，到 1988 年，在城市工作的农民数量已经达到 2 500 万人（刘奇，2020）。

随着改革开放的继续深入，城乡二元格局逐渐弱化，城乡协调发展的呼声越来越高，农民工在城市的保障措施也越来越完善。21 世纪以来，我国农村劳动力大规模转移就业，《我国 2020 年国民经济和社会发展统计公报》显示，2020 年农民工数量已经达到 28 560 万人，相当于全国劳动力总量的 1/3，尽管这些人中仍然从事一产的比例较低，但劳动力的释放，极大地促进了我国二三产业的发展。农村劳动力大量外流引发的农村空心化问题值得重视，但也要看到，正是因为这些大量劳动力的转移，农业的适度规模化经营才得以实现，而且这些从一产转移出的劳动力有一部分流入农产品加工、休闲农业、农产品物流等涉农二三产业，为农村一二三产业融合发展提供了大量有效的人力资源。

（二）农业适度规模经营有序发展

人多地少是我国的基本国情，我国农村人口众多，农村劳动力转移是发展适度规模经营的基本前提，农村人口的活化流通为机械化的大范围应用和农业适度规模经营的有序推进提供了空间，有效地提升了农业生产效率。农业适度规模经营，使相对分散的土地、资金和劳动力等生产要素重新整合配置，实现更有效的结合，产生更高的价值。而且，在实践探索中，各地还总结出了许多因地制宜的适度规模经营模式。例如江苏省积极探索农业适度规模经营的地方标准和模式（邵红宁等，2018）；广西龙州通过耕地置换的方式，让小块土地并为整块，扩大单独地块面积（蒋永甫等，2016）。

传统一家一户小规模农业生产相对分散，缺少社会监督和自我约束，农产品质量安全监管难度相对较大，很难保证生产上严格科学的施肥、用水、用药，容易导致化肥使用过量、农药残留过高、农产品品质标准不统一等质量问题。相比之下，适度规模经营更为集中，不但有利于进行种子、化肥、农药等生产资料的统一采购，也有利于先进生产技术的应用。

进行适度规模经营的主体多为专业大户、家庭农场、合作社等新型经营主体，与普通农户相比经营者的综合素质较高，学习能力更强，更容易接受新的方法与技术，与市场的互动和对接更加充分，也能更为准确地捕捉市场信息，满足消费者对农产品日益升级的多样化需求。随着信息化、城镇化的进一步发展，我国农业农村已经进入新的发展阶段，进行农业适度规模经营的诸多条件愈发成熟，农村承包地土地确权登记办证工作已经全面完成，农民对承包地的流转意愿也在逐渐增强。

从世界范围看，发达国家农业发展历史与工业化发展密不可分，其工业化进程伴随着农业的规模化，这主要是因为工业化推动了农业机械化的发展，农业机械化的发展又取代了人工，释放出大量劳动力。新中国成立之初，我国农业生产以劳动密集型为主，农业机械总动力仅有8万千瓦，农用拖拉机不到200台，农用载重汽车、大型联合机数量更少。2020年《中国统计年鉴》显示，我国的农业机械化率不断提高，2019年农机总动力达到10.3亿千瓦，与新中国成立初相比增加了1万倍以上，小麦、水稻等大田作物机械化水平超过90%。

不仅如此，生物技术、分子育种和旱作节水等先进技术在农业生产中的广泛应用，生态农业、绿色发展理念的认可和推广，都是当前发展适度规模经营的有力支撑。国家也相继出台了多项政策支持农业适度规模经营：2014年11月，中共中央办公厅、国务院办公厅印发《关于引导农村土地经营权有序流转发展农业适度规模经营的意见》，要求各地区各部门结合实际认真贯彻执行；2018年12月，农业农村部等6部门联合出台《关于开展土地经营权入股发展农业产业化经营试点的指导意见》，让土地经营权入股发展农业产业化经营的重点任务更加明确。在政策的支持和客观条件的不断成熟背景下，适度规模经营快速推进，如今，全国家庭承包耕地流转面积已经超过5.3亿亩（国家统计局农村司，2019），《中国乡村振兴发展报告（2019年）》显示，目前50亩以上规模经营农户数量超过400万户，耕地流转双方签订流转合同超过 5 000 万份。

专栏：《关于引导农村土地经营权有序流转发展农业适度规模经营的意见》摘录

政策出台日期：2014 年 11 月。

印发部门：中共中央办公厅、国务院办公厅。

基本原则：坚持农村土地集体所有权，稳定农户承包权，放活土地经营权，以家庭承包经营为基础，推进家庭经营、集体经营、合作经营、企业经营等多种经营方式共同发展；坚持以改革为动力，充分发挥农民首创精神，鼓励创新，支持基层先行先试，靠改革破解发展难题；坚持依法、自愿、有偿，以农民为主体，政府扶持引导，市场配置资源，土地经营权流转不得违背承包农户意愿、不得损害农民权益、不得改变土地用途、不得破坏农业综合生产能力和农业生态环境；坚持经营规模适度，既要注重提升土地经营规模，又要防止土地过度集中，兼顾效率与公平，不断提高劳动生产率、土地产出率和资源利用率，确保农地农用，重点支持发展粮食规模化生产。

重点方向：完善农村土地承包关系；引导农村土地经营权有序流转；培育新型农业经营主体；建立健全农业社会化服务体系。

（三）农产品加工业和休闲农业实现快速高质量发展

看待农业，决不能只着眼于一产，加工业和休闲业也是农业产业链条上重要的环节，而且二三产业所产生的价值越来越多。这种发展态势是农业发展的客观趋势，国际上农业发展也符合这一规律，比如美国农民占总人口的 1%多一点，但为农业服务的服务业人员占美国总人口的比例高达 17%～20%（刘奇，2015）。

新中国成立之前，中国农产品加工业并未形成完整的体系，即使是其中相对发达的食品加工，也多以小型工厂或手工作坊为主。新中国成立之后，农产品加工业发展速度有所加快，但在改革开放之前，由于国民经济发展战略是优先发展重工业，农产品加工业发展潜力并未得到充分开发。从数据上看，1978 年全国工业总产值比 1952 年增长了 14.99 倍，但食品工业仅增长了 3.85 倍，远低于工业平均增速（农业部软科学委员会课题组，1999）。

改革开放之后，农产品加工业快速发展，国家对农产品加工的支持力度也不断增加，尤其是近年来，国家和地方均大力实施农产品加工业提升行动，统筹推动农产品精深加工与初加工，推动农产品加工业的综合实力不断提升。焙烤食品、方便食品、肉制品、水产品罐头、保健品制造、糖果巧克力制造、中药制造等精深加工行业主营业务收入持续增加。到 2019 年，全国已经建成农产品加工园 1 600 个，规模以上农产品加工企业达到 8.1 万家，农产品加工业营业收入超过 22 万亿元。[①]

专栏：《农业农村部等 15 部门关于促进农产品精深加工高质量发展若干政策措施的通知》要点摘取

优化产业结构：统筹推动农产品精深加工与初加工、综合利用加工协调发展，与专用原料生产、仓储物流（含冷链物流）、市场消费等上下游产业有机衔接，与营养健康、休闲旅游、教育文化、健康养生和电子商务等农村产业有机结合、深度融合。

加快布局调整：向粮食生产功能区、重要农产品生产保护区、特色农产品优势区、现代农业示范区和现代农业产业园布局；向大中城市郊区、加工园区、产业集聚区和物流节点发展。

积极培育精深加工企业：支持加工企业加快技术改造、装备升级和模式创新，延伸产业链条，建立大型企业集团或利益联结机制。

① https：//www.3news.cn/yaowen/2020/1027/457683.html.

提升技术装备水平：建设一批农产品精深加工装备研发机构和生产创制企业；实施农产品精深加工提升行动；采取先进技术，加快推进副产物综合利用；建立精深加工和综合利用加工技术装备目录。

加强人才培养：组织实施好全国农产品加工业人才培训行动；推动国家农产品加工技术研发体系、农产品加工科技创新联盟和农产品加工科技成果转化服务平台建设。

加大财政支持力度：鼓励地方加强对相关资金统筹整合力度；适当扩大农产品精深加工技术装备科研工作的支持力度；逐步将农业企业、合作社等新型经营主体纳入培训机构范围。

强化金融服务：鼓励加大对重点精深加工企业、综合利用加工短缺产能和重要特色农产品原料收购的信贷支持力度；鼓励创新产品和服务，加大对农业产业化龙头企业的信贷支持。

落实用地政策：细化用地用途分类，增加农产品精深加工、综合利用加工和仓储流通设施用地规划空间；优先考虑现代农业示范区、现代农业产业园、农产品精深加工示范基地、加工园区、产业集聚区建设用地；支持精深加工企业将企业总部和加工产能向县城和中心镇转移；城乡建设用地增减挂钩节余的用地指标要重点支持农产品精深加工发展。

建立工作机制：发挥牵头作用，履行规划、指导、管理、服务等职能，督促各项政策措施落实。

乡村旅游最早出现在19世纪的欧洲（周静等，2007；李觅等，2020），距今已有百年以上的历史。相比之下，中国乡村旅游起步较晚，开始于20世纪80年代初，兴起于20世纪90年代末。从20世纪90年代开始，国家旅游局对乡村旅游发展的重视度不断提升，制定了相应标准，如2001年发布了《农业旅游发展指导规范》；2002年发布了《全国农业旅游示范点检查标准（试行）》。还推出了一系列发展主题，提出了相应的发展口号（表 10－1）。如 1998 年，推出“华夏城乡旅游年”主题，并提出“吃农家饭、住农家院、做农家活、看农家景、享农家乐”的口号；2009 年，推出“中国生态旅游年”，并提出“走进绿色旅游，感受生态文明”口号。其他相关部门也积极协同推进我国乡村旅游的发展。农业部开展了“中国最美休闲乡村和中国美丽田园”推介活动，还与国家旅游局联合开展“休闲农业与乡村旅游示范县和示范点”创建活动，国家旅游局在 2015 年也再次明确提出将实施乡村旅游富民工程作为当年的重点工作之一。这些措施和活动都从国家战略层面上为乡村旅游的持续发展提供了可靠的依据和可行的实施方案，促进了乡村旅游事业的发展。

表 10－1 近年来乡村旅游主题及宣传口号

年份	旅游主题	宣传口号
1998	华夏城乡旅游年	“现代城乡，多彩生活”，“吃农家饭、住农家院、做农家活、看农家景、享农家乐”
1999	生态旅游年	“返璞归真，怡然自得”
2006	中国乡村游	“新农村、新旅游、新体验、新风尚”
2007	中国和谐城乡游	“魅力乡村，活力城市，和谐中国”
2009	中国生态旅游年	“走进绿色旅游，感受生态文明”
2016	中国乡村游	“回归自然，休闲度假”

注：根据历年乡村旅游宣传内容整理。

资源是推动社会发展的根本动力之一，乡村旅游作为农村地区的一种新兴产业，不但可以吸引社会资本投向农村，为农村内部投入提供渠道，减少农村资金外流，而且可以推动人才、技术等要素向农村集聚，打破农村要素向城市单向流动的格局，使得城乡互为资源、互为市场、互为环境，资源配置更加优化，乡村发展更为健全，帮助农民更好地融入产业链条，享受增值收益，乡村旅游甚至被学者称之为中国农民的第三次创业！

发展乡村旅游，首先要完善农村的道路、环境、住房、通信等基础设施建设，这必然会提升和改善农村居民的人居环境，推动社会主义新农村建设。例如，为了发展红色旅游，弘扬红色文化，韶山市政府重修了毛泽东故居、铜像广场等标志性景点，韶山村也自发配合进行村庄路面建设，在获得旅游资源的同时人居环境也因此得到了极大的改善。随着社会经济的持续发展和城市化进程的不断加快，乡村旅游重点围绕城市和景区周边发展迅速，经营规模逐年壮大，经营范围不断拓展，经营理念推陈出新，已开始初步呈现多层次、综合化、品牌化的发展趋势。2019 年休闲农业接待游客 32 亿人次，营业收入超过了 8 500 亿元（农村工作通讯综合版，2020）。

（四）农村金融服务体系不断健全

金钱并非万能，但没钱又寸步难行，农业延产、农民入链，都离不开金融的支持。改革开放之后，农村金融逐步放活，农村的本土金融力量逐步发育起来，金融渐渐和土地、设施一样成为财富创造的重要载体，成为现代农村经济稳定发展的保障。

1978 年以前，我国的农村金融组织相对单一，只有国家银行和农村信用社，其中国家银行主要是指人民银行和农业银行。改革开放之后，人民群众不断尝试，民间资本一度活跃，形成了自由贷款、私人钱庄、农村合作基金会等多种合作金融组织。对于这些金融组织的地位和作用，国家给予了充分肯定，在 1981 年国务院批转的《中国农业银行关于农村借贷问题的报告》中指出，民间借贷是国家金融机构的有效补充，提出通过银行和信用社的改革引导建立民间信用体系。随后，民间借贷如雨后春笋，快速发展，农村合作基金会的发展尤其迅猛，最多时曾超过 4.5 万家，后来因为管理等多方面原因，在 1999 年进行了撤销（刘奇，2009）。

金融分国有金融和民间金融，在过去很长的一段时间里，民间金融力量薄弱，国有金融在农村吸多放少，四大国有商业银行加上邮政储蓄银行吸收农民储蓄，农村信用合作社释放贷款，有学者形象地称之为“五龙吸水，一蛇放水”，对农村发展、农民增收、农业延产扩链都构成了障碍。

随着农村资金问题的不断凸显，国家对农村金融工作愈发重视，如何通过金融撬动为农民发展提供资金支持，让农民有更多机会融入产业链条，共享增值收益，成为当时需要解决的重要课题。2006 年中央 1 号文件明确提出要鼓励在县域内设立多种所有制的社区金融机构，并且“允许私有资本、外资等参股”。同年 12 月，中国银监会发布《中国银行业监督管理委员会关于调整放宽农村地区银行业金融机构准入政策，更好支持社会主义新农村建设的若干意见》，调整和适度放宽农村地区银行业金融机构准入政策，降低准入门槛，允许民间资金在农村试点地区设立村镇银行、农村资金互助社和贷款公司。还选取了四川省、青海省、甘肃省、内蒙古自治区、吉林省和湖北省六个省份作为这项工作的试点先行先试。农村民间金融的放活，对二三产业的发展起到了很大的推动作用，让农民有更多的机会参与到产业链条发展之中。

专栏：《关于调整放宽农村地区银行业金融机构准入政策，更好支持社会主义新农村建设的若干意见》内容摘选

目的：解决农村地区银行业金融机构网点覆盖率低、金融供给不足、竞争不充分等问题。

适用范围：适用于中西部、东北和海南省的县（市）及县（市）以下地区，以及其他省（区、市）的国定贫困县和省定贫困县。首批试点选择在四川、青海、甘肃、内蒙古、吉林、湖北 6 省（区）的农村地区开展。

准入政策调整和放宽的具体内容：放开准入资本范围，支持和引导境内外银行资本、产业资本和民间资本到农村地区投资、收购、新设银行业金融机构；调低注册资本，取消境内银行业金融机构对在县（市）、乡（镇）、行政村设立分支机构拨付营运资金的限额及相关比例的限制；调整投资人资格，放宽境内投资人持股比例；放宽业务准入条件与范围，积极支持农村地区银行业金融机构开办各类银行业务，提供标准化的银行产品与服务；调整董（理）事、高级管理人员准入资格；调整新设法人机构或分支机构的审批权限；实行简洁、灵活的公司治理。

监管措施：坚持“低门槛、严监管”的原则，实施审慎监管；根据农村地区新设银行业法人机构的资本充足状况及资产质量状况，适时采取差别监管措施；引导和监督新设银行业法人机构的资金投向；建立农村地区银行业金融机构支农服务质量评价考核体系。

近年来，国家对农村金融发展的支持力度持续加大。中国银监会办公厅发布的《关于做好2015年农村金融服务工作的通知》中，提到要大力发展农村普惠金融，全面提升农村金融服务质效，还提到要围绕建设现代农业加强金融支持，加大对发展特色种养业、农产品加工业、农村服务业、乡村旅游休闲的信贷投入，推进农村一二三产业融合发展。2018年中共中央、国务院发布的《中共中央 国务院关于实施乡村振兴战略的意见》中明确提出要提高金融服务水平，健全适合农业农村特点的农村金融体系，推动农村金融机构回归本源，把更多金融资源配置到农村经济社会发展的重点领域和薄弱环节，更好地满足乡村振兴多样化金融需求。2019年中央1号文件中也提到要打通金融服务“三农”各个环节，推动农村商业银行、农村合作银行、农村信用社逐步回归本源，为本地“三农”服务。

在国家的鼓励和支持下，农村民间金融蓬勃发展，2007年四川仪陇惠民村镇银行挂牌成立，这是全国第一家村镇银行，具有里程碑意义（李川等，2012）。如今村镇银行数量已经超过1 600家（时代金融编辑部，2018），已经成为扎根县域、支农支小的重要力量，为农民发展一产，投身二三产，享受产业链条延伸红利提供了重要支撑。

（五）农民组织越来越强大

市场经济让小农民与大市场产生不对等碰撞，在碰撞中，农户体量小、资金少、信息获取不健全，往往会处于弱势地位，在一些产业链条中，农民往往只能获得产品出售、土地出租和务工的收入，在价值分配中处于末端位置，不仅无法分享加工和流通环节的增值收益，就连生产环节的合理收益也不能完全得到保证。有地方产业部门反映，当地牛奶产业链中，所得净利润奶农占 8%～10%，加工占 25%～30%，剩下的归销售。只有农民形成有效的组织形式，才能在合作中增强话语权，帮助农民通过入股分红等方式与龙头企业建立紧密型的利益联结，深入地参与农村产业开发和利益分配，不但有利于利益分配的重构，促进农民增收，而且有利于构建完整高效的农业产业链，使各类主体之间的合作关系更加密切。

让农民组织起来是全世界的成功经验，古今中外，很多有识之士都认识到了农民合作的力量，欧美国家的各类协会、日本的农协，都是比较有代表性的农民合作模式，清朝的光绪皇帝也曾于 1898 年颁发上谕，要求各州府县广推农会。新中国成立之初，为了解决生产资料匮乏问题，广大农民应时而动，自发组织成立了互助合作组织。国家对这一做法也曾持鼓励支持态度，在 1951 年召开的全国第一次互助合作会议中，印发《关于农业生产互助合作的决议（草案）》，提出按照自愿和互利的原则，发挥农民劳动互助的积极性。《决议》使农民合作有了政策基础，合作组织迅速壮大，到 1952 年参加互助合作组织的农户占总农户的 39.95%。

但是，在接下来的一段时期，农业生产互助组的发展曾走向极端，先后发展成初级社、高级社、人民公社，这种从上到下的组织形式可以在一定程度上发挥群体力量办大事的优势和作用，但这种简单的公有制形式模糊了个体与群体的权益界限，忽略了农民的自主权和决策权，降低了农民进行农业生产的积极性。这一情况在改革开放之后得到纠正。

改革开放之后，随着市场经济的快速发展，农民迫切需要参与市场，融入链条发展，但弱势地位限制了他们参与市场的程度和在产业链条中的话语权。农民想要更加自由、平等地参与市场竞争，就要根据产业或模式类型形成不同的经济组织。对此，党和政府也极力支持，从1982年到1986年连续5个中央1号文件，均明确肯定了农村合作经济组织的发展，并给出相应的指导意见。1993年，国务院明确专业合作组织的指导部门为农业部；1994年，批准在陕西、山西、安徽等省创建农民专业合作经济组织试点，农民合作经济组织的地位更加巩固。

农民合作经济组织的发展取得了较好的效果，为了推动其继续快速健康发展，农业部于2002年颁发《农民专业合作经济组织试点工作方案》，在全国设立了100个农民专业合作经济组织试点，6个地市农民专业合作组织试点省。同年，第十届全国人大常委会将《农民合作经济组织法》列入“十五”立法计划，第二年又颁布《中共中央 国务院关于促进农民增加收入若干政策的意见》，2007年正式实施了《农民专业合作社法》。从此，农业合作社获得法人资格，其发展有了法律基础，不但可以享受生产经营中的税收优惠，而且能够在信贷、商标注册等商业行为中取得平等权，可以有效保护社员的合法权益，农民专业合作组织迎来全面发展。

多年来，各级政府在实践中探索尝试，从金融、财政、税务、规范化等方面不断完善和优化对合作社的支持政策。2008年出台的《中共中央关于推进农村改革发展若干重大问题的决定》中，明确指出要“按照服务农民、进退自由、权利平等、管理民主的要求，扶持农民专业合作社加快发展，使之成为引领农民参与国内外市场竞争的现代农业经营组织”；2017年12月，十二届全国人大常委会第三十一次会议表决通过了新修订的《农民专业合作社法》，从2018年7月1日开始正式实施；2020年，中国银保监会印发《关于做好2020年银行业保险业服务“三农”领域重点工作的通知》，要求金融机构加强对发展合作经营的金融支持。在各项政策的推动下，农民专业合作组织快速发展，2020年5月底，全国依法登记的农民合作社达到222.5万家。[①] 农民通过“抱团”参与市

① https://baijiahao.baidu.com/s?id=1676823734019793100&wfr=spider&for=pc.

场竞争，融入现代农业的产业链条，享受到生产所需的各类现代化服务。

（六）一二三产业融合程度越来越深入

推进农村一二三产业融合发展是农民融入产业链条的有效实现形式，这一说法起源于日本的六次产业。20 世纪 90 年代，日本农协综合研究所所长今村奈良臣先生首次提出农业的六次产业概念，即“第一产业＋第二产业＋第三产业＝六次产业”，后来为了突出每一个产业的重要性，他又提出，“六次产业＝第一产业×第二产业×第三产业”。其核心思想是农业不能局限于农畜产品生产，还应该包括农畜产品加工和食品制造等与农业关联性较强的第二产业和流通、销售、乡村旅游等第三产业，要重视农业的多功能性。这个概念在提出后得到日本政府高度重视，在强化引导支持的基础上，因地制宜地培育多元化经营主体（表 10－2）。2008 年，日本在政策大纲中提出《农山渔村第六产业发展目标》，在日本农林水产省，还专门将六次产业综合调查设置为一般统计内容。不仅是日本，还有很多发达国家十分重视产业融合，通过为一产赋能实现了农业的高质发展，农民的有效参与。荷兰地少人多、农业资源贫乏，但由于其高度重视农业产业链的整合与分工协作，农业发展成就巨大，畜牧业、花卉产业和农产品加工业的国际竞争力位居世界前列。近年来法国乡村旅游业发展迅猛，不仅没有对农业发展造成不良影响，还在保障农业收入稳定、扩大农产品直销、保护农村文化遗产等方面发挥了积极作用。

表 10－2　日本六次产业综合调查相关内容整理

	一级内容	二级内容	主要指标
六次产业综合调查	第六次产业化现状	第六次产业化综合调查	六次产业化工作带来的收入提高和就业保障状况
	农林结构	农业和林业调查	农林经营机构中生产结构和就业结构
	捕鱼业	渔业调查	海洋渔业的生产结构和就业结构、海洋渔业的背景条件、内陆水域渔业的生产结构等

注：根据日本农林水产省网站内容整理，http：//www.maff.go.jp/index.html.

按照这个概念理解，六次产业就是通过产业链的延伸和产业范围的拓展，推进农村产业融合发展。在日本提出六次产业之前，中国也有类似于一二三次产业融合的概念，即农业产业化经营。农业产业化起源于20世纪80年代末，主要是为了解决小农户与大市场的对接问题，是在家庭承包经营的基础上，以市场为导向，依靠龙头企业的带动，与农户建立“风险共担、利益共享”的利益联结机制，把农业产前、产中、产后各个环节联结起来，实现产加销一体化的一种农业经营方式。产业化理论的突出特点是强调龙头企业的辐射带动作用，依托龙头企业向上游建立原料基地进而延伸产业链条，其本质是依靠龙头企业的嵌入实现农村外生性发展。

与六次产业和农业产业化相比，现在我们所说的农村一二三产业融合的业态创新更加活跃，不但包括了农业生产、加工、销售等农业产业化内容，还催生了新产品、新技术和新业态；产业边界更加模糊，跨界融合特点明显，在技术、产品、业务等方面形成广泛的交集；利益联结程度更加紧密，更多地采用股份制、合作制等紧密型利益联结机制，更为广泛深入地带动农民参与到产业融合的进程；经营主体更加多元，主体类型更多，相互之间关系更加复杂，不但包括龙头企业还包括普通农户、专业大户、家庭农场、农民合作社、工商资本等；功能更加丰富，容易催生新业态，产生新功能。也可以说农村一二三产业融合是农业产业化的高级形态和升级版，是农业产业化发展的第三阶段。

在改革开放之后的很长一段时间里，尽管没有明确提出一二三产业融合概念，但在实践中早已因地制宜地探索出了多种融合发展模式。有的是内部整合，以农业优势资源为基础，以若干涉农经营组织为主体，围绕农业关联产业发展，充分利用动植物生长、生活互补的相关特性，将种植业、养殖业连接在一起，形成农业内部紧密协作、循环发展的生产经营方式，如南方稻区“稻—鱼”种养结合的循环农业模式可以节省肥料15%左右，节省农药40%左右（刘长妹等，2011）。有的是外部延伸，向前后产业延伸，将种子、农药、肥料供应与农业生产连接起来，或将农产品加工、销售与农产品生产连接起来，组建农业产供销一条龙生产服务，拉长农业产业链。还有的通过横向整合，充分发挥农业生态涵养、观光休闲和文化传承等多种功能，均取得了不错的效果。

进入 21 世纪，在国家强农惠农富农政策支持下，中国农业农村发展取得了巨大成就，农业现代化推进步伐不断加快。但随着经济发展步入新常态，农产品供求关系有所变化，农业农村发展的一些深层次矛盾日益凸显，表现出大宗农产品市场竞争力不强，粮食库存压力加大，农业资源环境约束趋紧，农民务农收入增长困难，农业农村经济活力不强等问题。在这样的背景下，中央正式提出推进农村一二三产业融合发展。

2015 年，国务院办公厅印发《关于推进农村一二三产业融合发展的指导意见》，指出“推进农村一二三产业（以下简称农村产业）融合发展，是拓宽农民增收渠道、构建现代农业产业体系的重要举措，是加快转变农业发展方式、探索中国特色农业现代化道路的必然要求”，提出要发展多类型的农村产业融合方式，建立多形式的利益联结机制，完善多渠道的农村产业融合服务，全方位健全农村产业融合推进机制。

《意见》提出后，各地各部门积极响应，认真落实。2017 年，发改委印发《关于印发国家农村产业融合发展示范园创建工作方案的通知》，推进农村一二三产业融合发展；农业部印发《关于支持创建农村一二三产业融合发展先导区的意见》，并不断完善支持政策，支持各地培育打造和创建农村一二三产业融合发展先导区，为农村留住增值产业，为农民留住就业机会。

在各项政策的持续支持下，小农户的生产搭上了现代农业产业链，产品连上互联网，利益得到越来越充分的保障，农村一二三产业实现快速发展。2019 年，农林牧渔专业级辅助性活动产值 6 500 亿元，各类涉农电商超过 3 万家，农村网络销售额 1.7 万亿元。目前，在全国范围内已经建立国家级现代农业产业园 150 多个，带动各省和市县建立现代农业产业园 3 000 多个，发展农业产业化联合体 1 000 多家，发展农业产业强镇 800 多个（农村工作通讯综合版，2020）。农村一二三产业融合发展已经成为乡村经济发展的重要增长极和农民融入产业链条持续增收的重要支撑。

二、完善小康时代“产有所链”的建议

农民是农业生产的主体，也是市场经济环境下的弱势群体，在经济发展的浪潮中，要让他们也步入现代农业发展的快轨，充分享受到链条延伸和产业整合过程中所产生的红利。经过多年的发展，中国已经找到了延伸农业产业链的切入点，也摸索出了一系列让农民与现代产业相联结的典型经验，但随着科技的不断发展和社会主要矛盾的变化，还需要从多个方面继续努力。

（一）继续优化农业产业布局

产业融合发展与布局结构优化是个有机统一体，条件满足时，二者之间可以互为因果、互相促进，形成良性互动。接下来，要以市场需求为导向，继续推进农业供给侧结构性改革。一方面要推动优化农业生产结构，推进农业生产的适度集中，体现规模优势，继续推进“三区、三园、一体”平台建设，鼓励种养结合。另一方面要推动农产品加工业转型升级，重点是促进加工业加快向主产区集中，依托主产区资源优势发展加工业产业集群，支持农产品加工龙头企业建设稳定的原料生产基地，支持主产区合作社发展加工流通和直供直销。

（二）推动一二三产业更好地融合发展

强化农产品标准化和品牌化建设，围绕粮食及农副产品、畜牧及水产品、林业及林产品的生产和加工以及秸秆综合利用，打造各自领域完整的产业链条。继续以农业供给侧结构性改革为主线，着眼未来农业发展总趋势，以科技为引领，以需求为导向，创新服务方式，提高服务品质，用好互联网＋新手段，聚焦重点产业，集聚资源要素，发展好农业新产业新业态。做好人地钱三篇文章，继续大力培养高素质农民，推进承包地和宅基地相关工作，拓展农村资金渠道，把农业打造成一个一二三产融合、上中下游一体、产供销加互促的第六次产业。

（三）推动小农户与现代农业有效衔接

农户拥有土地和劳动力，企业拥有资本和技术，但由于在传统农业生产中龙头企业与农民关系松散、信息沟通不顺畅，导致各种生产要素的整合不充分、不到位，产业联结出现脱节。因此要进一步发挥好政府部门在二者衔接工作中“有形手”的作用，推动衔接机制的不断完善和发展。产品衔接方面，要根据区域和农产品种类的不同，采取“合作社＋农户”“公司＋合作社＋农户”“公司＋基地＋合作社＋农户”等多样化的农企利益联结方式。土地要素衔接方面，根据各方主体风险偏好和风险应对能力、农地用途等深入分析运用固定收益、保底收益＋二次分红、完全按股分红等方式。资金要素方面，要继续探索小农户参与现代农业的投资入股形式。要通过组织联合、人才培育、互联网植入等多种手段引导小农户参与到现代化农业大生产中来，让龙头企业与农民之间的关系从博弈转化为合作，从而推进农村土地、劳动力、资本、技术、管理、信息、人才等要素在企业、合作社、农民间整合、集成和优化重组。

（四）大力发展智慧农业

智慧农业就是指能够利用现代化技术，逐渐转变传统农业在生产环节、供应环节和销售环节存在的阻碍和局限，使农业生产精细化，拓宽供应和销售渠道，从而提升整体农业的发展水平，提高农民的收益。智慧农业起步较晚，在技术开发和应用方面还存在较大的提升空间，应该继续创建并完善智慧农业发展战略，出台智慧农业发展指导意见和发展规划，建设智慧农业现代化示范园区，并健全与完善农业相关法律法规，为智慧农业发展提供法律保障和政策支持。还要加大对创新研究和相关设施的资金支持，充分运用互联网技术，推动智慧农业的信息化建设。

（五）深入挖掘农业多功能性

以优质化、绿色化为导向，继续发挥好农业生产的产品供给功能和经济贡献功能。结合栽培育种、生物技术、现代中医药等领域，发展功能农业，开发农业的营养和保健功能。挖掘传统文化，做好传承保护，发挥农业农村的文化功能。迎合大众需求，开发独特景观，拓展农业休闲观光旅游功能。做好资源保护，护好绿水青山，激发农业的生态功能。

本章参考文献：

本刊编辑部，2018. 村镇银行全国县市覆盖率达65.9% [J]. 时代金融（22）：16-17.

本刊综合，2020. “十三五”农业农村目标任务胜利收官 乡村振兴实现良好开局 [J]. 农村工作通讯（24）：8-11.

国家统计局农村司，2019. 农村经济持续发展 乡村振兴迈出大步 [N]. 中国信息报，08-08（001）.

蒋永甫，张小英，2016. 农民主体与农业适度规模经营的另一种路径选择——基于广西龙州模式的案例分析 [J]. 中共福建省委党校学报（7）：86-93.

李川，2012. 勇做支农支小“马前卒”——四川仪陇惠民村镇银行坚守服务“三农”市场定位 [J]. 中国农村金融（20）：19-21.

李觅，卜建东，2020. 法国乡村旅游发展政策研究与启示 [J]. 农村经济与科技，31（1）：101-103.

刘长妹，林孝丽，杨晞，2011. 循环农业生态环境效应的环境经济学分析——以“稻—鱼”种养结合模式为例 [J]. 江西教育学院学报，32（6）：130-132.

刘奇，2015. 财政支农：传统语境下的现代思维 [J]. 中国发展观察（9）：74-76，49.

刘奇，2018. 画说中国农村改革40年（1978—2018）[M]. 合肥：安徽人民出版社.

刘奇，2009. 统筹 服务 合作——拉动农村发展的三驾马车 [J]. 中国发展观察（2）：37-41.

农业部软科学委员会课题组，1999. 中国农产品加工业的发展与政策选择 [J]. 中国农村经济（12）：4-15.

邵红宁，许卫健，赵江宁，薛彩荣，2018. 农业适度规模经营的江苏实践 [J]. 江苏农村经济（2）：46-48.

周静，卢东，杨宇，2007. 乡村旅游发展的起源及研究综述 [J]. 资源开发与市场（8）：764-765，733.

第十一章　弱有所扶

扶弱济贫是中华民族的传统美德。党的十九大报告明确提出要推进“弱有所扶”不断取得新进展，这是党和政府对人民群众的庄严承诺。中国特色社会主义的新时代也是民生建设的新时代，要推进新时代民生建设，就必须补齐“弱有所扶”的民生“短板”。“弱有所扶”的提出，进一步丰富和发展了保障和改善民生的内涵，反映了我们党多谋民生之利、多解民生之忧的人民情怀。

长期以来，我们更多地关注农村弱势人群中的绝对贫困群体，始终把脱贫攻坚作为最大的政治责任、最大的民生工程、最大的发展机遇，取得了举世瞩目的伟大成就，为全球减贫事业作出了重要贡献。

一、“弱有所扶”的成就

新中国成立70多年来，党和政府高度重视农村扶贫减贫工作，实施了一系列中长期扶贫规划，从救济式扶贫到开发式扶贫再到精准扶贫，逐步探索出一条符合中国国情、农情的扶贫道路，为全面建成小康社会奠定了坚实基础。党的十八大以来，以习近平同志为核心的党中央把脱贫攻坚纳入“五位一体”总体布局和“四个全面”战略布局，摆到治国理政的突出位置，提出精准扶贫理念，创新扶贫工作机制，采取一系列具有原创性、独特性的重大举措，组织实施了人类历史上规模空前、力度最大、惠及人口最多的脱贫攻坚战。经过8年持续奋斗，脱贫攻坚目标任务如期完成，困扰中华民族几千年的绝对贫困问题得到历史性解决。

（一）农村贫困人口全部脱贫

党的十八大以来，我国实施精准扶贫精准脱贫，脱贫攻坚战取得全面胜利，现行标准下 9 899 万农村贫困人口全部脱贫，832 个贫困县全部摘帽，12.8 万个贫困村全部出列，区域性整体贫困得到解决。贫困人口收入水平显著提高，全部实现“两不愁三保障”。有近 2 000 万贫困群众享受低保和特困救助供养，2 400 多万困难和重度残疾人拿到了生活和护理补贴。有 2 000 多万贫困患者得到分类救治，救助的不仅仅是无法得到救治的病患，而是一个个被救治费用拖垮的家庭。还有 110 多万贫困群众当上护林员[①]，守护绿水青山，换来了金山银山。

（二）贫困地区农民收入快速增长

贫困人口全部实现不愁吃、不愁穿，全面实现义务教育、基本医疗、住房安全和饮水安全有保障，获得感、幸福感、安全感显著增强。国家乡村振兴局数据显示，建档立卡贫困人口人均纯收入从 2015 年的 2 982 元增加到 2020 年的 10 740 元，年均增幅比全国农民收入高 20 个百分点，工资性收入和生产经营性收入占比逐年上升，转移性收入占比逐年下降，农民居住条件大幅改善，交通、用水、用电、通信、网络等各项基础设施逐渐完备，生活质量明显提高。

（三）贫困地区文化事业发展水平不断提高

新中国成立初期，我国农民受教育水平普遍较低，农村文化事业发展落后。1955 年国务院发布的《关于加强农民业余文化教育的指示》中指出：“农民业余文化教育，必须密切配合农村互助合作运动和生产的发展，积极有计划地扫除农村中的文盲，并逐步提高农民的文化水平”，农村文化普及工作快速推进，扫除文盲取得积极进展。改革开放以来，各级政府持续加大投入力度，构建覆盖城乡的公共文化服务体系，加快乡村文化设施建设。党的十八大以来，农村居民文化生活极大丰富，农村文化事业实现长足发展。国家脱贫攻坚普查公报显示，国家贫困县中，有公共图书馆的县比重 98.1%，有综合文化站的乡镇比重

① 国家乡村振兴局网站，http：//www.cpad.gov.cn/art/2021/2/25/art_624_187440.html.

99.4%，有图书室或文化站的行政村比重98.9%。截至2018年年底，全国共有农家书屋58.7万个，向广大农村配送图书超过11亿册①，农村特别是贫困农村文化事业发展取得积极进展。

（四）为世界减贫做出卓绝贡献

中国是世界上最大的发展中国家，一直是世界减贫事业的积极倡导者和有力推动者。中国创造了人类有史以来规模最大、持续时间最长、惠及人口最多的减贫奇迹。2020年脱贫攻坚任务完成后，中国现行标准下近1亿农村贫困人口全部脱贫，提前10年实现联合国2030年可持续发展议程的减贫目标，这对中国和世界都具有重大意义。

一方面，为全球减贫提供了中国方案和中国经验。中国的减贫方案和减贫成就得到国际社会普遍认可，有组织、有计划、大规模的扶贫开发，精准扶贫、精准脱贫，走出了一条中国特色的减贫之路，成为全世界最早实现联合国千年发展目标的发展中国家，加速了世界减贫进程，为全球减贫提供了中国智慧和中国方案。世界银行2018年发布的《中国系统性国别诊断》报告称“中国在快速经济增长和减少贫困方面取得了史无前例的成就”。联合国秘书长古特雷斯在“2017减贫与发展高层论坛”时发贺信盛赞中国减贫方略，称“中国已实现数亿人脱贫，中国的经验可以为其他发展中国家提供有益借鉴”。联合国开发计划署前署长海伦·克拉克提到中国扶贫工作时由衷赞叹，“中国最贫困人口的脱贫规模举世瞩目，速度之快绝无仅有！”

另一方面，中国积极开展国际减贫合作，为世界减贫贡献中国力量。国务院新闻办公室2016年12月发表的《发展权：中国的理念、实践与贡献》白皮书显示，截至2015年10月，中国共向166个国家和国际组织提供了近4 000亿元人民币援助，派遣60多万援助人员，积极向69个国家提供医疗援助，并先后为120多个发展中国家落实联合国

① 国家统计局网站，http://www.stats.gov.cn/ztjc/zthd/lhfw/2021/lh_tpgj/202102/t20210226_1814106.html.

千年发展目标提供帮助。通过“一带一路”倡议，中国积极开展国际减贫合作，让减贫成果惠及更多国家和人民。

二、“弱有所扶”的历史演进

（一）扶贫政策的演进

1. 农村经济增长和体制改革推动扶贫阶段（1978—1985 年）

新中国成立初期，我国农村普遍处于贫困状态，真正严格意义上的扶贫，是在改革开放以后提出并大规模实施的。改革开放以来，党和国家将工作重心转移到经济建设上来，率先在农村地区实行经济体制改革，农村经济快速发展。这一阶段中国尚处于社会主义市场经济发展的起步阶段，贫困人口众多但贫富差距不大，扶贫的主要思路是通过经济发展自发解决贫困问题，“让一部分人先富起来”，先富带动后富。这一阶段，农村经营体制的变革和农村经济的快速发展是贫困人口迅速降低的主要原因。

1979 年，党中央在全国边防工作会议上确定了“北京支援内蒙古，河北支援贵州，江苏支援广西、新疆，山东支援青海，天津支援甘肃，上海支援云南、宁夏，全国支援西藏”的对口支援方案，加强经济发达省、市对少数民族地区的对口支援工作，实现了技术上重点帮扶、物资上互通有无、人才上共同培养。

1982 年，党中央启动实施“三西”地区农业建设工程，开创了我国扶贫区域开发的先河。考虑到我国贫困人口分布具有明显的区域特征——集中分布于 23 个省份的 18 片贫困山区，即“老、少、边、穷”地区。这些贫困地区一方面自然条件恶劣、生产水平低下，另一方面，幅员辽阔，森林、草场众多，水能、矿产资源丰富。“三西”工程探索出了一条将资源优势转化为经济优势的脱贫路径。

2. 大规模开发式扶贫阶段（1986—1993 年）

由于经济、社会、历史、自然、地理等方面的制约，少数地区发展相对滞后，贫困地区与其他地区，特别是与东部沿海发达地区在经济、社会、文化等方面的差距逐步扩大。中国农村发展不平衡问题凸现出来，低收入人口中有相当一部分人经济收入不能维持其生存的基本需要。为了进一步加大扶贫力度，中央采取了一系列重大措施：成立专门扶贫工作机构，安排专项资金，制定专门的优惠政策，并对传统的救济式扶贫进行彻底改革，确定了开发式扶贫方针。自此，我国的扶贫工作进入了一个新的历史时期。

一是调整扶贫方针，设立专门机构。这一阶段，扶贫方针从过去单纯救济式扶贫向利用贫困地区的自然资源进行开发性生产建设的方式转变；从按贫困人口平均分配资金向按项目、效益分配转变；从单纯依靠政府行政系统扶贫向主要依靠经济组织转变；从资金单项输入向资金、技术、物资、培训相结合输入转变。1986 年为了加强对贫困地区经济开发工作的指导，国务院决定成立贫困地区经济开发领导小组，负责制定贫困地区发展的方针、政策和规划。部分省份、区和地、县也相继成立了类似机构，配备了专职人员，形成了比较完整的工作体系，有组织、有计划、大规模的农村扶贫开发活动正式拉开序幕。

二是制定了国定贫困县标准。依据 1985 年农村人均年收入和县级单位的财政状况，将人均纯收入低于 150 元的县和年人均纯收入低于 200 元的少数民族自治县划为贫困县，对革命时期做出过重大贡献的老区县放宽到 300 元。共确定了国定贫困县 331 个，省定贫困县 333 个，共计 664 个，占到了全国总县数的 1/3 左右（王曙光等，2019）。中央推出了严格的扶贫管理责任制，国定贫困县主要由中央出资扶持，省定贫困县由省、市扶持，零星分散的贫困乡村和贫困农户由所在县、市扶持。

3. 扶贫攻坚阶段（1994—2000 年）

随着农村改革的深入发展和国家扶贫开发力度的不断加大，中国贫困人口逐年减少，贫困特征也随之发生较大变化，贫困人口分布呈现明显的地缘性特征，主要集中在地域偏远、交通不便等自然条件较恶劣的地区。1994 年中央政府提出了《国家八七扶贫攻坚计划（1994—2000

年)》，提出了集中人力、物力、财力，动员社会各界力量，力争用7年左右的时间，到2000年年底基本解决当时全国农村8 000万贫困人口温饱问题的行动计划。这是新中国历史上第一个有明确目标、明确对象、明确措施和明确期限的扶贫开发行动纲领。同时，重新对国定贫困县进行了认定，以1992年农民人均纯收入为依据，重新划定国定贫困县592个，占全国总县数的27.3%。

这一阶段，动员社会各界力量参与扶贫，扶贫投入不断加大。一方面，国家投入不断加大，2000年中央各项扶贫专项资金达到了248亿元，与1980年相比，增加了30倍，扶贫专项资金累计达到了1 680多亿元，其中财政资金800多亿元（含以工代赈资金390多亿元）[①]，信贷扶贫资金880亿元。并且严格限定资金使用的区域范围，将资金重点投入到贫困人口最集中、贫困人口最严重的地区，省定贫困县不得占用中央扶贫资金，真正做到扶贫资金“及时下达，足额到位”。按照中央要求的配套比例（1996年以后为30%～50%），地方政府扶贫投入的力度也相应加大。另一方面，动员社会各界力量以不同形式参加了贫困地区的开发建设，如共青团中央的“希望工程”、全国总工会的“万人工培计划”、统战部和全国工商联的“光彩事业”等，都对扶贫开发工作起到了积极作用。

4. 扶贫开发转型和进一步深化阶段（2001—2010年）

到2000年年底，除了少数社会保障对象和生活在自然环境恶劣地区的特困人口，以及部分残疾人以外，全国农村贫困人口的温饱问题已经基本解决，《国家八七扶贫攻坚计划》确定的战略目标基本实现。这一阶段，通过《中国农村扶贫开发纲要（2001—2010年）》的实施，我国农村贫困人口进一步减少，贫困发生率持续下降。

2001年6月，国务院印发《中国农村扶贫开发纲要（2001—2010年）》，提出了我国2001年至2010年扶贫开发的奋斗目标：尽快解决少

① 中国政府网，http://www.gov.cn/zhengce/2005-05/26/content_2615719.htm.

数贫困人口温饱问题，进一步改善贫困地区的基本生产生活条件，巩固温饱成果，提高贫困人口的生活质量和综合素质，加强贫困乡村的基础设施建设，改善生态环境，逐步改变贫困地区经济、社会、文化的落后状况，为达到小康水平创造条件，并提出了一系列创新性扶贫理念。

一是扶贫要以发展为核心。《中国农村扶贫开发纲要（2001—2010年)》提出，“要以经济建设为中心，引导贫困地区群众在国家必要的帮助和扶持下，以市场为导向，调整经济结构，开发当地资源，发展商品生产，改善生产条件，走出一条符合实际的、有自己特色的发展道路。通过发展生产力，提高贫困农户自我积累、自我发展能力，这是贫困地区脱贫致富的根本出路，也是扶贫工作必须长期坚持的基本方针”。提倡扶贫开发与资源保护、生态建设相结合，实现资源、人口和环境的良性循环，提高贫困地区可持续发展的能力，加强水利、交通、电力、通信等基础设施建设，提升贫困人群所享受的基本公共服务水平和公共基础设施水平，同时重视科技、教育、卫生、文化事业的发展，促进贫困地区经济、社会的协调发展和全面进步。

二是扶贫要以市场化机制为主体。《中国农村扶贫开发纲要（2001—2010年)》提出：“坚持政府主导、全社会共同参与。各级党委和政府要适应发展社会主义市场经济的要求，加强对扶贫开发工作的领导，不断加大工作和投入力度。同时，要发挥社会主义的政治优势，积极动员和组织社会各界，通过多种形式，支持贫困地区的开发建设。”强调扶贫开发要“以市场为导向”，把市场机制建设作为扶贫工作的指导方针，市场在资源配置中起到决定性作用，扶贫开发中的产业发展和经济结构调整都要依赖市场机制。

三是扶贫要以提升贫困人群素质能力为重点。《中国农村扶贫开发纲要（2001—2010年)》中强调科技、教育、卫生、文化事业的发展对于扶贫的重大意义，重点在于提升贫困人群的人力资本和社会资本，使其在减贫过程中可以利用自己的人力资本和社会资本实现自我脱贫。

5. 扶贫攻坚最后决胜阶段（2011—2020 年）

党的十八大以来，以习近平同志为核心的党中央高度重视脱贫攻坚工作，先后就扶贫开发工作出台了一系列方针政策，形成了有中国特色的扶贫开发思想，提出了“精准扶贫”的指导思想，科学制定了扶贫战略目标以及扶贫战略重点，为新时期的扶贫开发指明了方向。

在扶贫指导思想上，提出了以“精准扶贫”为核心理念的扶贫思想。2013 年 11 月习近平总书记到湘西调研时指出：“扶贫要实事求是，因地制宜。要精准扶贫，切忌喊口号，也不要定好高骛远的目标。”首次提出了“精准扶贫”概念。2014 年，国务院扶贫办制定了《建立精准扶贫工作机制实施方案》。精准扶贫包括贫困户的精准识别、贫困帮扶办法的精准制定以及贫困对象的精准管理这三个方面，是中国扶贫进行到新阶段后的新举措，是新时期扶贫开发面临着新形势的必然要求。

在扶贫战略的目标上，提出到 2020 年确保现行标准下农村贫困人口实现脱贫，贫困县全部摘帽。这一目标意味着新时期扶贫任务的完成，意味着全面建成小康社会的实现，意味着我国绝对性贫困问题将得到历史性解决。

在扶贫战略的重点上，将特困地区和特困群体作为主攻方向。2011 年国务院印发《中国农村扶贫开发纲要（2011—2020 年）》，共划分了 11 个集中连片特殊困难地区，加上西藏、四省藏区、新疆南疆三地州，共 14 个片区，一共 680 个县，作为新时期扶贫的重点和主攻方向。

（二）社会救助政策的演进历程

1. 社会救济初始阶段（1949—1977 年）

新中国成立初期，我国农村地区普遍较为贫困，没有成体系的社会救助机制，主要以村集体或生产队内部救济为主。1956 年，第一届全国人大第三次会议通过《高级农业生产合作社示范章程》，规定“农业生产合作社对于缺乏劳动力或者完全丧失劳动力、生活没有依靠的老、弱、孤、寡、残疾的社员，在生产上和生活上给予适当的安排和照顾”。1960 年，第二届全国人大第二次会议通过《1956 年到 1967 年全国农业发展纲要》，规定“农业合作社对于社内缺乏劳动力、生活没有依靠的鳏寡孤独的社员，应当统一筹划，指定生产队或者生产小组在生产上给予适当的安排，使他们能够参加有能力胜任的劳动；在生活上给予适当的照顾，做到保吃、保穿、保烧、保教（儿童少年）、保葬，使他们的生养死葬都有依靠”。这就是最初的农村五保供养制度。1976 年和 1977 年，财政部先后印发了《关于革命残疾军人的评残工作中几个问题的通告》和《关于调整在乡革命残疾人员抚恤标准的通知》以及其他一系列关于优抚革命残疾军人的政策条例。

2. 传统型社会救济阶段（1978—1993 年）

改革开放以来，随着家庭联产承包责任制的推行，集体经济组织的保障功能弱化，农村的贫困救济是这一阶段社会救济工作的重点。随着开发式扶贫工作开展，再辅以五保供养救济，对农村常年生活困难的特困、孤老病残人员等进行定量定时救济，使农村绝对贫困人口得到基本保障。1979 年，民政部召开“全国城市社会救济福利工作会议”，明确提出城镇救济对象主要为“无依无靠、无生活来源的孤老残幼，以及无固定工作、无固定收入来源的生活困难居民”。这一阶段的社会救济制度在救助范围、救助方式、救助资金投入等方面得到一定的恢复和发展，但也存在资金投入少，救助标准低，救助对象认定随意性大等问题（兰剑和慈勤英，2018）。

3. 试点建立城市最低生活保障制度的探索阶段（1994—2000 年）

在这一时期，经济转型、国企改革等因素导致大量职工下岗，城市贫困问题凸显。为应对城市下岗职工生活困难问题，上海率先试点，从 1993 年 6 月 1 日起实施最低生活保障制度。自此以后，厦门、青岛、福州、大连等城市也陆续实施，并逐步扩展至国内其他城市。1997 年 9 月，国务院正式印发《关于在全国建立城市居民最低生活保障制度的通知》，明确了低保的保障范围、标准、资金筹集等，提出了保障对象为“家庭人均收入低于当地最低生活保障线的城市居民”，具体列举了主要保障对象，并且提出了城市建立低保制度的时间期限，即要求所有城镇需在1999年年底之前建立低保制度。1999年9月颁布《城市居民最低生活保障条例》，规定凡人均收入水平低于当地最低生活保障线的家庭，均有权申请低保，首次从法律层面赋予国民平等受助的权利。条例颁布后，中央财政加大了低保资金的转移支付，缓解了经济欠发达城镇低保资金紧张的局面。

4. 综合全面型的社会救助体系建立阶段（2001—2013年）

2001年，国务院办公厅印发《关于进一步加强城市居民最低生活保障的通知》，要求尽快把所有符合条件的贫困人口纳入低保保障范围，明确了救助程序、救助标准和救助对象，社会救助体系从政策上、体制上得到进一步完善。2007年国务院印发《国务院关于在全国建立农村最低生活保障制度的通知》，标志着农村低保制度迅速普及，全国性的城乡低保制度全面建立。

在低保制度不断完善的同时，专项救助制度建设也逐步展开。2005年，国务院办公厅转发民政部等部门《关于建立城市医疗救助制度试点工作意见的通知》，要求在全国建立起管理制度化、操作规范化的城市医疗救助制度。各地以低保制度为基础，积极建设涵盖医疗、教育、就业、住房、应急等领域的专项救助制度，初步形成了综合性的现代社会救助制度体系。

5. 现代发展型的社会救助制度体系阶段（2014年以来）

伴随着城乡低保的全面建立，以及其他专项救助制度的提出与实施，综合性的城乡社会救助体系已经基本形成。多项相关法律法规的颁布，对各项救助制度的保障范围、资格认定、救助程序与管理、资金投入等有了更加明确的规定，各地也结合当地实际，确定更加细致的实施细则。社会救助制度体系正稳步发挥兜底线、促稳定的重要作用。

国务院于2014年2月21日颁布《社会救助暂行办法》，实现社会救助从行政主导向法治主导转变，将最低生活保障、社会救助、医疗救助等多项内容进行整合，形成一套较为完善的社会救助保障体系。《社会救助暂行办法》扩大了弱势群体范畴，增加弱势群体帮扶项目，确保更多的弱势群体能够得到社会救助；明确各级政府在社会救助的财政投入义务，落实各级政府的监督和管理责任，确保相关主体充分尽到义务；对生活、医疗、住房、就业等临时救助问题进行规范，促进了临时救助与长期救助的有机融合，确保“弱有所扶”落到实处。

三、完善小康时代“弱有所扶”的建议

“弱有所扶”中的“弱”，广义上涵盖了社会中各类处于生活窘迫和发展困境的群体。长期以来，我们主要关注弱势群体中的绝对贫困群体。将“弱有所扶”简单等同于扶贫，一定程度上忽略了弱势群体类型的多样性，贫困或者低收入只是界定弱势群体的一种标准。目前，脱贫攻坚战已经取得了全面胜利，但是绝对贫困在统计意义上的消失并不意味着“弱有所扶”的终结，我们的扶持救助工作不仅要关注次生贫困和相对贫困人群，也要覆盖社会各类弱势群体。

要真正实现新时代“弱有所扶”的民生建设目标，首先必须科学甄别“弱有所扶”的对象，我们可以从经济收入、社会身份、生理缺陷、心理缺陷、文化水平五个方面，将弱势群体的类型划分为五类。一是次生贫困或相对贫困人群，包括因病致贫、因病返贫人员，城市失业人员，农村相对贫困人员，受灾人员等生活困难人群；二是社会身份造成的弱势群体，包括农村“三留守人员”（留守妇女、留守儿童、留守老人）、城市困境儿童、城市高龄老人和退役军人等；三是因生理疾病或残疾造成的弱势群体，包括残疾人（包括生理残疾人和智力残疾人）、慢性疾病患者、重特大疾病患者、工伤人员等；四是因心理或精神疾病造成的弱势群体，包括抑郁症、自闭症等精神健康障碍或心理障碍患者；五是因受教育水平低造成的弱势群体，包括文盲、半文盲等（陈成文等，2018）。

对弱势群体的甄别与区分，对构建完善的“弱有所扶”制度框架有着十分重要的作用。要制定行之有效的帮扶政策，首先要了解帮扶对象的需求。对于次生贫困或相对贫困人群来说，需要在经济、就业、养

老、医疗、住房等方面进行扶助；对于“三留守人员”、城市困境儿童和城市高龄老人及退役军人等来说，需要在关爱服务、教育养老、医疗、就业和法律援助等方面进行扶助；对于生理疾病或残疾人群来说，需要在医疗、就业、关爱服务和康复服务等方面进行扶助；对于心理或精神疾病人群来说，需要在医疗、关爱服务和康复服务等方面进行扶助；对于受教育水平低的人群来说，需要在职业培训、技能培训和就业等方面进行扶助。不同弱势群体对政策的需求既有重合又有区别，需要从社会保险、社会救助、社会福利、优抚安置和慈善事业五个方面统筹谋划、科学整合，构建并完善“弱有所扶”制度框架（陈成文等，2018）。

（一）完善“弱有所扶”的社会保险制度

作为一种再分配制度，社会保险能有效化解弱势群体因看病、养老等带来的经济风险，加强养老保险、医疗保险、失业保险和老年人长期护理保险等方面的制度建设，是推进“弱有所扶”这一民生目标建设的有效手段。从养老保险方面来看，要尽快建立弱势群体养老保险补贴制度，确保弱势群体不被排斥在养老保险制度之外。从医疗保险方面来看，基本医疗保险和大病医疗保险要向弱势群体倾斜，逐步提高相对贫困人群在基层医院就诊的报销比例。从失业保险方面来看，要逐步扩大失业保险制度的覆盖范围，进一步缩短弱势群体失业保险的缴费期限，延长弱势群体失业救济金的领取时间。从老年人长期护理保险建设方面来看，要完善相关行业标准和筹资机制，明确政府、企业和个人责任，加快培育能提供长期照料服务的专业机构。

（二）完善“弱有所扶”的社会救助制度

现行的《社会救助暂行办法》对最低生活保障、特困人员供养、受灾人员救助、医疗救助、教育救助、住房救助、就业救助和临时救助等方面的社会救助内容做出了具体规定，但针对心理和精神疾病人群的救助缺乏相应的规定。要按照党的十九大报告中所指出的“加强社会心理服务体系建设，培育自尊自信、理性平和、积极向上的社会心态”，尽快补充完善相应的规定，将心理救助纳入社会救助制度体系之中。

（三）完善“弱有所扶”的社会福利制度

社会服务是国家和社会为满足全体社会成员尤其是生活困难群体的需求，保证和提高其生活质量而开展的各种社会活动、社会工作和社会事务的总称，包括以全体社会成员为对象的普遍服务和以老年人、残疾人、无依靠儿童、优抚安置对象、贫困者等弱势群体为对象的特殊服务。社会服务设施是社会服务的重要载体，主要包括以照顾为主的供养和康复机构、以培训为主的职业培训或就业培训机构、以咨询为主的咨询服务机构等。社会服务制度和社会服务设施建设对于弱势群体来说，关系重大。

当前我国社会服务制度和社会服务设施碎片化现象严重，社会服务的各部门之间衔接性差，服务效果差。要进一步加强相关部门职能之间的合并与调整，实现福利管理机构的统一性。要广泛调动社会力量积极参与和兴办多种形式的社会服务设施。

（四）完善“弱有所扶”的优抚安置制度

当前我国的优抚安置对象包括残疾军人、“三属”人员、“三红”人员、在乡老复员军人、参战退役人员、涉核退役人员、带病回乡退伍军人、老年烈士子女、60 岁以上农村老兵、参与铀矿开采军队退役人员、安置在岗退役人员、自谋职业退役人员、军休干部、无军籍职工等 14 类人员。当前我国“养老式”“包办式”的退役军人安置办法已无法适应新时代“弱有所扶”的客观要求。关键要从制度层面解决好退役军人的就业问题，要加大对退役军人的职业技能培训、就业指导和创业支持力度，同时制定相应的优惠政策，引导和吸引民营中小企业为退役军人提供就业岗位。

（五）发展“弱有所扶”的慈善事业

慈善事业是建立在社会捐赠基础上的一种社会保障制度。2016 年《慈善法》正式颁布实施。根据《中国慈善发展报告（2020）》的统计数据，2019 年社会捐赠总量预测约为 1 330 亿元，比 2017 年 1 526 亿元下滑了 12.8%。我国慈善事业发展水平与发达国家相比还存在较大差距。推动慈善事业的健康快速发展，一方面要加强监管，提高资金使用的透明化程度，发展壮大慈善组织；另一方面要培育慈善文化，通过媒体对慈善行为进行积极宣传，将慈善文化发展成为大众文化，让慈善事业成为实现新时代“弱有所扶”的助推器和润滑剂。

本章参考文献：

陈成文，陈建平，洪业应，2018. 新时代“弱有所扶”：对象甄别与制度框架［J］. 学海（4）：92－100.

国家统计局，2021. 国家脱贫攻坚普查公报（第四号）［EB/OL］.（2021－02－25）http：//www.stats.gov.cn/ztjc/zthd/lhfw/2021/lh_tpgj/ 202102/t20210 226_1814106.html.

国务院新闻办公室，2005. 中国的农村扶贫开发［EB/OL］.（2005－05－26）http：//www.gov.cn/zhengce/2005－05/26/content_2615719.htm.

黄守宏，2012. 农村残疾人工作面临的新形势与对策研究［J］. 残疾人研究（4）：3－5.

兰剑，慈勤英，2018. 中国社会救助政策的演进、突出问题及其反贫困突破路向［J］. 云南社会科学（4）：32－38.

李丽群，张健明，房芬，2018. 精准扶贫背景下新型社会救助体系研究［J］. 经济研究导刊（17）：102－104.

林建华，王力，2019. 农村残疾人社会融入困境分析及对策研究［J］. 劳动保障世界（17）：65－66.

邵光学，2020. 新中国 70 年农村生态文明建设：成就、挑战与展望［J］. 当代经济管理，42（4）：6－11.

汪三贵，曾小溪，2018. 从区域扶贫开发到精准扶贫——改革开放 40 年中国扶贫政策的演进及脱贫攻坚的难点和对策［J］. 农业经济问题（8）：40－50.

王曙光，王丹莉，2019. 中国扶贫开发政策框架的历史演进与制度创新（1949—2019）［J］. 社会科学战线（5）：24－31.

习近平，2021. 在全国脱贫攻坚总结表彰大会上的讲话［EB/OL］.（2021－02－25）http：//www.cpad.gov.cn/art/2021/2/25/art_624_187440.html.

杨骅骝，周绍杰，胡鞍钢，2018. 中国式扶贫：实践、成就、经验与展望［J］. 国家行政学院学报（6）：138－142，192.

张腾，蓝志勇，秦强，2018. 中国改革四十年的扶贫成就与未来的新挑战［J］. 公共管理学报，15（4）：101－112，154.

周绍杰，杨骅骝，张君忆，2019. 中国2020年后扶贫新战略——扶贫成就、主要目标、总体思路与政策建议［J］. 中国行政管理（11）：6－11.

第十二章　困有所帮

社会救助制度是我国社会保障系统的重要子系统之一，而农村社会救助制度是社会救助制度的重要组成部分。新中国成立以来，特别是改革开放以来，我国已经建立了较为完备的社会救助体系，在人们社会生活中发挥了重大的帮困济难效应。

一、中国农村社会救助制度产生的背景

社会救济/社会救助在社会保障发展史上可谓历史久远，在现代社会的社会保障体系中，社会救助仍然扮演着“基础”和“基石”的角色，是社会保障的一道重要的“安全网”。当然它的作用也因国家和地区的不同而异，在国外，社会救助在北欧国家中属于补充作用，而在欧陆国家中则处于次要地位，但在英语国家中则普遍扮演着举足轻重的作用，比如像新西兰这样的国家，社会救助就构成了整个国家社会保障制度的主体（杨思斌，2019）。在我国，社会救助则因地区不同而有所差异，城市和农村在不同时期有不同的救助手段和救助标准。由此引出了对中国社会救助的定义，其中比较普遍认同的一种定义是：社会救助是指当社会成员陷入生存危机或不能维持最低限度的生活水平时，由国家和社会依照法定的程序和标准，向其提供满足最低生活需要的物质和其他援助的一项社会保障制度。作为最低层次的社会安全机制，社会救助制度维护着社会成员基本的生存权利，是社会保障制度要实现的最低目标。中国的社会救助制度建立于20世纪50年代，主要包括救济贫困人口的社会救济制度、救济无依无靠的鳏寡孤独者的“五保”制度以及灾害救济制度和90年代建立起来的城市居民最低生活保障制度。但在实

际工作中，社会救助可以根据不同出发点、不同依据和标准，从多角度作出不同的划分。例如：依据救助的实际内容来划分，可分为生活救助、住房救助、医疗救助、教育救助、法律救助等；依据救助手段来划分，可分为资金救助、实物救助和服务救助等。以贫困持续时间长短变化来划分，贫困可以分为长期性贫困、暂时性贫困和周期性贫困。因此，社会救助的手段就有针对长期性贫困的定期救助（如对孤寡病残救助）、针对暂时性贫困的临时救助（如对多数情况下的事业救助、自然灾害救助）和针对周期性贫困的扶贫（如对贫困户救助）之分（任振兴，2003）。此外，我国城乡二元体制的存在，整个社会划分为城镇和农村两个部分，那么，整个社会的社会救助根据区域的分离自然划分为城镇社会救助和农村社会救助。因此，上述情况就是农村社会救助制度产生的背景。

二、中国农村社会救助制度的内涵和内容

要明晰农村社会救助的内涵首先要弄清社会救助的概念，社会救助是社会保障系统的重要组成部分之一，它也是人类历史上最早的社会保障制度。社会救助最早来自早先的扶贫制度，它指以生存权为保障目标的最低水平的社会保障，还可以叫作社会援助或是社会帮助。古代时所论述的社会救助概念可以追溯到《礼记·礼运》，而现代意义上的社会救助最早起源于英国4个多世纪前出台的《济贫法》，这是社会救助一词概念最先的影子（刘晓兵，2021）。社会救助一词正式出现于约50年前的美国，那时社会救助概念出现和社会保险高度相关，前者被认为是后者的一种补充形式，该词的概念是指个人或是家庭收入来源减少或没有时政府给予该个人或是家庭救助。自此，研究人员对社会救助概念内涵研究从发放救助人、被救助人、救助形式、救助的动机等多方面界定这个词义。从已有学者关于社会救助概念的研究中可以发现，学者大多认为国家是负责施以社会救助的主体，社会上处于贫困的弱势群体大多认为是应该被救助的对象，而现金是主要的救助形式，其他的救助形式

还有物品或服务，保障这些贫困弱势群体的基本生存生活条件则是社会救助的主要动机。需要说明的是，随着社会经济发展水平的提高，人们对救助的对象范围界定逐步拓宽到除了物质救助之外的精神救助。

当提到社会救助概念时，往往容易把这个概念和社会救济、社会保障混为一谈，因此，为了更准确地理解社会救助内涵，我们需要对社会救助、社会救济和社会保障三个概念之间的关系进行区分。先来谈谈社会救济的概念，这个概念和社会救助只有一字之差，社会救济是社会救助一词概念的基础，也是社会救助概念的早期发展形态，社会救济的内容主要是互帮互助、对于受灾受难人员的救助（贾丽萍，2021）。两个概念差异除了这种传承的关系，还体现在实施救助的主体上的差别，前者对应的主体是国家，然而后者对应的是更高等级的主体，两个概念在界定救助主体上存在显著差异。此外，两个概念在实施救助或救济行动上也存在不同，社会救助在实施上有一系列程序、标准和要求等方面的国家规定。不同于社会救助，社会救济在实施标准、救济对象等方面硬性规定较少。再来谈谈社会保障一词的概念，它是社会救助更高级的形式和发展，社会救助发展到一定阶段和高度形成了社会保障。由此来看，社会救济和社会救助、社会保障概念之间的关系可以描述为，三个概念是一种发展的承接关系，社会救济-社会救助-社会保障，由前到后，由社会帮助发展的初级阶段到更高级阶段。

由于整个社会分为城镇和乡村两个部分，因此，社会救助在救助区域和对象上也划分农村和城镇两类。由此可得，从分区域的角度来看，农村社会救助的概念外延则是社会救助的概念中救助区域对应农村那一部分。具体而言，农村社会救助的含义指的是，国家对贫困以及贫困线之下的群体提供的救助，进而保障其基本生活条件的保障制度的统称（杨立雄，2021）。

明确农村社会救助的概念内涵之后还需要对如何进行农村社会救助，农村社会救助的内容进行梳理。对于农村社会救助的办法以我国2014年出台的《社会救助暂行办法》为主。进行社会救助的办法总结如下：托底线、救急难、可持续。农村社会救助的主要内容包括以下方面：第一方面指的是农村低保，即农村的最低生活保障、“五保”供养制度，该项社会救助对象是符合条件的低保居民。第二方面指的是医疗救助，具体指代低收入家庭或困难家庭、低保户就医中所要申请的救助。第三方面是临时救助，这项救助是对农村低保的重要补充。具体指的是由于意外、患重大疾病、教育负担或者其他事件，引起贫困家庭的人可以去申请的临时性救助。第四方面是就业救助，即对低保户给予的就业援助。第五方面是住房救助，即对低保户或特困人员给予住房救助，比如廉租房政策。第六方面是特困人员抚养，指的是对无劳动能力、无生活来源、无抚养能力的人员的抚养。第七方面是受灾人员救助，也就是说对于比较厉害的灾害造成的人员及财产损失所要办理的救助。第八方面是教育救助，指的是对于“三无”人员、低保户在义务教育时期所要申请的救助。第九方面是社会捐助，具体指的是来自社会团体的捐助，比如红十字会的捐助等。上述九个方面的农村社会救助中，农村最低生活保障、“五保”供养制度是农村社会救助的重点。

三、中国农村社会救助制度的历史演进及成就

要弄清改革开放以来我国农村社会救助制度取得的成就，先要对农村社会救助制度发展的来龙去脉有深入的了解。改革开放 40 余年，农村社会救助发展经历了三个发展阶段，第一阶段为初步探索阶段，第二阶段为体系化阶段以及第三阶段为规范化发展阶段。

（一）农村社会救助的探索阶段（1978—1999 年）

1978 年之后，农村社会救助工作开始被关注，农村社会救助工作主要归属民政部管辖，具体负责的部门是农村社会救济司。除此以外，中央到地方各个行政单位还组织了社会救济机构，这些组织的建立为开展农村社会救助提供了前期保障。需要说明的是，在此时段内，为了更精准地做好农村社会救助工作，我国社会整体的社会救济工作的基本方针于 1984 年正式公布。

在这一阶段，农村社会救助的探索集中于农村救助制度本身顶层设计的不停探索。具体探索的内容和救助举措包括两个方面：一方面，每隔一段时间给予贫困脆弱群体特定数量的救济。这一时期被救济的大多是特困人员、老弱病残和下岗并且年老的职工，救济的办法是每隔一段时间对于上述救助对象给予资金或物质上的帮助。除了上述救助对象之外的贫困群体，救济的办法是实施灾民荒情救济。另一方面，健全农村的“五保”供养救助。这一时期对于农村“五保”的救助探索主要是经费问题的摸索，国家层面要求的是经费要从村提留、乡统筹渠道保障“五保”救助资金，同时，为了保障“五保”经费问题的解决，国家出台了相应的工作条例，对于“五保”经费筹措问题给出确定性描述。这一时期，农村“五保”和贫困救助的经费也实现了大幅增加，累计投入的支出经费约达 200 亿元。

（二）农村社会救助制度体系化发展阶段（2000—2011 年）

经过第一阶段的发展，农村社会救助制度在衣食两方面保障了贫困群体的生活问题，然而，这类群体的医疗、教育和住房相关的救助还没有保障，因此，第二阶段农村社会救助制度的发展重点解决这些问题。2000—2011 年农村社会救助制度的发展进入体系化阶段，这一时期农村社会救助的主要内容除了已有的“五保”制度继续推进，还针对看病、上学、住房问题制定对策实施救助。

2000—2011 年这一时间段我国农村社会救助在原有第一阶段“五保”制度的基础上进行了改进，实施新型的“五保”制度。针对 2006 年全国农村税费废除现状，进一步加强“五保”群体的社会救助，国家对早期制定的“五保”相关条例进行了修订。新一轮的“五保”制度的内容主要是，经费来源的重新确立，其经费支持由之前的村乡提留统筹改为财政拨款，还有对于救助标准也有新的变化，农村“五保”救助的水平最少为当地村民平均生活水平。另外，组织机构的升级，五保相关组织机构在此时期内划入区域社会经济发展蓝图。这一时期“五保”制度实现了本质的改变，即救助主体的变化，由第一阶段的集体救助转向第二阶段的国家救助。

除了“五保”制度，农村的最低生活保障制度在这一时期也开始建立。农村最低生活保障制度雏形开始于 1996 年，但是，其真正开始建立直到 2006 年才确定。2007 年国家才对这一制度涉及的保障标准、救助范围和经费运作等相关配套措施做出了确定性说明，这也标志着农村最低生活保障制度正式确立。统计数据显示，2007 年下半年，农村最低生活保障制度在全国范围内实施全覆盖。

2000—2011 年这一时间段，农村医疗救助制度开始建立。2003 年《关于实施农村医疗救助的意见》的颁发标志着农村医疗救助制度的初步确立。此后，国家进一步加强农村医疗救助的支持力度，例如，农村医疗救助制度建立后 2 年，国务院要求对农村医疗救助要进行试点，试点周期 2 年，然后在试点基础上总结经验进行推广普及，建立体系化的医疗救助制度。城乡医疗救助办法主要有两种，一种是国家对农村低保和其他贫困群体实施救助，让他们可以参加新型农村合作医疗保险。另一种救助办法是实施再次救助，这类救助对象是第一种类型救助实施后仍然有生活困难的群体。统计数据显示，新农合医疗救助标准约为每人 45.6 元，对农村居民整体医疗救助标准约为每人 640 元（姚建平，2021）。

2000—2011 年这一时间段，农村教育救助制度开始建立。这一时期教育救助的内容是在农村地区通过发放生活费、学习材料，确保贫困家庭中初中年级以下的学生能够上学。此外，对于贫困家庭中有初中以上大学以下教育程度的学生群体，给予免学费、提供奖助学金、助学贷款、提供勤工助学岗位信息等渠道实施救助。数据显示，2008 年免费发放学习材料惠及 1.5 亿学生，1 100 万贫困生领到了生活补助（谢勇才，2019）。

（三）农村社会救助制度规范化发展阶段（2012—2020 年）

进入 2012 年之后，国家对农村社会救助的重视程度更进一步，农村社会救助工作划入依法治国总体部署是最有力的证明。在此背景下，

2012年至今，农村社会救助制度进入了规范化发展。规范化发展主要体现在三个方面：第一，农村社会救助体系建立。2014年国家提出构建农村社会救助体系，这是国家层面首次以行政法规的形式提出，体系中农村社会救助的制度共涵盖八项。第二，农村社会救助运行机制健全。整体运行机制具体表现为农村社会救助统筹协调机制建立、农村居民家庭救助状况核对机制加快构建、一个部门主受理其他部门协同办理的申请机制、社会救助标准动态调整机制以及农村社会救助工作的第三方长效监督机制，这些机制的完善建立在中央和地方的共同努力上。第三，农村社会救助托底保障功能。

经历了探索发展向规范化发展三个发展阶段，改革开放40多年来农村社会救助制度发展取得了显著成效，主要表现在低保覆盖范围扩大，救助水平的显著提高，以及农村社会救助供养制度的完善等。具体成就如下：

首先，农村低保覆盖范围100％，覆盖人数和救助水准取得新进步。农村低保制度开始于城市低保制度，2001年，我国农村低保制度覆盖的县市为2 037个，2002年仅仅过了一年农村低保制度覆盖范围就实现了显著的突破，绝大多数省份开展了农村低保（任振兴，2003）。统计数据显示，2002年农村低保覆盖人数约为404万人，2002年农村救助费用总额约为13.6亿元（郑功成，2005）。2007年国务院对农村低保保障水平、低保保障群体、低保保障的经费实施等问题给出了说明。当年秋季，我国全部省份约有2 700多个县市确立了农村最低生活保障制度（钟仁耀，2013）。农村社会救助范围2001—2007年取得显著进展，与此同时，农村社会救助的救助人数也逐年增加。值得注意的是，2007年以来农村社会救助人数急剧增长，统计数据显示，2000—2007年农村最低生活保障的人数由300万人提高到5 400万人，7年之间农村最低生活保障人数增加了约5 100万人，年平均最低生活保障人数增加23％（李玉民，2019）。除了覆盖范围拓宽、覆盖人数增加，农村社会救助在救助水平提高上也实现了新的突破。数据表明，2007年农村低保制度中央到地方的各层级政府财政支出约为 109 亿元，2016 年农村低保制度财政支出总额约为 1 015 亿元，9 年之间农村低保方面的财政支出总额增加了约 900 多亿元，相应的，此年份对应的农村最低生活保障补助的水准由每人 38.8 元提高到了 2016 年的每人 312 元，每人最低生活保障补助水准增加了 273.2 元（张浩淼，2019）。

改革开放以后，在国家财政的强力支撑下，中国社会救助制度各个项目的救助标准不断提高。以最低生活保障为例，城市最低生活保障标准由 2004 年的每人每月 152 元提高到 2017 年的 540 元，农村最低生活保障标准则由 2007 年的每人每月 70 元增加至 2017 年的 358 元，二者在 10 年左右的时间里分别增长了 255% 和 411%（谢勇才，2019）。1978 年改革开放之后，伴随着国民经济持续快速发展，国家的财政实力日益雄厚，加之各级政府对于民生问题日渐重视，社会救助等民生领域的财政投入逐年增加。以最低生活保障为例，1999—2017 年，中国政府在最低生活保障方面的财政支出由 20 亿元迅猛增长至 1 692 亿元（张浩淼和仲超，2020），在短短的 18 年间急剧增加了约 84 倍，有效地保障了数以千万计城乡贫困人口的基本生活。

其次，农村社会救助的医疗救助的水平取得新的进展。改革开放以来，我国农村医疗救助制度逐步完善，尤其是 2000 年以后改进的速度更为显著。从社会整体医疗救助的财政支出总额来看，2006 年全社会医疗救助支出总额约为 21 亿元，而到 2016 年医疗救助的总额大幅增加，2016 年医疗救助的资金支出总额约为 114 亿元（张宝山，2020），10 年之间全社会医疗救助的总额增加了约 90 多亿元。

第三，农村专项救助制度相关配套措施和法律保障制度逐步建立健全。农村专项救助制度主要以特困人员救助为代表，随着国家对特困群体重视程度的提高，该类群体救助的制度也不断完善，国家为了落实特困人员社会救助制度，相继出台了一系列政策法规。其中，最重要的有两项法规，2014 年《社会救助暂行办法》（简称《办法》）出台，该《办法》由国务院颁发，该法律法规的主要内容是将农村和城市的“三无”群体的社会救助统一为特困群体供养制度。此后，国务院又出台了《关于进一步健全特困人员救助供养制度的意见》（简称《意见》）。该《意见》的主要目的是为了解决特困群体社会救助配套政策衔接度不高、社会救助资金来源不足、社会救助管理运行不合理等问题。

四、中国农村社会救助制度经验

经过改革开放40余年的发展，我国农村社会救助制度不断建立健全，形成了以低保为重心，以“五保”、医疗救助和住房救助为内容的社会救助体系，40多年农村社会救助制度的发展实现了社会救助对象范围的拓宽，更是让农村社会救助的保障程度逐步提高，农村社会救助取得了显著的成就，也积累了丰富的经验。

首先，强化农村社会救助的政治、组织和制度保障。由于农村社会救助工作是一项市场难以发挥有效角色的机制，因此，该制度的运行主要依靠政府的作用。改革开放40多年来，农村社会救助工作所取得的出色成效，如果从贡献的角度来看，国家及各级政府的领导发挥着最大的作用，政府在组织架构、政治形态、制度配套措施保障等方面做的贡献最大。具体而言，政府将农村社会救助工作纳入政治任务的范畴，通过全国社会救助部际联席会议制度实行对全国社会救助工作的组织领导，在制度建设方面，逐步完善农村社会救助相关的八大配套制度。

其次，突出农村社会救助的托底保障作用。农村社会救助的托底保障角色是区别于其他社会保障功能的一大亮点。农村社会救助的托底保障功能在20世纪80年代初期表现为首先着力缓解农村贫困境况，2000年之后，针对更大范围贫困群体的基本生活问题，国家构建了农村最低生活保障制度。农村社会救助托底保障功能使得其在脱贫攻坚战中发挥了突出作用。明确了社会救助兜底脱贫的具体措施，优化了建档立卡贫困人口的帮扶举措，确立了低保渐退制度，为在脱贫攻坚中全面做好无法依靠产业就业帮扶脱贫的失能、半失能贫困人口社会救助兜底保障工作奠定了制度基础。

最后，结合国情扎实推进农村社会救助工作。改革开放40余年来，我国农村社会救助工作取得了一定的成效，这一成效的取得和国家及各级政府在推进农村社会救助工作时的工作范式不可分离。回顾这一发展历程，我们可以发现，农村社会救助从最早的农村社会救济演变而来，农村最低生活保障制度由城市实施该制度后推广而来，而这些都是我国农村社会救助的突出表现，这些举措的实施反映了我国结合城乡二元结构的国情，同时也是和我国各个发展阶段相匹配的。

五、完善小康时代“困有所帮”的建议

农村社会救助经过40多年的发展取得了显著的成效，在已有成效的基础上农村社会救助如何再往前迈一步是重要的话题。我国进入了社会经济发展的新时代，下一步农村社会救助发展也将呈现新的发展趋势，未来我国农村社会救助将在救助制度的健全完善方面更高效地落实，未来的展望主要围绕救助标准、救助对象、救助措施和救助管理运行机制等方面。

首先，应该探索科学合理的救助标准确定和动态增长机制，实现兜底水平稳步提高，使救助标准保持适度的水平。可以考虑救助标准和社会人均收入（或中位收入）挂钩的动态变动机制，建立相对贫困的概念，逐步摒弃过去使用的生活必需品概念，向基本生活水平过渡，使救助标准能够与经济社会的发展水平相适应，帮助解决社会资源分配不均等问题，以实现基本生活的兜底。

其次，要充分考虑贫困的多维性，确定救助对象时除考虑收入和财产这两大主要指标外，还应适当考虑救助申请家庭的劳动能力、健康状况、照护需求和住房、教育需求等因素，重视类别定位和需求定位，让更多的生活型贫困群体和各类弱势群体能够获得社会救助的帮扶，适度提高社会救助的覆盖面，以实现对困难群体的兜底。

再次，要强化综合型、精准性救助措施的提供，实现社会救助制度内部与救助和其他社保子系统的协调衔接，并增加相关救助服务措施，

如基本生活服务、文化娱乐服务、心理疏导服务、精神慰藉服务、就业指导服务、保健照护服务等，同时满足受助者的物质需求和精神需求，帮助贫困群体提高生活质量，树立脱贫的信心和维持心理健康，以实现制度措施的兜底。

最后，还要完善社会救助的管理和运行机制，借助信息化的发展和大数据技术大幅度提升救助管理效率，促进管理实施机制的转型升级，尤其要注重加强社会救助的基层网络平台建设，改善基层的工作设备和技术手段，保证民生化范式的社会救助政策在基层得到贯彻落实。

本章参考文献：

本刊编辑部，2020. 中共中央办公厅　国务院办公厅印发《关于改革完善社会救助制度的意见》[J]. 当代农村财经（10）：39-43.

车放，2014. 中国特色社会救助体系建设研究 [D]. 长春：东北师范大学.

陈群林.2005. 国外社会福利制度精选 [M]. 北京：中国社会出版社.

范佳富，2020. 困难群众生活“芝麻开花节节高”——喜看社会救助五年新成效 [J]. 中国民政（22）：24-27.

高伟，2020. 社会救助法重构我国社会救助制度体系 [J]. 宁波经济・财经视点（11）.

宫蒲光，2019. 关于社会救助立法中的若干问题 [J]. 社会保障评论，3（3）：104-119.

贾丽萍，2021. 多层次养老保障体系的国际架构与中国治理实践 [J]. 社会科学战线（4）：229-239.

金玉，2019. 宪法视阈下我国农村社会救助制度之检视与构造 [J]. 学术界（8）：141-147.

李鹏，2020. 兜底视域下社会救助瞄准机制审视：问题辨析与改革取向 [J]. 理论导刊（3）：100-107.

李燕林，2021. 社会救助权的规范构造 [J]. 河北法学（4）：2-15.

李玉民，2019. 强化绩效评价　提升社会救助服务能力 [N]. 中国社会报，09-10（002）.

刘硕明，2021. 支出型贫困家庭社会救助制度研究——基于广州市的贫困调查 [J]. 农村金融研究（1）：14－23.
刘晓兵，2021. 获得社会救助：被害人的福利还是权利？［J］. 首都师范大学学报（社会科学版）（2）：58－69.
马芳琴，2020. 贫困老龄人口社会救助法律研究［J］. 法制与社会（23）：118－120.
蒲晓磊，2020. 社会救助法呼之欲出［J］. 法治与社会（10）：41－42.
《人民日报》评论员，2020. 发展社会救助 兜底保障民生［J］. 中国民政（16）：22.
任振兴，2003. 社会救助的概念及原则［J］. 社会福利（3）：17－20.
索阳，2020. 日本社会救助七十年的改革路径分析［D］. 沈阳：沈阳师范大学.
王景迁，方卫，2019. 失独家庭社会救助现状与对策研究［J］. 北京大学学报（哲学社会科学版），56（5）：77－86.
夏慧良，吴欣桐，2019. 农村精准扶贫与社会救助有效衔接问题及其原因探析［J］. 劳动保障世界（23）：33－34.
谢勇才，2019. 中国社会救助 70 年：从数量扩张走向质量提升［J］. 社会保障研究（6）：44－54.
徐丽敏，2021. 服务型救助："服务"嵌入社会救助立法分析［J］. 社会工作与管理，21（1）：89－96.
徐锐，2020. 农村残疾人社会救助存在的问题与对策［D］. 南京：南京师范大学.
杨立雄，2021. 谁应兜底：相对贫困视角下的央地社会救助责任分工研究［J］. 社会科学辑刊（2）：60－72，2.
杨思斌，2019. 社会救助立法：国际比较视野与本土构建思路［J］. 社会保障评论，3（3）：120－131.
姚建平，2021. 我国社会救助标准体系建设研究——以最低生活保障制度为中心的分析［J］. 社会科学辑刊（2）：81－87.
于向辉，李素枝，2019. 完善河北省社会救助体系的路径探析［J］. 新西部（36）：50－51.
余一波，2019. 推进社会救助治理体系和治理能力现代化的路径［J］. 区域治理（48）：90－92.
张宝山，2020. 社会救助：为全面建成小康社会做好兜底保障［J］. 中国人大（1）：41－42.
张宝山，2020. 推进社会救助，助力精准脱贫攻坚［J］. 中国人大（1）：39－40.
张浩淼，2019. 中国社会救助 70 年（1949—2019）：政策范式变迁与新趋势［J］. 社会保障评论，3（3）：65－77.
张浩森，仲超，2020. 新时代社会救助理念目标、制度体系与运行机制［J］. 西北大学学报（哲学社会科学版），50（4）：99－107.
张琳，2019. 我国社会救助的分类及立法完善［J］. 经济研究导刊（35）：190－192.
郑功成，2005. 社会保障概论［M］. 上海：复旦大学出版社.
钟仁耀，2013. 社会救助与社会福利［M］. 上海：上海财经大学出版社.

第十三章　文有所化

乡村文化建设是我国乡村振兴的重要内容之一，是全面贯彻中国共产党关于美丽乡村建设的具体目标之一，是推动中国社会主义新农村精神文明建设的重要路径。乡村文化集中反映乡规乡俗、民风民俗、伦理价值，是中国传统文化的根脉和发源地。改革开放以来，我国农村经济发展迅速，农民物质生活水平日新月异，农村文化生活也发生了深刻的历史变迁。

一、“文有所化”的成就

改革开放以来，在党的正确领导下，我国农村社会急剧变迁，村民的思想观念、精神面貌和文化诉求较以往都发生了翻天覆地的变化。这段时期农村文化建设的成就可以概括为公共文化设施逐渐完善、村民文化活动日益丰富、乡村教育发展迅速和文化队伍愈发强力等四个方面：

（一）公共文化设施逐渐完善

农村公共文化设施是农民开展文化活动、政府对农民进行文化宣传和文化教育的主要场所。改革开放以来，我国农村公共文化设施建设由单一的乡镇文化站建设向综合性文化服务中心、农家书屋、流动图书车、文化车、舞台车等多方面建设发展。

乡镇文化站是采用文艺的形式进行政治宣传教育的乡镇一级文化事业机构。早在 1949 年，政府就着手在全国范围内开展文化馆和文化站的建设。1954 年在宪法层面上规定乡镇文化站的性质是文化事业机构。1978 年改革开放后，乡镇文化站重新焕发生机。1981 年中央在《关于关心人民群众文化生活的指示》中确定“乡乡有文化站”的建设目标，截至1982年，全国农村文化站由3 264个发展到32 780个（郑满生，2017）。1996年中央《关于加强社会主义精神文明建设若干重要问题的决议》指出，“要全面推进县、乡综合性文化馆文化站建设”。1998年文化部在《关于进一步加强农村文化建设的意见》中指出，“要逐步搞好两馆一站一室建设”。2005年中央在1号文件中提到，“要加大农村重大文化建设项目实施力度，完善农村公共文化服务体系，鼓励社会力量参与农村文化建设”。2006—2010年“十一五”期间，文化部和国家发展改革委联合制定并实施了《全国“十一五”乡镇综合文化站建设规划》，共投入39.48亿元补助全国2.67万个乡镇综合文化站建设项目，在全国范围内实现“乡乡有文化站”的建设目标（文化和旅游部，2013）。2015年《关于推进基层综合性文化服务中心建设的指导意见》中提出，“要建设基层综合性文化服务中心”。根据文化和旅游部数据，截至2019年共有494 747个行政村（社区）建成综合性文化服务中心（文化和旅游部，2020a）。近年来，国家实施“贫困地区百县万村综合文化服务中心示范工程”和“贫困地区民族自治县、边境县村综合文化服务中心覆盖工程”，支持建设3.2万个村文化活动室。2016年中央实施贫困地区村文化活动室设备购置项目，分5年为贫困地区的839个县已建成的村文化活动室购置设备，以保障其文化活动的正常开展，并设立贫困地区村文化活动室设备购置专项资金，截至2019年，政府累计拨款17.9亿元，惠及近9万个村文化活动室（文化和旅游部，2020b）。近年来，先进的发展理念和科技的进步也为乡镇文化站的发展插上了腾飞的翅膀，全国多地以共享理念和信息化手段创造性地开展智慧文化礼堂建设，对乡镇文化站、县城公共文化场所和文化礼堂等三大场所加装设备，打破空间壁垒，实现多个场所资源、活动、场地的共享，使乡镇文化站更好地服务群众，常态化开展各类活动，共享文化成果。

农家书屋是在乡村提供报刊图书和音像制品的公益性文化场所。2005年国家在甘肃试点建立15个农家书屋，受到人民群众的广泛欢迎。2007 年农家书屋工程在全国范围内推行，至 2012 年各地政府累计拨款 59 亿元建立标准书屋 60 多万个，基本实现了农家书屋村村有、文化服务人人享。为满足农民日益增长的精神文明需求，从 2014 年开始，国家新闻出版署开始每年都会印发《农家书屋重点出版物推荐目录》，目录规定每个农家书屋每年需补充不少于 60 种推荐图书。截至 2019 年，国家新闻出版署向全国各地农家书屋共推荐图书 22 086 种、音像制品 3 090 种、报刊 224 种，带动全国各地配套近 5 万种的推荐出版物（国家新闻出版署，2019）。除实体书屋外，国家 2010 年出台《公共电子阅览室建设试点工作方案》，推动数字化农家书屋相关建设。截至 2019 年，全国各地已建设数字化农家书屋约 12.5 万个（农业农村部，2020a）。2018 年，中共中央、国务院印发《乡村振兴战略规划（2018—2022 年）》，规划指出要推进农家书屋延伸服务和提质增效。2020 年 5 月至 10 月中共中央宣传部办公厅联合农业农村部办公厅开展“2020 新时代乡村阅读季”活动，以农家书屋为平台，推动新兴阅读与传统阅读交融结合、线上活动与线下推广相互促进，提升书屋服务效能、引领乡村阅读风尚，得到全国各地农民群众的热烈欢迎和踊跃参与。截至 2020 年 8 月，“我爱阅读 100 天”读书打卡活动累计访问量已经突破 1 000 万；“小康年，读书乐”视频分享活动累计征集阅读短视频作品 2 000 余条，累计播放量 3 000 多万次；开展 8 期直播活动，在线观看人数超过 1 000 万人次，在各地乡村掀起了线上线下的阅读热潮（农业农村部，2020b）。

流动图书车是具备图书借阅和小型文艺演出等功能的文化服务车辆。2013 年，文化和旅游部实施“流动图书车工程”，为贫困地区的县级图书馆配送一辆流动图书车，实现了贫困地区流动图书车全覆盖。流动舞台车是一种方便、有效的流动演出特种汽车，用于加强基层人民文化建设。2005—2012 年，中央财政实施了流动舞台车工程，为基层国有文艺院团采购配送流动舞台车，有效解决了基层院团送戏下乡演出设备器材运输难、临时搭台难和转点难的三大难题，满足了基层群众看戏的文化需求，提高了艺术院团的创收能力，实现了社会效益、经济效益双丰收。2017 年文化和旅游部继续实施流动舞台车工程，设立 1.8 亿元流动舞台车专项配置更新资金，为中西部地区 650 个基层国有院团配送流动舞台车。截至 2019 年利用流动舞台车演出 11.26 万场次，惠及观众 0.89 亿人次（文化和旅游部，2020a）。

（二）村民文化活动日益丰富

随着社会经济的发展，农民的物质生活条件日益改善，农民对精神文化生活的需求也日益增加。我国农村文化活动也由早期的政府主导、活动形式单一、农民被动接受的特点，逐步向农民主动融入乡村文化活动、政府充分尊重并发挥农民的主观能动性和创造性、活动形式丰富的方向发展。1993 年，国家实施“手拉手工程”、“为农村儿童送戏工程”和“电视扶贫工程”，取得一定成效。1996 年国家开展“文化科技卫生三下乡”活动，其中文化下乡包括图书、报刊、戏曲、电影、电视下乡等。随后每年国家都会出台相关政策扶持“三下乡”活动，文化下乡内容丰富且娱乐性强，受到人民群众的喜爱。为了普及健康的生活方式，2006 年国家实施“农民体育健身工程”。在 2011 年中央《关于深化文化体制改革推动社会主义文化大发展大繁荣若干重大问题的决议》中指出，要深入开展全民阅读、全民健身、“三下乡”等活动，支持演艺团体深入农村演出。从 2016 年开始，中央实施“送戏下乡”项目，通过政府购买服务的方式每年为贫困地区近 1.3 万个乡镇共配送约 8 万场戏曲演出。2018 年，全国艺术表演团体赴农村演出 178 多万场，农村观众达 7 亿多人次；开展“戏曲进乡村”活动，为国家级贫困地区 12 984 个乡镇配送 77 094 场地方戏为主的文艺演出；举办面向城乡基层的全国广场舞展演活动，参演群众 209.4 万人，吸引超过 4 206 万人次观看（文化和旅游部，2020b）。

2019 年，中共中央、国务院《关于建立健全城乡融合发展体制机制和政策体系的意见》指出，要推行公共文化服务参与式管理模式，建立城乡居民评价与反馈机制，引导居民参与公共文化服务项目规划、建设、管理和监督，推动服务项目与居民需求有效对接。近年来，农民主动融入乡村文化活动，政府充分尊重并发挥农民的主观创造性，建立群众文化需求反馈机制，采取“订单”服务方式，为乡村群众提供有针对性的文化服务。河南省新郑市政府每年通过戏曲进乡村的形式进行文艺演出，并通过“戏曲进乡村调查问卷”的方式，让群众对演出打分，并向群众征求有关节目、送戏下乡时间和场次的意见。2013 年，河北省沧州市沧县黄递铺乡赵码头村举办新农村公益村晚，该村晚是由大学生和农民自发融合，自编自导自演的新农村春节联欢会，参与人群年龄跨度大、参与范围广、节目内容接地气、节目样式灵活多样，备受中央及地方政府、媒体一致关注、认可和支持，此后更是成为连续、系统、正规、义务、大规模为农民百姓打造田间地头的农村春节联欢会。此外，例如甘肃的农村大舞台、内蒙古的“数字文化进蒙古包”、安徽的农民文化乐园等都是新时期“订单文艺”的新模式。我国传统节日文化源远流长，中央文明办实施“传统节日振兴工程”，引导各地开展内容丰富、形式多样的活动。农业农村部也积极筹办中国农民丰收节，组织开展全国农民诗歌、楹联作品征集展示、“讲述村庄故事”和“发现农村阅读榜样”等多类农村文化活动，展现新时代农民的精神风貌。全国各地根据自身资源禀赋，广泛开展农民乐于参与、便于参与的地方特色文化活动，使农民获得精神滋养、增强精神力量。

（三）乡村教育发展迅速

国家振兴、民族强盛的根基在于发展教育。改革开放以来，我国的乡村教育主要包括思想政治教育、科学文化教育、义务教育和职业教育等方面。乡村思想政治教育是增强农民对主流价值和社会制度认同的有力抓手，摆在乡村教育的首要位置。1982 年，中共中央“全国农村思想政治工作会议”全面部署乡村思想政治建设。1983 年，中共中央在《关于加强农村思想政治工作通知》中指出，“要将思想政治教育融入做实事、办好事的实践之中”。1990—1992 年，全国乡村开展社会主义思想教育活动并取得丰硕成果。随着市场经济的发展，不少农民出现集体主义和理想信念淡化、拜金主义严重等问题，2008 年，十七届三中全会明确“必须用丰富多彩、健康向上的精神文化占领乡村文化阵地，给农民提供健康的精神食粮”，全国各地借助文明家庭、文明村镇等活动向广大农民宣传党的方针和政策，提高农民政治觉悟。2015 年、2016 年、2018 年中央 1 号文件均涉及“深入开展中国特色社会主义和中国梦宣传教育”，这对提高农民国家意识起到重要作用。此外，中央通过精准扶贫、美丽乡村建设和乡村振兴来助力乡村文化建设，农民在物质生活水平提高的同时坚定对社会主流价值的思想认同。

乡村科学文化教育、义务教育和职业教育不仅有利于农村经济、科技发展，而且有利于提高广大农民的综合素质。1982 年中央 1 号文件就提出农业科学研究工作要紧密结合农、林、牧、渔等业生产近期和长远的需要。1983 年，中共中央《关于加强和改革农村教育若干问题的通知》要求在实施九年制义务教育的同时，把发展多种形式的职业技术教育和成人教育作为解决经济建设和社会发展的突破口。1985 年后国家相继实施“星火计划”、“丰收计划”和“燎原计划”，其目标是培养农技人才、通过科学技术促进农业发展。截至 1990 年，国家共创办农民中专学校 340 所、农民技术培训中心 1 265 所、乡镇农民文化技术学校 36 960 所、村农民文化技术学校 126 604 所，基本构建县、乡、村三级文化技术教育体系（徐学庆，2007）。2002 年，国务院办公厅印发《关于完善农村义务教育管理体制的通知》，进一步加强农村义务教育，提高农村人口素质。2006 年国家率先在西部农村实施“两免一补”政策，2007 年向全国范围铺开，惠及全国 40 万所农村中小学校近 1.5 亿名学生。乡村教育事业的发展提高了农民的综合素质，1985 年乡村劳动力中文盲比例为 27.9%，但在 2010 年，该比例已下降至 5.5%。2007—2014 年，中央六次提高农村义务教育中小学的生均公用经费基本标准，有效减免农村家庭义务教育负担（张世定，2019）。2013 年，开展国家级农村职业教育和成人教育示范县创建工作，自 2016 年到 2019 年已累计公布 5 批共 261 个合格单位，以树典型的方式推动县域农村职业教育和成人教育的健康发展，增强服务“三农”的能力和水平。

“十三五”以来，农业农村部联合财政部持续推进高素质农民培育工作，中央财政累计安排113.9亿元支持高素质农民培育工作，培育高素质农民1 600万人（农业农村部，2020c）。高素质农民培育项目经费进一步向贫困地区倾斜，大规模开展产业精准扶贫培训，以扶贫带头人和贫困农民为重点，广泛普及实用技术技能，有效提高了贫困地区农民的科技素质、种养水平和就业能力。此外，农业农村部会同中央组织部大力开展农村实用人才带头人和大学生村官示范培训，探索形成了“村庄是教室、村官是教师、现场是教材”的特色培训模式，培训对象覆盖全部国定贫困县，并向深度贫困地区倾斜，重点遴选农村基层组织负责人、新型农业经营主体带头人、乡村能工巧匠、返乡入乡“双创”人员等作为培训对象，提升各类农村实用人才的脱贫致富带动能力。

（四）文化队伍愈发强力

乡村文化的振兴离不开乡村文化队伍的建设，改革开放以来乡村文化队伍主要包括基层文化队伍、文化志愿者队伍和乡村非遗传承人队伍等方面。

基层文化队伍主要是扎根基层的文化工作者。2010年，文化部《关于开展全国基层文化队伍培训工作的意见》指出要在5年内完成对现有24.27万县乡专职文化队伍和366.85万左右的业余文化队伍的系统培训，并建立基层文化队伍培训长效机制和基层文化队伍培训网络（中国政府网，2010）。2013年，中共中央开展边远贫困地区、边疆民族地区和革命老区人才支持专项计划，每年选派1.9万名优秀文化工作者到“三区”提供服务，每年为“三区”培养1 500名文化工作者。截至2020年，中央累计拨款24.7亿元，向西部“三区”选派文化工作者13.3万余名，并培养文化工作者1.2万余名，对加强西部贫困地区基层文化建设、提升公共文化服务水平等方面起到了重要作用（文化和旅游部，2020b）。2019年，中共中央、国务院《关于建立健全城乡融合发展体制机制和政策体系的意见》指出，支持乡村民间文化团体开展符合乡村特点的文化活动，推动公共文化服务社会化发展，鼓励社会力量参与，建立文化结对帮扶机制，推动文化工作者和志愿者等投身乡村文化建设。

文化志愿者队伍主要是不以物质报酬为目的，利用个人时间、文艺技能等自愿为社会和他人提供公益性文化艺术服务和帮助的团体。2011年以来，文化部等部门组织开展全国文化志愿者边疆行活动，沟通搭建了内地省市与三区人民双向交流的平台，以“大舞台”“大讲堂”“大展台”为载体，实施一系列文化志愿服务项目，组织各地区的艺术家、公共文化和非物质文化遗产领域专家学者、群众文艺工作者等赴老少边穷地区开展文艺演出、专题讲座等文化服务。地方政府也积极鼓励发展文化志愿者队伍，河南省新郑市为建立健全“市级培训乡镇戏曲骨干、戏曲骨干回乡镇培训村级戏曲志愿者、志愿者回村培训身边戏曲爱好者”的梯级培训机制，广泛开展戏曲艺术普及活动。

乡村非物质文化遗产是乡村文化的重要组成部分，中央高度重视包括民间文学、杂技与竞技、民间美术、传统手工技艺、传统医药等与乡村有关的非物质文化遗产保护和传承工作。2007 年，文化部评定第一批国家级非物质文化遗产项目代表性传承人，带动了乡村非物质文化遗产保护的浪潮。根据文化和旅游部数据，截至 2019 年，文化和旅游部认定 5 批共 3 068 名国家级非遗代表性传承人，16 432 名省级非遗代表性传承人，其中大部分都来自乡村基层。2015 年，文化部等部门启动“中国非物质文化遗产传承人群研修研习培训计划”，组织非遗传承人进入高校学习交流。截至 2018 年，全国共 118 所高校参加，累计举办 628 期研究培训班，直接惠及 2.7 万学员（文化和旅游部，2020c）。2019年，中共中央、国务院《关于建立健全城乡融合发展体制机制和政策体系的意见》划定乡村建设的历史文化保护线，保护好农业遗迹、文物古迹、民族村寨、传统村落、传统建筑和灌溉工程遗产，推动非物质文化遗产活态传承。

二、“文有所化”的经验

改革开放以来，在中国共产党的领导下，我国农村文化的建设和发展取得显著成就，并呈现蓬勃向上的态势，为实现中华民族伟大复兴的中国梦奠定了重要的基础。这段时期的文化建设实质是经济建设和社会建设带动文化建设，文化建设反哺经济建设和社会建设。我国农村文化建设之所以能取得历史性的成就，离不开中国共产党的领导，在关键时期的顶层设计，以及地方政府因地制宜和社会力量的大力支持。

（一）中国共产党的坚强领导是有力保障

党和国家指导思想在我国社会主义意识形态中占据主导地位，必须持续加强理论武装工作。做好做强马克思主义宣传教育工作，推动习近平新时代中国特色社会主义思想深入人心，更好地把科学理论转化为认识世界、改造世界的强大力量，更好地统一全党全国各族人民思想和行动。成功的改革从来不会在制度真空中发生，需要“机制设计者”根据某种合意的社会目标发起和推动，根据现存制度进行规则的再设计和调整来确定最优实施方案，这要求改革者具有很好的决断力、执行力和掌控力。历史和实践经验表明，中国共产党是一个富有远大理想、政治魄力、责任担当、务实进取、开放兼容的组织，在决定改革成败的关头屡屡体现“自我革命”的勇气，敢于开展“摸着石头过河”的改革试验，在涉及改革方案时充分吸取社会各界的意见，使得改革关注民生，促进社会和谐。

改革开放以来，中国农村文化建设的每一次历史性变迁都离不开党的有力领导，从关注人民物质文化需要到关注人民美好生活需要，充分体现了中国共产党对民生民情与时俱进的把握。

（二）完善可靠的顶层设计是重要推力

作为“顶层设计”的具体策略层面，中国特色社会主义农村文化建设必须构建文化共建共享机制。文化是人的创造，形成后应为人服务，所以农村文化建设必须坚持人民主体地位，以人为本，将人民群众的文化需求放在第一位。坚持建构和发展文化生产力，不断提升文化生产力在整个社会生产力中的比重，并不断坚持文化上的公平公正，保证农村发展过程中能够共享文化成果的权利。

制度变迁往往存在路径依赖的倾向，改革既有可能良性发展也可能恶性循环，影响改革进程的因素有很多，但只有“元变量”才具有决定性的作用。改革开放以来，有党的十一届三中全会、加入世贸组织、党的十八届三中全会、乡村振兴战略等具有“元变量”特征的重要事件，这些“元变量”有利于把握好乡村文化改革的航向，创新农民观念和启蒙农民思想，是乡村文化建设的重要推力和指导方针。

（三）循序渐进的改革是有效途径

文化制度变迁是一个复杂的适应性进化的过程，具有长期自身演化的特征，不顾政治、经济、社会等因素直接进行大刀阔斧的改革很有可能伤及制度的根本，导致整个社会的崩溃。我国的乡村文化改革始终辨清给定的制度约束条件，采取渐进式、增量式和双轨制的路径，注重新旧制度的衔接，有效地将人为制度设计和制度自然演化融合，由易到难渐次推进，用改革红利消化前期改革成本，以先期改革成果积蓄后期改革力量，是一种“诱导性质的制度变迁”。

中国农村文化活动，在早期是以送戏、送电影下乡，由政府主导、形式单一，农民是被动接受主体。后来制度慢慢演化成政府充分尊重并发挥农民的主观能动性和创造性，农民主动融入乡村文化活动，自发组织乡村春晚、农村大舞台等文化活动，形式愈发多元。

（四）因地制宜差异施策是有力支撑

中国地区差异性极大，乡村文化建设之所以能自上而下全面推行，得益于中央将大量行政权力和经济资源下放给地方政府，充分调动了地方积极性，地方根据自身资源禀赋也形成许多极具地方特色的文化建设路径。以地方数字化农家书屋建设为例，浙江省依托咪咕阅读、天翼阅读基地优势，利用移动互联网建设掌上农家书屋，试点推行乡村阅读港数字化建设；四川省依托“乡阅 24 小时”智能书店，加载数字资源内容；贵州省依托有线广播电视网络，将100余万册电子图书推送到全省300余万户农民群众家中，实现了电视、手机、PC端的多屏互动和看听读共享服务等（中国农家书屋，2019）。调节好政府和农民的关系是当前乡村文化建设的重要工作，政府主导和农民主体双向联动，各司其职，共同促进乡村文化繁荣。

（五）团结社会力量不可或缺

社会力量包括内部社会力量和外部社会力量。内部社会力量指的是乡村文化建设的主体和主要受益方即农民。强扭的瓜不甜，良好的文化制度建设既离不开中国共产党的英明领导，也离不开地方农民的大力拥护配合。外部社会力量指的是能提供公共文化服务的乡村外部个人或企业力量。引入外部社会力量参与农村公共文化服务体系建设，不仅有助于多元化公共文化供给主体，而且能有效提升服务效能，毕竟此类社会力量相较政府而言，在某些方面更具专业性和技术性。据文化和旅游部官网数据，2015—2018年，全国用于面向社会力量购买公共文化服务的资金超过65亿元，政府共购买80 955个公共文化服务岗位，全国已有9 200多个村（社区）文化中心、700多个乡镇（街道）文化站引入社会力量管理运营（文化和旅游部，2020b）。

三、小康时代“文有所化”的展望

党的十九大报告指出中国特色社会主义进入新时代，我国社会主要矛盾已经转化为人民日益增长的美好生活需要和不平衡不充分的发展之间的矛盾。人民的美好生活需要涵盖人民对精神生活丰富多彩的需要，而精神生活的丰富多彩就需要文化建设的有力支撑。党的十九届四中全会明确了实施乡村振兴战略，而乡村振兴离不开文化振兴。文化振兴是乡村振兴的内生推动力，更是乡村振兴的重要指标。文化的建设和发展，是一项系统工程，一项长期工程。

改革开放40余年，中国共产党领导农村进行的农村文化建设取得较为显著的成就，为实现中华民族伟大复兴的中国梦奠定了重要的基础。回顾过去，展望未来，农村文化建设将发生以下变化：

（一）村民的主体性更加突出

建设乡村文化，村民既是消费者又是参与者，更是创造者。政府送电影、送图书、建公共设施的方式固然不可或缺，但综合国外乡村建设发展经验，结合目前国内乡村文化建设的发展趋势，政府势必会慢慢让出乡村文化建设主导的位置，在确保大方向正确的情况下转向幕后提供辅助支持，地方村民和非政府组织会慢慢走向农村文化建设舞台的中央，扛起农村文化建设的大旗，充分发挥自身的主观能动性和创造性，成为农村文化建设的内生动力。未来会更加尊重农民的创造者、见证者身份，赋予农民主体权利和主体责任，强化村民的自主意识和自治功能，充分激发农民的内生动力，发挥他们的积极性和创造性，让农民主动参与到文化建设中，广泛引导全社会资源和各方力量参与乡村建设。充分发挥农民的首创精神，让农民在农村文化建设过程中有发言权和决定权。农民是乡村文化建设的主角，乡村文化建设要采用农民喜欢的内容和形式，“繁荣乡土文化，树立文明乡风”，让乡村文化保持独特的地域性和时代性，而非成为城市文化的附庸。

未来乡村文化建设核心在于乡村社区文化的核心观念的重塑，其根本是构建新型的乡村文化的核心思想，因为受到了工业化、现代化和城市化洗礼与冲击的原有乡村社区文化观念重新融入乡村发展图景，让更多的人充分融入乡村文化生活和乡村建设过程中。乡村文化生活发展有效的关键，在于确立村民的主体地位，重拾村民的乡村文化认同，提升村民的参与能力。只有让村民由衷地对文化生活观念认同，才能更好地让村民真正自发和自主地融入乡村文化活动中，才能从容面对和理性解决在乡村文化发展过程中出现的各种现实问题。

（二）文化建设成果愈发多元化

中国文化本来就具备多元化的传统，各个地区都有各自的文化特色，各个民族之间的文化也有很大差异。受改革开放带来的思想解放，文化建设与各领域、各行业的联系密切，为满足群众文化需求，需要整合各种资源，凝聚各方面力量共同推进。

随着农村文化建设的不断迈进，村民的主体性更加突出，无论是对地方特色传统文化的再认同和再开发，还是对外来新兴文化的吸收与接纳，都会导致一个结果，那就是农村文化建设的成果会愈发多元。中国乡村文化源远流长，一方面为其再认同、再开发提供可能，另一方面体现其旺盛的生命力，完全有能力吸收优秀外来新兴文化。近年兴起的文旅联合就体现了这个趋势。

（三）信息化将成为未来农村文化发展的重要途径

随着农业农村部“信息进村入户工程”等重要信息化“下乡”活动的推进，政务服务网、农信通等信息工程在传递政务信息、提供便民服务的同时，在农民培训、文化传播等方面也起着举足轻重的作用。在未来农村文化发展过程中，以移动互联网为代表的新一代信息技术将起到重要作用，可极大丰富农村地区的文化生活，真正成为造福百姓的民生工程。为满足农村群众对信息和文化的需求，通过制作相应的宣传材料，充分发挥其在宣传党的政策和国家的法律法规以及传播生产信息、生活知识等方面的功能。

四、完善小康时代“文有所化”的建议

文化是一个民族的精神脊梁，是一个国家经济发展的力量本源。文化以其对社会的巨大作用力，贯穿、渗透在社会实践中每一个具体而细微的环节，在潜移默化中释放着无穷而巨大的能量。农村文化的发展不仅能打破农村经济发展滞后的窘境，而且能吸引更多青年农民返乡，激励他们传承和发展乡村文化，参与到乡村振兴的历史潮流中来，继续为家乡建设贡献力量，使乡村优秀文化建设能够后继有人。

改革开放以来，在中国共产党的领导下，我国农村文化建设取得伟大成就，主要包括公共文化设施逐渐完善、村民文化活动日益丰富、乡村教育发展迅速和文化队伍愈发强力等方面。伟大成就的达成离不开党的领导、关键时期的顶层设计、渐进式的改革方式、地方政府因地制宜

和社会力量的大力支持等因素的作用。不过，相较我国经济社会其他事业，农村文化事业发展仍然显现不少差距，存在许多困难，想要更好地满足村民日益增长的美好生活需要，还需要从多个方面共同努力：

（一）引导农村文化建设沿着正确方向发展

近年来，在工业化、现代化、城市化的洗礼冲击下，农村在实现经济迅速发展的同时，农民不可避免地受到庸俗、低俗、媚俗文化的冲击，功利主义、享乐主义、金钱至上大行其道。应坚定不移地发挥社会主义核心价值体系的引领作用，注重农民实际需求和接受能力，充分发挥先进性、大众性、公益性文化的正面影响力，坚决抵制低俗、落后、腐朽文化，为农村社会、农村居民生活营造积极向上的文化氛围。要通过多渠道宣传社会主义核心价值观，弘扬以爱国主义为核心的民族精神，积极传播普及科学文化知识和优秀文化艺术成果，达到提高农民综合文化素质、丰富农村文化生活、促进农村经济发展的目的。

（二）完善农村公共文化服务体系

改革开放以来，我国农村文化建设取得显著成就，但目前农村公共文化供给仍然存在内容不够多元、覆盖不够全面等问题，应充分尊重农民的创造者、见证者身份，赋予农民主体权利和主体责任，强化村民的自主意识和自治功能，充分激发农民的内生动力，发挥他们的积极性和创造性，让农民主动参与到文化建设中来，引导农村文化与现代多元文化的理性调适，满足当地农民的特色文化需求。还应引进和培育社会组织参与农村文化建设，充分挖掘农村传统文化资源，形成具有现代消费价值和娱乐价值的文化产品，丰富农村公共文化服务供给，促进农村公共文化服务体系的完善。

（三）促进农村文化事业全面繁荣

改革开放以来，我国农村文化事业取得长足发展，但当前仍存在国家与地方、地方与地方、部门与部门之间整体关联性不够、政策落实性不强等问题。各级党委、政府只有把农民对美好生活的向往作为宗旨，坚持以农民为本，把维护好、发展好农民群众的根本利益，增进农民福祉作为乡村振兴和文化建设的出发点和落脚点，真正把党中央、国务院的文化相关顶层设计和统筹部署落到实处，才能促进农村文化事业全面繁荣。各地政府通过加强农村文化及相关基础设施建设、提高农民综合文化素质、完善农村文化发展体制机制等重要方面和关键领域深耕细作，才能满足农民美好生活需要，保障农村社会和谐稳定，最终实现中华民族伟大复兴。

本章参考文献：

国家新闻出版署，2021. 2019 年农家书屋重点出版物推荐目录［EB/OL］.（2019－04－25）［2021－04－01］. http：//www. nppa. gov. cn/nppa/contents/280/23289. shtml.

农业农村部，2021. 对十三届全国人大三次会议第 3337 号建议的答复［EB/OL］.（2020－11－31）［2021－04－01］. http：//www. moa. gov. cn/govpublic/ncshsycjs/202011/t20201113 _ 6356223. htm.

农业农村部，2021. 对十三届全国人大三次会议第 7382 号建议的答复［EB/OL］.（2020－11－04）［2021－04－01］. http：//www. moa. gov. cn/govpublic/FZJHS/202011/t20201104 _ 6355748. htm.

农业农村部，2021. 2020“新时代乡村阅读季”全国主题出版物阅读示范活动在天津举办［EB/OL］.（2020－08－04）［2021－04－01］. http：//zwgk. mct. gov. cn/zfxxgkml/zhgl/jytadf/202012/t20201204 _ 907071. html.

文化和旅游部，2021. 对十三届全国人大三次会议第 1793 号建议的答复［EB/OL］.（2020－09－25）［2021－04－01］. http：//zwgk. mct. gov. cn/zfxxgkml/zhgl/jytadf/202012/t20201204 _ 907082. html.

文化和旅游部，2013. 关于全国“十一五”乡镇综合文化站建设规划实施情况的报告［EB/OL］.（2013－09－02）［2021－04－01］. https：//www. mct. gov. cn/whzx/bnsj/cws/201309/t20130902 _ 827938. htm.

文化和旅游部，2021. 关于政协十三届全国委员会第三次会议第 2120 号（文化宣传类 099 号）提案答复的函［EB/OL］.（2020－09－21）［2021－04－01］. http：//zwgk. mct. gov. cn/zfxxgkml/zhgl/jytadf/202012/t20201204 _ 907071. html.

文化和旅游部，2021. 中华人民共和国文化和旅游部 2019 年文化和旅游发展统计公报

[EB/OL]. (2020 - 06 - 20) [2021 - 04 - 01]. https://www.mct.gov.cn/whzx/ggtz/202006/t20200620_872735.htm.

徐学庆，2007. 社会主义新农村文化建设研究 [D]. 武汉：华中师范大学.

张世定，2019. 改革开放以来中国共产党乡村文化建设研究 [D]. 兰州：兰州大学.

郑满生，2017. 农村公共文化服务政策发展历程研究 [J]. 中国农学通报，33 (35)：155 - 158.

中国农家书屋，2021. 数字赋能农家书屋更好用 [EB/OL]. (2019 - 07 - 19) [2021 - 04 - 01]. http://www.zgnjsw.gov.cn/booksnetworks/contents/399/402108.html.

中国政府网，2021. 文化部决定大力推动全国基层文化队伍培训工作 [EB/OL]. (2010 - 11 - 02) [2021 - 04 - 01]. http://www.gov.cn/gzdt/2010 - 11/02/content_1735804.htm.

第十四章　险有所保

我国人多地少的国情，使得农业地位尤为重要。但自然灾害、病虫害对农业的影响严重，农业生产活动所面临的风险较大，在一定程度上限制了农业生产的投入。我国历史上几次重大自然灾害给广大农业从业者带来了重大的经济损失。

农业保险是国际上各国扶持农业发展的通行做法。国际经验表明，农业现代化需要健全的农业保险保障体系作为支撑。稳住农业基本盘、推动农业现代化的任务艰巨繁重，农业保险能够发挥更大的作用。为了更好地保障农民的利益，在新中国成立初期我国就开始引入农业保险，农业保险在很大程度上可以分散农业因自然、人为等因素造成的经济损失风险，为农民在遭受灾害后恢复正常生活与生产活动提供资金支持。我国农业保险在曲折的发展过程中，经历了几个阶段的变化，在发展过程中不断吸取经验，逐步完善，对促进现代农业发展有着重要的现实意义。

一、"险有所保"的历史演进

（一）农业保险初步萌芽

据《中国保险百科全书》记载，在 20 世纪 30 年代初，为了保障农业试验区发放农业贷款的安全，上海银行与金陵大学农学院、农业试验所在安徽和县乌江镇农业试验区，配合农业贷款推行耕牛互助合作保险。该耕牛互助合作保险的组织形式是由农民组成耕牛保险协会，以互助合作的方式自保。但在 1934 年至 1935 年只有 5 个村成立了协会，入会的家庭总数只有 61 户，入保的耕牛 63 头，保额 3 267 元（法币）。该保险在入保时需要先交一次保费，当牛的死亡率超过 2%时则要再交保费。由于农民负担保费过高，入保的牛少，耕牛保险协会没有充足的基金，缺乏赔偿能力，不久就停办了。

1938 年，广西和江西两省成立了家畜保险社或耕牛保险合作社，四川、贵州、云南等省也陆续成立了这类保险合作社，试办耕牛保险和猪仔保险。具体做法是：农户在缴纳少量的基金后即成为其社员，所保耕牛、猪仔由乡评估委员会评定保险金额、保险费率（包括免费防疫医疗在内）一般为每年 5%；合作社还以其承保保险金额的 80%向县社或县保险经理处进行再保险；如遇牲畜死亡，即按承保评定价值的 90%赔付，如当年收不抵支，则由县社（经理处）予以垫借，于下年归还。当时的中国农民银行在有些省还办了耕牛保险转抵押贷款，额度为保额的 80%。据江西省临川鹏江试验区和南城上唐耕牛社的统计，1941 年保有耕牛 5 000 多头。由于社会动乱和经济力量薄弱，到 1944 年 3 月中国农业保险股份有限公司成立时，这些合作社保险组织都已经相继解散（魏原杰，1992）。

（二）农业保险初步发展

1949 年 10 月 20 日中国人民保险公司的成立，标志着中国在保险行业开始了新的篇章。彼时新中国刚刚成立，农村经济百废待兴，中国人民保险公司成立之后，1950 年就在部分地区试推畜牧保险和棉花保险，并且逐步扩大试行地区，增多保险品种。但是因为经验不足，中国人民保险公司在农业保险方面损失严重，1953 年农业保险基本停办。后面陆续有几种保险上市，但都持续不长。

在农业保险经历了几年曲折的发展之后，1958 年全国开始了人民公社化热潮，人民公社化出现以后，生产大队、生产队和社员都没有自主经营权，在这种计划管理背景下，全国财政会议上指出，保险的意义已经不复存在。1958 年 12 月全国财政会议明确指出“立刻停办国内保险业务”，农业保险随之全面停办，这一停办就是 20 多年。这也意味着，在新中国成立初期的几年时间农业保险的开展并不成功，但是也积累了一定的经验，为后续农业保险的发展奠定了基础。

（三）农业保险逐步恢复

人民公社时期，农民的生产积极性不高，许多地方连温饱问题都难以解决。1978 年 12 月 18 日，党的十一届三中全会在北京召开，中国改革拉开了大幕，家庭联产承包责任制迅速发展起来，大大加强了农民生产的积极性，推动了农业生产的快速发展。与此同时，农民脱离公社成为经营主体，也承担了农业的经营风险。为了保障农业经营者的利益、分散其风险，1982 年，中国人民银行在《关于国内保险业务恢复情况和今后发展意见的报告》中指出，“为了适应农村经济发展的新形势，保险工作如何为八亿农民服务，是必须予以重视的一个新课题。要在调查研究的基础上，按照落实农村政策的需要，从各地的实际情况出发，积极创造条件，抓紧做好准备，逐步试办农村财产保险、牲畜保险等业务”。在这样的时代背景下，伴随着改革开放的浪潮，我国农业保险逐步恢复起来，中国人民保险公司全面恢复农业保险。在 1982 年往后的几年时间里，政府多次出台农业保险相关文件，加大对农业保险的重视。在政策方面，对农业保险机构采取给予相应的优惠政策，免收税费等。在政策支持下，农业保险发展迅速，保险品种逐步增多，农业保险保费收入稳步增加。全国农业保险保费收入从 1982 年的 23 万元，仅 3 年时间就突破了 1 亿元大关，到 1992 年农业保费已超过了 8 亿元（李传峰，2012）。

在政府的大力支持下，中国人民保险公司不以营利为目的，大力发展农业保险业务，保险险种从 1982 年的少数几个增加到 1992 年的上百种。在这一时期，农业保险不以营利为目的，对农业的发展起到了重大作用，但是也造成了公司在农业保险业务的亏损，对后续农业保险的发展起到了消极作用。这一时期，农业保险组织的数量不断增多，农业保险组织的形式也逐渐丰富，首次出现了农业保险合作社，但是我国农业保险合作社的发展仅仅在个别地方进行试点。1987 年 5 月 22 日，我国第一个农业互助保险合作社在山西省太原市北郊区诞生。同年，河北省冀县供销社与县保险公司联合，围绕着农村商品生产发展的需要，不断完善服务体系，在创办种、养、加工等专业合作社的基础上，组织部分专业户，创办了保险合作社，从而使社会化服务扩展到了保险领域，使保险服务扩展到了农村。1988 年 5 月，国际合作联盟来冀县参观考察时，对保险合作社给予了较高的评价。天津静海县、山西太谷县、黑龙江尚志县等许多地方都出现过自发性的农业保险合作社，但是由于缺乏政府的支持和保险机构的管理技术服务而自生自灭。1990 年，河南省通过在该省新郑县试点，创建了农村互助统筹保险，该模式曾经在国内很多省市推广，走在了国内农业保险行业的前列。

（四）农业保险开始萎缩

1992 年，党的十四大明确经济体制改革的目标是建立社会主义市场经济体制。1993 年，中共中央发布《中共中央关于建立社会主义市场经济体制若干问题的决定》，在此社会主义经济建设的背景下，保险公司也向商业化经营转变。但是，农业保险在这一阶段，赔付率较高，甚至高达 100%以上，居高不下的赔付率使得保险公司在农业保险上持续亏损，导致保险公司不得不重新调整农业保险规模。保险公司通过缩减农业保险的份额，使得农业保险业务规模下降，从 1992 年的 8 亿元以上保费收入，1993 年降到 5.61 亿元，2001 年降至 3 亿元，农业保险行业逐步走向萎缩。由于农业保险的风险和赔付率都比较高，如果保险赔付的费率以损失率为锚，那么在损失率高的前提下农户难以承担高额的保险费用，同样如果制定的赔付费率高的话保险公司则难以承担高额的赔付费用。所以在这一进退两难的形势下中国的保险业无法形成一个完全的农业保险市场。在这一阶段，政府放开农业保险商业化经营，对保险公司的政策性补贴减少，并且农业保险并没有得到广大农民的认可，以至于农业保险市场逐步萎缩。政府职能缺失，是这一阶段农业保险市场开始萎缩的根本原因。

（五）农业保险逐步稳定

2004 年是我国农业保险行业转折的起点。在 1986 年中央 1 号文件中断之后，时隔18年，在2004年第六个中央1号文件提出："加快建立政策性农业保险制度，选择部分产品和部分地区率先试点，有条件的地方可对参加种养业保险的农户给予一定的保费补贴。"政策性农业保险制度的提出，为我国农业保险的发展提供了转机。在政策推动下，农业保险逐步发展。政策改革，试点先行，2004年中国保监会选取黑龙江等九个省市开始试点工作。2004年以后，中央政策文件多次提出要大力发展政策性农业保险，同时，为了增强农民对农业保险的认可，国家同时开始了对农民购买农业保险的财政补贴。2005年中央1号文件提出进一步扩大农业保险试点范围，鼓励商业性保险机构开展农业保险业务。商业性保险机构的参加，丰富了农业保险的市场。2006年中央1号文件提出，稳步推进农业保险试点运行，加快发展多种形式、多种渠道的农业保险。2007年中央1号文件继续加大对农业保险支持，文件指出："扩大农业政策性保险试点范围，各级财政对农户参加农业保险给予保费补贴。"这次的文件明确指出利用财政资金补贴农业保险。2007年也是中央首次列支21.5亿元的财政预算开展农业保险保费补贴，在全国6省进行试点工作，从此开始了中央政府对农业保险的补助。中央财政的补助使农业保险有了良好的发展，2007年农业保险保费收入超过50亿元，是2001年的17倍。2004年之前，中国农业保险一再萎缩，这和政策有很大的关系，政府支持力度不够，赔付率高，使得保险公司纷纷退出农业保险行业。因此，政策性补贴的提出，使农业保险进入蓬勃发展的转折期。后来的实践也表明，农业保险的发展和政策的支持是紧密相关的。

2012年，为了规范农业保险活动，保护保险公司及农民的相关权益，国务院制定《农业保险条例》（国务院令〔2012〕629号），条例明确指出，各级人民政府有关部门应该加强农业保险的宣传，提高农民对农业保险的认识，加强投保意识；国家支持发展多种形式的农业保险，健全政策性农业保险制度。条例明确了农业保险的定义，"农业保险是指保险公司根据农业保险合同，对被保险人在农业生产过程中因保险标的遭受约定的灾害、意外事故、疫病或者疾病等事故所造成的财产损失承担赔偿保险金责任的保险活动。农业是指种植业、林业、畜牧业和渔业等产业”。该条例标志着农业保险开始在我国全面实施。2016 年，财政部出台《中央财政农业保险保险费补贴管理办法》，明确规定了中央财政补贴险种标的，主要包括：种植业（玉米、水稻、小麦、棉花、马铃薯、油料作物、糖料作物）；养殖业（能繁母猪、奶牛、育肥猪）；森林（公益林、商品林）；其他品种（青稞、牦牛、藏系羊、天然橡胶以及财政部根据党中央、国务院要求确定的其他品种）。全国各地自主自愿开展，经财政部确认符合条件的地区，中央财政部给予保费补贴，明确规定了财政补贴的比例。政府对农业保险的重视程度不断加强，对保费补贴也逐步提高。

2007 年，中央财政对玉米、水稻等农作物农业保险保费补贴为 25%；2008 年，财政部印发《中央财政种植业保险保费补贴管理办法》，省级财政部门补贴 25%，中央财政对保费的补贴增加至 35%；2016 年出台《中央财政农业保险保费补贴管理办法》规定，在省级政府补贴至少 25%的基础上，中央财政对中西部农作物保费补贴 40%、对东部地区补贴 35%，对纳入补贴范围的垦区、中央单位补贴高达 65%。2008 年出台《中央财政养殖保险保费补贴管理办法》规定，在地方财政部门补贴 30%的基础上，财政部门对能繁母猪保险再补贴 50%，对奶牛保险再补贴 30%，财政部对中央直属垦区能繁母猪保险补贴 80%，奶牛保险补贴 60%；2016 年，在地方财政部门对养殖业保险保费补贴 30%的基础上，中央财政对中西部地区补贴 50%，对东部地区补贴 40%，对中央单位补贴 80%。2018 年，农业农村部指出，总体上，我国各级政府对农业保险的保费补贴比例已经接近 80%，在世界上也已经处于较高水平。

在中央政府保费补贴不断提高的背景下，越来越多的农业生产者愿意接受农业保险，农户可以以较低的价格为农产品购买保险，获得收入保障。政策的支持，给农业保险的发展带来了勃勃生机，使农业保险规模不断加大。随着农业保险优惠政策的提高及宣传强度的加大，2013年农业保险保费收入超过300亿元，2016年保费收入超过400亿元，2018年保费收入达到570亿元，为农业提供的风险保障额度一步步提升。从1982年的23万元，到2018年的572.65亿元，农业保险的发展速度之快令人惊讶。农业保险在保障农户财产安全，提高农户抗灾能力方面做出贡献，农业保险赔付金额逐步提升，2014年支付赔款超过200亿元，2017年支付赔款超过300亿元（吕晓英等，2016）。农业保险已经成为我国农业政策的重要组成部分，保障了农业经营者的利益。政府用真正的优惠政策创造了农业保险发展的奇迹，既保障了农民生产过程中的利益，又极大地推动了农业的发展，使我国农业保险业务规模位居世界前沿。

近十年来，中国的农业保险充分发挥了保障农业生产的作用。全国建成基层保险服务网点近40万个，基层服务人员近50万人，基本覆盖了所有的县级行政区域95%以上的乡镇，是提升农村治理能力现代化水平的新生力量。许多保险公司建立起了气象预警服务平台和人工干预队伍，运用卫星定位、遥感等新型科技手段，有效提升了保险业务的效率，降低了保险评估、理赔环节的成本。中国的农业保险正伴随着中国的现代化发展不断地转型升级。当前中国农业保险监管制度基本覆盖了保险产品、业务流程等监管业务流程各环节，农业保险责任较国际发达国家更为宽泛，比一般商业保险更能保障农民的权益。中国银行保险监督管理委员会连续5年开展农业保险专项检查，维护了市场秩序，有力地保障了农民的合法权益。

通过对我国农业保险发展历程的梳理，农业保险市场不断发展，农业保险形式不断变化，但政府对农业保险的补贴仍然是农业保险发展的基础，各级政府承担一定比例的保费，提高农户参保积极性。可以发现，政府在农业保险的发展中起到了不可或缺的作用，没有政府的支持，农业保险的发展是困难的，只有政府在政策、财政上给予支持，农业保险的发展之路才能顺利进行。

近十几年来，农业相互保险逐渐有了一些试点和发展，如2005年黑龙江垦区成立了我国第一家相互制保险公司——黑龙江阳光农业相互保险公司，填补了我国相互制保险公司的空白，也标志着农业保险发展迈出了重要一步；2006年，北京果树产业协会与江泰保险经纪公司合作，承保果树风险互助险；2010年上海养虾合作社与“安信农保”合作，承办南美白对虾互助保险；2016年山西万荣苹果种植合作社与中煤财险合作，承保苹果种植互助保险；2019年浙江慈溪农村保险互助社引入众惠相互保险社，对农业互助保险进行更进一步的探索研究，等等（冯文丽和蒋婷，2020）。但总体来说，目前我国农业相互保险承保规模还很小，各地对农业相互保险的探索并不顺利，持续经营至今的成功案例并不多。

（六）农业保险产品不断创新

对于农业生产者来说，最关心的问题不过于“春天种什么对，秋天卖什么贵”，基本的农业保险保障了农业生产者在种植过程中的利益，但是市场多变，经常会出现“哪怕获得丰产，也难以获得丰收”的局面。因此，在给予财政补贴的同时，政府同时鼓励农业保险多样化，带动农业保险市场发展。

近年来，中国农业保险产品创新不断，已经融入农业产业的各个环节中，保险承保品种从几种到几百种，保险产品不断更新，丰富了农业保险市场规模，在稳定农业农村发展中发挥了重要的作用。比如，新型“期货农业”和“订单农业”与农业保险的结合有效规避了农业生产者在市场变化中的风险。另外一种农业保险创新就是所谓的农产品目标价格保险。由于农产品价格的大幅波动，农民往往成为最直接的受害者，所以针对农产品市场价格风险，我国推出了农产品目标价格保险。与传统农业保险相比，农产品目标价格保险突破了传统自然风险的理赔范畴，将保险品种定位到市场范畴，它对提升农民生产积极性，保障农产品供给和农民收入起到了积极的促进作用。农产品目标价格保险可以在一定范围内适当开展实施，将不可控制的市场风险转变为可控的风险，将分散的农户面对的价格风险集中转移到保险公司手中，保险公司还可以以规模经济带来的低成本方式将农产品价格风险向国际再保险市场转移，或者通过大宗农产品的套期保值操作将价格风险转移到期货市场或其他资本市场。农业天气指数保险也是一种新型农业保险产品。天气保险最大的优势就是通过客观数据（如：气温、降水量、光照时长等）触发保险，降低了传统保险定灾定损的难度和高昂成本。在2014年国务院印发的《关于加快发展现代保险服务业的若干建议》中明确提出了，探索天气指数保险等新兴保险服务产品，丰富农业保险管理工具。

最后一类新型农业保险产品为设施农业保险。随着现代化信息技术、智能技术的发展，设施农业快速发展，它通过现代化农业生产设施和技术，为农产品的生产提供了人工可干预、可控制的生产环境，在一定程度上改变了传统农业生产的外部环境，从而打破农业生产外部自然环境的约束。但在遭遇暴雨、冰雹、暴雪等极端恶劣天气下，不仅农产品生产受到较大影响，农业生产设施也会遭受破坏，这使得农业生产者会遭到多重的损失。2016年中央1号文件明确提出：支持地方发展设施农业保险。设施农业保险通过保险手段可为设施农业提供必要的赔付，保障设施农业的健康有序发展。

二、“险有所保”的案例与特色产品

（一）农业保险惠农案例

安徽省枞阳县的种粮种植户承包了1 500余亩圩田，但是由于承包期间自然灾害频繁，导致粮食生产受损严重，这使得农民的生产积极性大受打击。2009年随着农业保险的推行，农民纷纷投保，在2010年由于该地区圩堤溃破，导致稻谷收获产量大减。但是由于加入了农业保险，该损失绝大部分由保险公司承担，农民收到保险公司赔款后将受灾圩田改造成鱼塘，挽回了大部分经济损失。正是由于农业保险的存在，使得该县大批的农民避免了因灾返贫。2013年海南省受“海燕”强台风的影响，海南橡胶集团基地分公司的橡胶树种植受灾严重，橡胶树因灾减少 100 万株以上（王步天，2014）。人民保险公司当地分公司随即进行了理赔业务，成立“保险理赔处理工作组”，积极对台风影响橡胶种植损失进行了赔偿，最后保险公司共支付了 1.5 亿元的理赔款。2014 年强台风“威马逊”登陆海南省临高县，导致昌堂农场种植的 3 000 余亩香蕉受损。根据农业保险公司现场定灾定损，最终确认受损的株数为 468 294 株，农业保险公司向被保险人支付赔款 855 万元。在这次台风中文昌市蔬菜种植专业合作社的种植大棚受损严重，经保险公司实测定损失后，向种植户赔偿了保险理赔金 1 200 多万元。2019 年，北京的种植农户在通州区流转了 1 000 多亩地用来种植梨树，在果园建成不久便遭遇了冰雹灾害。由于之前加入了农业保险，最终经保险公司定损按照每亩 4 000 元的价格进行了赔付，并且整个赔付周期不超过两周。近年来，像上述这样农业保险的理赔案例数不胜数，大灾后都由农业保险来帮助恢复了农业生产。据统计，2016 年，中国获得农业保险赔付为 4 575万户次，共获理赔款 348 亿元；2017 年，农业保险赔付为 4 737 万户次农户，共获理赔款 334.49 亿元；2018 年，农业保险赔付为6 145 万户次农户，共获理赔款 423.15 亿元（徐婷婷和荣幸，2018）。从数据可以看出，中国的农业保险市场规模不断扩大，农业保险可为更多农户提供风险保障，且提供风险保障的赔款金额也在不断增多。农业保险对灾后重建、灾区人民生活保障、维护人民利益方面都做出了很大的贡献。农业保险促进了现代化农业的发展，保障了农民生产、生活的有序进行，对脱贫攻坚工作起到了至关重要的作用。

（二）特色农业保险产品案例

在农业保险不断发展进程中，不断地针对不同区域开展特色化农产品保险，比如云南烤烟保险、陕西苹果保险、广西甘蔗保险、江西脐橙保险等。2016 年，重庆试点特色农产品（血橙）价格指数保险，由于当地是血橙的主产区，种植面积超过了 3 万亩，是当地农民增收致富的重要途径。当时血橙的价格一直处于大幅波动的状态，经常出现丰收年收入减少的现象，这大大地制约了当地特色农产品的发展。为了解决这一问题，当地农委联合保险公司在深入调研的基础上推出了血橙价格指数保险的方法，由当地政府财政资金对血橙价格指数保险给予50%的保费补贴，当承保血橙在保险期内的销售价格低于投保目标价格时，即视为保险事故发生，由保险公司按投保合同约定给予农户一定的经济补偿。这种方式，极大地保障了农民收入的稳定，促进了当地血橙产业的稳步发展。2016年，内蒙古自治区阿巴嘎旗牧区开展草原牧区牛羊天气指数保险助力产业扶贫，当地政府与保险公司合作，通过农业保险的方式推广草原牧区牛羊天气指数保险。一旦遇到极端天气，牧民由于饲草料短缺会出现畜牧养殖的牲畜大面积死亡。而草原牧区牛羊天气指数保险改变了传统养殖业保险以参保畜种死亡为赔付基本条件的做法，突破了传统养殖业保险需要根据牲畜死亡数量理赔的标准，大大简化了保险业务的赔付流程，为牧区精准扶贫工作提供了有效工具。2019年，浙江省嘉兴市海盐县实施的“小龙虾保险”是首个稻田小龙虾养殖保险，该保险业务大大地促进了当地特色小龙虾产业的发展，有效地推广了稻田小龙虾供养的新模式，为浙江省水产养殖业的腾飞发展提供了动力，保障了当地龙虾养殖户的利益，促进了全县产业的发展。

近年来农业保险的模式不断创新，“保险＋期货”模式运用良好。2020年，河南省沈丘县5个乡镇的1 000余户农户收到了中华保险的玉米收入“保险＋期货”保单，成为河南省内玉米收入“保险＋期货”试点覆盖项目的第一批农业保险参保群体。传统的农业保险只承包大灾大难式的极端风险，而“保险＋期货”模式的运用既保障了自然灾害等特殊偶发因素带来的直接损失，又保障了玉米市场价格大幅波动带来的市场风险。特别是对土地流转后形成的现代化、规模化农业生产提供了双重保险。这是河南省目前首次尝试“保险＋期货”模式的玉米收入保险，涉及各类玉米经营主体7 000多户、建档立卡贫困户2 800多户，为试点县提供了约7亿元的收入风险保障。当地政府大力支持该项“保险＋期货”模式的推行，并按照地方政府补贴方式承担了大部分的保费，参保农民只需支付少量的保费即可加入保险（贫困户可免交保费），这一举措大大提高了农民参保的积极性。在农业保险的承包对象上，近年来在向生产资料上延伸（马文胜等，2020）。2018 年，江苏省出台了关于粮食烘干机保险险种，承保人包括：农民、家庭农场、农民专业合作社和农业生产企业等各类农业经营主体，这是中国首例针对粮食烘干机推出的政策性生产资料保险险种。作为粮食生产环节重要的机械设备，该保险的推行更精细化地保障了粮食生产安全。该项特种农业保险创新政策发挥了农业保险补偿保障的功能，同时，通过保险公司对被保险人粮食烘干场所的安全管理情况督察，对提升农业机械安全保障管理能力、有效消除安全生产隐患有重要作用（武淑慧等，2020）。

三、完善小康时代"险有所保"的建议

农业保险以共济互助、扶危济困为宗旨，及时有效补偿农业生产经营损失，提供保障性、兜底性收入，降低农民群众因自然灾害、市场波动等致贫、返贫的风险。中国近年来已经将农业保险上升到政策层面，作为国家农业发展政策和农村福利政策。但是，在我国农业保险快速发展过程中，也要清醒地认识到未来还面临着巨大的困难与挑战，农业保险业还需从多方面入手提高农民的生产生活保障。

（一）加强顶层设计，激活农业保险活力

目前，我国农业保险体系建设还处于起步阶段，建设的基础还比较薄弱，发展较其他行业还明显滞后，总体水平不高。未来还需要利用更先进的技术手段加大农业保险覆盖面，充分发挥农业保险稳定器的作用。我国农业保险与农民实际需求还有很大发展空间，许多保险险种农民找不到、看不明、不想保等现象还比较严重。农民生产、生活真正需要什么样的保险与农业保险企业能够提供什么样的保险还不能够完全匹配。农业保险标准和服务体系尚不完善，市场监管滞后于新模式下的发展，管理职能和保险队伍建设没有跟上现代农业保险业发展的需要。未来应加强农业保险行业的顶层设计，细化具体实施政策，制定符合当前国情的农业保险制度。增强农业保险的整体性，联合社会各个行业力

量，发挥好市场和政府的功能，确保现代农业保险业的可持续发展。

随着中国经济发展进入了新常态，中国农业现代化转型升级的压力剧增，许多难题亟待解决，中国全要素生产率和农产品质量总体仍然偏低。中国现代农业产业体系需要农业保险的深度融合，利用农业保险优化现代农业产业布局的能力依然没有完全发挥，利用农业保险调节生产、控制风险的统筹作用尚未显现。农业保险服务体制机制还相对落后，影响了新阶段农业保险的推广。创新是目前中国农业保险发展的重要途径。具体应当：①健全农业保险企业投资融资制度，进一步落实政府与保险企业合作模式，探索完善的市场化可持续的农业保险商业模式；②进一步加强农业保险手段，急需应用现代化信息手段提升农业保险信息传播的广度和深度；③提供宽松的农业保险业务环境，在新时代下，放宽农业保险领域市场准入条件，让更多的社会资金、资源涌入到农业保险领域，更好地服务农业、发展农业。

2020年中国农业主要政策围绕脱贫攻坚和弥补“三农”短板，以后将在全面建成小康社会的基础上，中国农业保险政策应以加快落实新时代发展要求，实施乡村振兴战略为方向，积极推动农业稳步迈向现代化。

（二）加大农业保险财政补贴

2019年中央1号文件提出：“按照扩面增品提标的要求，完善农业保险政策。扩大农业大灾保险试点和‘保险＋期货’试点。农业保险有助于稳定农业收入并促进农业投资，从而促进现代农业发展。无论是发达国家还是新兴市场，都在致力于提升农业保险在其农业支持政策体系中的地位。要扩面增品提标，就要优化保费补贴机制，构建多元化农业保险产品体系，尤其要构建起多层次农业保险大灾风险分散机制。”总的来说在整个“十三五”时期，中国农业保险的保障能力大幅增强，支农惠农成效显著；国家对农业保险的财政补贴逐年增加，补贴的结构比例更加优化。

未来应加大农业保险实践探索，注重经验的总结。在农业保险险种上大胆开拓创新，寻求适合不同地区、不同类型农户的新保险产品，促使农业保险业的长足发展。因地制宜、科学决策，循序推进农业保险财政补贴，通过建立试点，推进农业保险财政补贴实施，促使农业保险走进千家万户。根据区域特点选择适当的农业保险补贴政策，稳步推进由政府适当补贴，并由农业保险运行主体进行市场化经营的模式，推进农业保险政策向深层次渗透。应实现由地方政府与农业保险共同承担赔付风险的方式，具体赔付比例分配可按照地方具体财政情况动态调整，可促进基层农业保险业的长久发展。

（三）明确农业保险责任制度

农业保险责任制度未来应更加明确，促进落地实施的强化，使整个行业管理水平显著提升，对推进现代农业发展、促进乡村产业振兴、改进农村社会治理、保障农民收益等具有重要作用。当前我国农业保险业务成本较高，目前许多农业保险业务对资金、人力投入较大，无论是农业保险理赔、定损，还是保险硬件平台投入，都消耗大量人力财力。对于农业保险由地方政府与农业保险共同承担赔付风险的方式应严格规定，避免出现较大风险赔付由地方政府完全兜底，明确保险责任的划分比例，避免出现政府监管不到位、多方认识存在偏差等问题。政府在保证农业保险企业经营自主权的基础上，通过给予适当必要保险费用补贴、信息共享等方式保证保险企业的经营活力。地方政府、基层农业管理部门可以通过适当的公益培训、农业保险宣传的方式协助农业保险企业对保险业务进行宣传推广。遇到保险理赔争议时，政府部门可充当第三方的角色避免某些农业保险问题的矛盾激化。

（四）加速培养现代农业保险人才队伍建设

现阶段农业保险业的发展离不开优秀人才队伍的发展。农业保险由于农业生产的特殊性，所需要的人才须具备复合型人才特征。种植类农业生产受耕地、天气等自然因素影响较大，农业生产面临的风险较大，而且该类风险绝大部分属于不可控风险。农业生产的定灾、定损需要非常专业的农业、气象技术人员，而保险理赔业务又需要丰富的金融保险业务经验，该类复合型人才在社会上非常短缺，而农村地区则更为严重。人才的紧缺严重限制了农业保险业务在农村地区的发展。要解决好人才问题，需从如下几个方面着手：

一是实施推广保险人才计划。通过人才引进政策（比如：提供优良的生活工作条件、提高农业保险工作人员的工资福利等），吸引其他行业优秀保险人员加入到农业保险队伍中来。

二是加强农业保险业务的培训。对农民、农业保险从业人员、政府工作人员进行农业保险知识培训，加大教育投入力度，积极与高校科研院所合作，采取多维渠道拓展农业保险教育方式提升已有农业保险人才质量。

三是建立农业保险人才支撑体系。通过构建综合人才建设体系，将保险金融业务流程、法规与农业生产实际业务融合的方式建立农业保险试验基地，推进农业保险人才队伍的发展。积极培训当地农业保险业务意识较强的农民，进行集中培养，增强该类农民了解农业保险业务能力，积极拓展农业保险业务涉及人员范围。

本章参考文献：

柴智慧，2014. 农业保险的农户收入效应、信息不对称风险［D］. 呼和浩特：内蒙古农业大学.

冯文丽，蒋婷，2020. 乡村振兴战略实施中农业相互保险的发展机遇研究［J］. 农村金融研究（10）：11-16.

李传峰，2012. 公共财政视角下我国农业保险经营模式研究［D］. 北京：财政部财政科学研究所.

吕晓英，蒲应龚，李先德，2016. 中国农业保险“政府兜底”和“融资预案”大灾风险分散方式的模拟和比较［J］. 中国软科学（4）：22-33.

马文胜，许英，廖翔云，2020. “保险+期货”模式与精准扶贫探索［N］. 期货日报，07-20（3）.

王步天，2014. 橡胶树风灾保险需求及影响因素研究［D］. 海口：海南大学.

魏原杰，1992. 中国保险百科全书［M］. 北京：中国发展出版社.
武淑慧，李根忠，于翠萍，2020. 江苏省政策性农业保险发展现状及问题研究［J］. 乡村科技（20）：13-15.
徐婷婷，荣幸，2018. 改革开放四十年：中国农业保险制度的变迁与创新——历史进程、成就及经验［J］. 农业经济问题（12）：38-50.

第十五章　心有所安

中国是一个有着悠久历史的古老国度，传统社会的治理主要靠自治和德治，今天是一个法治社会，在继承发扬传统乡土社会治理精华的同时，需着力构建自治、法治、德治相结合的乡村社会治理体系，重点抓好法治建设，靠法治推进发展，靠法治调处矛盾，靠法治打击黑恶势力，靠法治扶正驱邪，从而实现政令畅通、民心相通，让乡村社会充满活力、和谐有序。

一、“心有所安”的成效

（一）打黑除恶，建设平安乡村

村霸和宗族恶势力是附着在农村的毒瘤，黑社会性质的犯罪分子在农村虽然不是多数，但是这些极少数犯罪分子的社会危害却是巨大的。他们依托封建残余思想，借助家族力量，打着宗族旗号，在农村干坏事。黑恶势力对农村的破坏是多方面的，他们不仅破坏了农村的社会治安，给群众带来不安全感，而且严重破坏了农村的人文社会肌理，恶化了多年以来形成的乡亲情谊和田园风气。因此打击农村黑恶势力事关农村大局稳定，是增强人民群众获得感、幸福感、安全感的重大民生工程。

根据中国长安网公布的全国扫黑除恶成绩单，截至 2019 年 12 月 30 日，在全国扫黑除恶专项斗争中共打掉涉黑组织 2 848 个、涉恶犯罪集团 9 304 个，破获刑事案件 350 719 件。全国立案查处涉黑涉恶腐败和“保护伞”案件 51 734 件，处理 61 227 人，给予党纪政务处分 42 769 人，移送司法机关 6 837 人。全国排查整顿软弱涣散村党组织 4.47 万个，排查调整受过刑事处罚、存在“村霸”、涉黑涉恶等问题的村干部 4.17 万名。①

做成大势的农村黑恶势力，大多数都有“保护伞”对他们的涉黑涉恶行为进行包庇或者纵容。这些“保护伞”多是县级或乡镇级的党政机关领导人或政法机关等部门的执法人员，其接受农村黑恶势力吃喝宴请，红包贿赂，被拉拢腐蚀之后，不恪守职责，并与农村黑恶势力同流合污，形成了利益共同体。全国各地扫黑办在扫黑除恶的过程中认真贯彻“一案三查”制度，把扫除黑恶势力与严惩“小官巨贪”同步推进，纪委和公检法司等单位共同协作，对支持农村黑恶势力的“保护伞”进行深度挖掘、严厉问责、依法依纪从重处置。2020 年 1 至 11 月，全国共立案查处涉黑涉恶腐败和“保护伞问题”2.96 万起，给予党员干部和公职人员党纪政务处分 2.54 万人，移送司法机关 2 383 人。②

2020 年，由于受到疫情的影响，一些案件积压迟滞有所凸显，地方畏难情绪有所抬头。为了破解新挑战新问题，全国扫黑办带头挂牌督办 111 起大案、要案、难案，全国扫黑办主任、副主任包案督办 30 起，引领各省级扫黑办挂牌督办 1 954 起，市县级扫黑办挂牌督办 7 120 起，带动全国万起涉黑涉恶案件依法加快办理，包案督办催发了强大的攻势、优势、声势。③

自 2020 年 4 月全国扫黑办领导包案督办工作开展以来，取得了重要阶段性成效。截至 10 月 31 日，30 起案件中，已判决生效 7 起，尚在审查起诉阶段 2 起，正在审理 10 起，一审宣判 11 起。包案督办后，30 起案件新抓获犯罪嫌疑人 386 人，新查封、扣押、冻结涉案资产 28 亿余元，新立案查处涉黑涉恶腐败及保护伞 263 人，起到了很好的示范带

① 数据来源：中国长安网，http：// https：//baijiahao. baidu. com/s? id＝1654361175078746734&wfr＝spider&for＝pc.

② 数据来源：中央纪委国家监委网站，http：//www. ccdi. gov. cn/toutiao/202101/t20210112_233733. html.

③ 数据来源：北京日报客户端，https：//baijiahao. baidu. com/s? id＝1683750565206111848&wfr＝spider&for＝pc.

动作用。[①]

包案督办形成了震慑犯罪的浩大声势。全国扫黑办每月召开一次新闻发布会，已发布督办案件 24 起，产生了强大的震慑效应。目前，全国扫黑办挂牌督办的 111 起案件中，已判决生效 44 起，尚在侦查阶段 1 起，审查起诉阶段 3 起，正在审理 40 起，一审宣判 23 起。[②]

（二）防范电信网络诈骗，切实保障农民利益

随着社会信息化的快速发展，犯罪结构也发生了深刻的变化。传统接触式犯罪率持续下降，以电信网络诈骗为代表的新型犯罪持续高发，已成为上升最快、群众反映最为强烈的突出犯罪，呈现出案件持续高发多发、网络诈骗迅猛增长、诈骗窝点快速转移、作案群体逐步泛化、黑灰产业日益泛滥等特点。特别是 2020 年，由于受疫情影响，经济下行，就业压力增大，生产生活加速向网上转移，资金短缺的网民被贷款诈骗，找不到工作的网民被兼职刷单诈骗，经常网购的网民被冒充客服和虚假购物诈骗，有投资意愿的网民被引诱参与虚假投资理财和网络赌博，冒充公检法实施的诈骗案件也时有发生。以电信网络诈骗为代表的犯罪活动来势凶猛，持续多发高发，手段日益复杂，电信网络诈骗犯罪已经严重影响人民生活和社会稳定。

随着城镇化发展和农村劳动力的转移，当前农村留守老人和儿童较多，他们大多数防范意识较差，辨别能力不足。加之，相比大型银行，农信机构开立个人结算账户要相对容易。电信诈骗犯罪分子一般通过手机银行、网上银行、自助设备等多种途径，将诈骗所得钱财转移到自己控制的银行账户上，转账业务可能经过十几家银行，甚至包括境外银行。绝大多数农信机构属于县级法人机构，一个客户在全省农信社可以开立多个结算账户，加之农信社风险防控能力不足、客户身份识别能力较弱等，这些都给电信诈骗犯罪分子提供了可乘之机。

---

① 数据来源：东方资讯，https：//mini. eastday. com/a/201216112329782 - 3. html.

② 人民法院报网站，http：//www. rmfyb. com/paper/html/2020 - 12/16/content _ 174729. htm.

公安部深入贯彻落实全国打击治理电信网络新型违法犯罪工作电视电话会议精神，组织开展“云剑—2020”“长城 2 号”“510”等专项打击行动，坚持立足境内，集中打击高发类案，全力铲除诈骗窝点，重拳整治黑灰产业，全面加强预警防范，取得阶段性成果。2020 年上半年，全国共破获电信网络诈骗案件 10.1 万起，抓获犯罪嫌疑人 9.2 万名，同比分别上升 73.7%、78.4%。从严从重从快打击涉疫情诈骗犯罪，共破案 1.6 万起，抓获犯罪嫌疑人 7 506 名，有力服务全国疫情防控大局；集中打击网络贷款、网络刷单、杀猪盘、冒充客服等 4 类电信网络诈骗高发类犯罪，共捣毁窝点 2 460 个，抓获嫌疑人 1.9 万名，破获案件 2.3 万起，高发类案得到有效遏制，网络贷款类案件占比由年初的 40%下降至 20%，网络刷单诈骗日均发案下降 30%，杀猪盘案件造成的损失环比下降 25%，冒充客服类案件连续两个月发案环比下降；严厉打击为电信网络诈骗提供服务的黑灰产犯罪，共捣毁黑灰产犯罪窝点 7 200 余个，查处黑灰产犯罪嫌疑人 3.2 万名，斩断犯罪链条，堵塞监管漏洞；对诈骗窝点集中、黑灰产泛滥、行业问题突出的重点地域实施红黄牌警告和挂牌整治制度，压实地方主体责任，铲除犯罪土壤，重点地域面貌大为改观；强化技术反制和资金拦截，累计拦截诈骗电话 1.2 亿个、封堵诈骗域名网址 21 万个，为群众直接避免经济损失 666 亿元；全力落实预警劝阻措施，开通 96110 反诈预警专号，进一步提高预警劝阻效率和成功率，累计防止 561 万名群众被骗；全面加强宣传防范，在全国公安机关“百万民警进千万家”活动中专题部署反诈宣传工作，将宣传的触角延伸至居委会、村委会，切实提升群众的识骗防骗能力。①

（三）启动乡村信用体系建设，提高乡村治理效能

社会信用体系的核心作用在于记录社会主体信用状况，警示社会主体信用风险，整合全社会力量惩戒失信、褒扬诚信，从而达到社会管理

---

① 数据来源：北京日报客户端，https：//baijiahao.baidu.com/s?id=1673435215110234173&wfr=spider&for=pc.

的有序化。我国自2003年启动社会信用体系建设试点工作。十八届四中全会明确指出“加强社会诚信建设，健全公民和组织守法信用记录，完善守法诚信褒奖机制和违法失信行为惩戒机制，使学法守法成为全体公民共同追求的自觉行动”。国务院2016年出台的《关于建立完善守信联合激励机制和失信联合惩戒制度加快推进社会诚信建设的指导意见》，就加快诚信社会建设作了具体部署。更重要的是，面对农村治理的各种问题，人民群众对信用建设的重要性、迫切性已经达成共识。此时推进信用体系建设合乎时代要求、执政需要、人民呼唤，加上党委政府的不懈努力，产生了农村信用建设“一抓就灵、满盘皆活”的效果。

目前，我国农村社会信用体系建设尚无统一的立法，主要依据是《国务院办公厅关于社会信用体系建设的若干意见》和《中国人民银行关于推进农村信用体系建设工作的指导意见》等政府文件。法治不能简单狭隘地理解为“国家立法”，它需要多层次、多领域的依法治理。各地政府在贯彻中央文件精神的基础上，根据当地的政治、经济和文化的特点，制定地方性立法，把打造“信用乡村”作为实现社会稳定和长治久安总目标的重要内容。

通过建立公民信用档案，明确了以乡镇为依托，以村（居）为基础的信用建设管理机制。一户一档，严格甄别录入，精准界定诚信守法行为和失信违法行为记录。将诚信守法行为界定为爱国守法、见义勇为、文明卫生等，将失信违法行为界定为履约失信、大操大办、非法上访等。实行部门、乡镇各负其责、互相配合的信息采集机制。通过建档，采集诚信守法记录和失信违法行为记录。通过有效宣传和运用公民信用档案，有效化解矛盾纠纷，维护社会稳定；有效遏制和及时平息非法上访事件，引导村民依法合理表达诉求，维护良好的信访秩序；治理约束农村婚丧嫁娶大操大办，推进乡风文明建设，树立文明乡风，助力乡村振兴战略，建设文明和谐新乡村。

通过“信用＋”治理模式，实现社会治理高效能。创新“信用＋奖励”模式，各村对达到信用等级的群众进行信用奖励，奖励与村民基础福利、农业服务、村级补助、超分奖励等挂钩，多劳多奖原则极大激发了群众配合村级工作、参与社会事务的积极性。创新“信用＋工作”模式，通过建章立制和持续推进，把信用管理与环境整治、道路整修、慈善捐款、护林防火、清洁家园、志愿服务等各项工作结合起来，有效地推动了各项工作开展，难点工作阻力明显减小。创新“信用＋服务”方面，结合信用管理开办“利民服务社”“诚信仓库”“诚信书屋”等信用服务平台，对诚信群众免费开放，方便群众的生产生活，让人民群众有更多的获得感和幸福感。

农村信用文化是乡土信用在广度和深度上的扩展和延伸。广度上，把封闭的守信对象扩展到普遍的大众群体；深度上，把外在环境逼迫的守信行为深化为守信价值观念和道德追求，增强农村信用文化的自觉性，培育农村信用文化新业态。在重构农村信用体系的过程中，顺应新时期我国农村信用体系的新特征，攻克当前农村信用体系中的主要问题，借鉴国外信用体系的特点，从内部和外部两方面着手进行。内在激励方面，充分利用传统农村信用文化熟人社会的诚实守信，进行农村信用文化创新，让农村普遍信用成为常态；外在约束方面，针对信用资源的多样性、分散性、综合性和连续性特征，建设农村信用大数据平台，实现信用资源获取的便捷性、信用评价的科学性、信用信息共享的可得性。

二、“心有所安”面临的问题与挑战

（一）农村法治建设基础薄弱

经济建设决定上层建筑，而法治建设作为上层建筑的重要组成部分，更是离不开经济的发展，因此农村经济是农村法治建设的基础。当前，我国农村经济正处于自然经济向市场经济过渡的阶段，农业也在不断走向现代化，但总的来说农村经济发展相对滞后，城镇与农村发展的差距还在不断增大。发展的不平衡不充分很大程度上影响了农村群众对美好生活的追求，农村群众的低收入与不断增长的教育、医疗、养老等高额费用形成了强烈的反差，因此在日常生产生活中农民更多关注物质需求，无暇顾及精神需求。即便在面临纠纷、侵权时，想要选择依法维权，较高的司法成本也会让群众望而却步，多数会通过其他方式来解决纠纷，要么放弃维权，要么依靠政府，所以农民参与法治建设的主动性较低。

“当代中国农村社会，除东南沿海一些少数‘先富’的地方外，绝大地方农村还是乡土社会。”（费孝通，1998）农民的法律意识是农村法治化的基础，法律意识包括对法律知识的认知以及对于法律的信仰程度。村民由于受到农村生活环境和村民自身知识水平的限制，他们的法治观念仍然有待加强。一方面，村民不愿意用法律来解决问题，受传统和为贵思想的影响，村民普遍轻诉厌诉，他们宁可委曲求全，也不会主动寻求法律保护，部分人对司法腐败存在恐惧心理（王彦森，2014）。另一方面，村民权利意识薄弱，多数村民认为法律只是给他们设定义务，只要自己遵纪守法，不去触犯法律，法律就与自己无关，从而忽视了法律对其权利的保护作用。因此，当村民的权益受到侵犯的时候自然不会想到通过法律途径来维权。

（二）相关法律制度不健全

要实现农村基层社会治理法治化，仅仅依靠基层政府的管理经验是绝对不可能的，必须建立起一套相对完善的制度作为农村基层社会治理法治化建设的保障。从我国当前立法状况来说，针对“三农”方面的立法相对比较滞后，缺乏系统性。其中一些法律质量不高，达不到预期效果；有些法律逻辑结构不严谨，规定条款太过于苛刻，操作性不强；有些法律体系不健全，法律法规之间存在矛盾，甚至有些法律还存在有“断层”和“缺项”的现象。

此外，相关法律在制定的过程中经常忽略了征求农民的意见，有些脱离了农村实际，导致制定出来的法律被束之高阁，难以真正被贯彻执行。在乡镇政府的实际工作中，乡镇干部往往也存在两难境地，如果严格按照现行法律法规来处理问题，那么农村很多工作都难以开展，基层干部既要想方设法推动工作，又要避免出现执行不合法不合规现象，这也就导致了基层干部打政策“擦边球”的现象发生。究其深层原因还是上面的法律法规、规章制度与基层实际相脱节。当前决策部署最终都落实在乡镇一级，面对新形势新挑战，乡镇的工作压力和工作任务也日益加重，如殡葬改革、污染防治攻坚战、农村环境治理、土坯房拆除等，这些都涉及农民的切身利益，对于农民的政策补贴、资金补偿等文件政策的制定，往往没有征求广大农民的意见建议，对地域之间存在的差别也没有明确的政策法规作为依据，缺乏说服力，工作开展也就缺乏底气，这也是导致干群矛盾的重要因素。

在没有完整的法律体系的情况下，村规民约是基层社会治理法治化的重要制度依据。但是由于执行机构以及配套机制的缺失、村庄共同体公共资源匮乏等原因导致乡规民约实际效果不尽如人意，造成乡规民约存在真实性、合法性、权威性以及有效性等方面的问题（齐飞，2015）。也就是说村规民约的作用也基本失范。

（三）农村法治队伍建设薄弱

近年来行政诉讼败诉案件、复议案件逐年增加，有些领导干部法治意识不强，法律专业水平有限，甚至跟不上群众的法治观念，这严重影响到政府形象，导致政府威信下降。全面推进依法治国，重在落实，而落实的关键在于广大干部群众。有些基层干部仍然有严重的人治思维和官本思维，忽视农村基层社会治理法治化的重要性。由于思想观念上缺乏法律意识，他们的工作方式习惯于和村民讲人情，凭借个人想法就能做决策下命令。另外，权力滥用现象仍然存在，仍有部分基层政府工作人员没有转变思想观念，仍然存在权钱交易的现象。表现在很多有利可图的工作上尤为突出，如在房屋拆迁补偿，建设工程承包和专项资金发放等方面的工作上，一些基层政府干部拿钱才办事，这也是对村民合法利益的损害。

当然法治政府的最终落脚点是为了更好地服务于群众，执法过程中除了要依法，还要强化执法观念错位和服务意识。但是在实际操作中，往往因为某些干部行政过程中缺少服务意识，给当事人带来不便的现象还时有发生。

此外，干部依法行政还缺乏有效的监督体系。由于基层执法干部的人事权和执法过程中的经费保障都受制于上级党委政府，因此工作上就有所牵制，执法机关和司法机关相对独立性程度较低，难以发挥应有的效应。新闻媒体监督、人民群众监督也缺少专门的法律、法规进行有效的指导和规范，导致这些监督效果也不理想。另外，缺少相关的监督法律法规和专门监督机构，许多基层政府、部门和工作人员，不依法行政、不按法办事、甚至违法办事的行为，无法及时得到制止、纠正、改正，无法追究违法责任人相应的责任。

（四）村民自治制度不完善

村民自治制度的建立发展在很大程度上促进了农村地区法治建设的步伐，虽然现行农村地区法治建设以村民自治制度为基础总体发展稳定，但也暴露出村民自治制度的不完善的地方。《宪法》和《村民委员会组织法》关于村民自治权益受到损害之后的救济渠道规定的不多，村民在自治权利受到侵害后只能向乡镇人大、政府或者是县人大常委会和政府及主管部门反映，由这些机关进行行政调解，却没有规定具体的司法救济的程序和具体的方案。司法救济过程中法律的缺失导致了很多实际情况中的违法现象没有得到及时的处理，从而导致广大人民群众的权益遭受损失。

作为保证村民自治的村民代表会议制度规定，村干部由农民自己选举产生，每个符合法律规定的村民都有选举权和被选举权。但是在广大农村地区，村民代表会议制度建设是不完善的。村民大多不了解自己应该如何参政议政，如何行使法律所赋予自己的合法权益。有些地区甚至对于如何发展经济、减轻农民负担等关乎农民切身利益的问题都还没有一个明确的规定。虽然有些地方已经颁布了相关制度，但这些制度在工作实践中多停留在表面的形式，缺乏实际的可操作性。这就导致了基层村民不能与政府形成良好的互动。在这样一个环境下，健全的参与社会治理的制度和畅通的沟通渠道显得更为重要。

三、完善小康时代“心有所安”的建议

（一）建设社会主义新农村，移风易俗助推法治建设

经济建设决定上层建筑，经济发展和法治建设两者是相互促进、相辅相成的。建设社会主义新农村，为农村法治建设提供坚实的基础。社会主义新农村应该是一个以法律为主，道德、宗教为辅，法律法规与村规民约相一致的农村治理模式。在新农村建设中培育法治理念，最终的就是把保护“三农”利益作为农村法治建设的基本出发点和落脚点。社会主义新农村的建设过程本身就是农村法治建设不断完善的过程，农村的发展首先要基于理性治理机制上，通过立法对农村管理职能予以定位，使其既能保护农民的权益，又能维护国家和集体的利益。

在社会文明进步、物质生活日益丰富的今天，一些封建陋俗却还在泛滥。因此，移风易俗是农村法治建设进程中不可缺失的一环。一是要制定符合社会主义核心价值观的村规民约，张贴在农村的醒目位置，引导群众遵守村规民约，为群众提供正确的价值导向。二是要广泛开展文明村镇建设、星级文明村评选、优秀村民评定、村五好家庭评选等精神文明创建活动，充分消除农村旧文化的影响，遏制“官本位思想”“权大于法”“宗族思想”“重男轻女”等陈规陋习。三是要充分发挥农村“五老”“乡贤”的积极作用，成立志愿服务队、村级义务巡防员等自治组织，引导村民进行自我管理，有效化解村级矛盾纠纷，成为农民群众的知心人、政府管理的好帮手。

（二）完善相关法律制度，提高农民法治观念

实现农村治理法治化，要完善相关法律规范制度。一是涉农法律规范体系要符合农村地区的实际情况，加强对地方规范性文件的管理。在制定涉及“三农”政策时一方面要严格依法，在不违背现有法律的前提下，要充分考虑农村生产和生活实际，最大程度上维护和保障农民的合法权益。二是厘清职责边界，加强行政机关与司法机关的联动与制衡，

有时通过司法途径并不能解决部分民众生活困难的现状，只有良好的社会救助体系和实施制度才能真正实现救济，行政法治化与司法法治化应合法而有序地联动并制衡（周鸿敏，2019）。三是真正做到司法公正公开公平，把握“维稳”与“维权”的关系，通过地方规范性文件作出明文规定，形成法律威慑力。

法制宣传教育是建设社会主义法治国家的一项基础性工作。加强农民普法教育，是提高农民法治意识和法治观念的重中之重。只有让广大农村群众深刻认识加强法制宣传教育的重要意义，积极参与法制宣教活动，自觉学习遵守法律法规，才能营造出全民遵法学法守法用法的浓厚氛围。

结合农村的实际情况，总结以往的经验教训，农村法制教育在今后要着重注意方法方式，要采取灵活多样的手段，用真实可信的具体案例启发广大农民群众学法用法守法。在普法的内容上要按不同的对象进行分类，对乡镇干部的普法应以宪法精神、社会主义法治理念、依法行政为主要内容；对村组干部的普法应以诉讼法、调解技巧、民法和村民自治为主要内容；对农民的普法应以阐明法的权利保障功能为切入点，讲解证据规则、诉讼程序及与农民生活实际紧密相关的土地承包、劳动纠纷处理等内容。在农村法治发展的诸多主体中，最关键的践行者是村组干部，其行为在村域范围内具有极强的导向作用，普法应自此开始（周铁涛，2016）。这样农民才会喜闻乐见，将其融入到自己的生产和生活中，才能积极学习法律知识，接受法律教育。另外农村的普法教育还应与文化教育和科技培训相结合，做到相得益彰，同步发展（秦华，2003）。

农村基层社会治理要走上法治化的道路，离不开法律作为保障，但仅仅依靠法律又是远远不够的，在农村基层推行法治化，村规民约也是一个重要抓手。作为介于法律与道德之间的“准法”，村规民约是广大农民自己的创造，是在村民自治过程中逐步形成和发展起来的，是村民自治的表现和规范。更重要的是它增强了村民的遵法守法意识，形成了普通老百姓和村干部办事依法、遇事找法、解决问题用法、化解矛盾靠法的法治良序。农村是熟人社会，家族关系复杂，在农村社会村规民约起到规制与调整作用有时候会大于法律。

从乡规民约的制定而言，需要明确村民会议是乡规民约唯一的法定主体，依法有效协调和解决村民资格问题；不断完善乡规民约的制定程序，保障村民自治权利的正常有序行使；以社会主义核心价值观为指导原则，促进乡规民约沿着民主法治方向发展。从乡规民约的实施而言，一种有效的制度设计以利益激励手段引导人们选择行为，这些手段可以用“奖、惩”二字来概括（齐飞，2015）。只有明确解决实施主体、实施范围、奖惩措施等关键问题，乡规民约才能真正得到有效的实施。

（三）夯实农村法治队伍建设，提升专业化水平

法治建设队伍对其党性修养和政治觉悟要求很高，所以要求法治建设队伍人员首先要加强理想信念教育，加强政治理论知识的学习，常补精神之“钙”，特别是要用毛泽东思想、邓小平理论、“三个代表”重要思想等武装头脑，用习近平新时代中国特色社会主义思想指导工作实践，带头培育和践行社会主义核心价值观，并结合法治建设的专业性，总结出具有法治建设特色的核心价值观用于指导实践；始终坚持“宪法法律至上”原则，树立新时代中国特色社会主义法治理念，始终把党和人民的事业放在首要位置，做到党在心中、人民在心中、法在心中、正义在心中。

其次，要加大法治队伍培养力度，政府要把法治人才队伍建设纳入人才发展的总体规划中，根据需要向农村进行政策倾斜，出台人才引进、社会保障等相关政策，鼓励优秀人才加入农村法治队伍。同时还要不定期地邀请相关法律专家到农村对法治工作人员进行专业培训，通过爱国主义教育、职业技能培训、社会保障制度完善等多方面努力，不断增强法治队伍的社会责任感，培养人才、留住人才，不断壮大农村基层法治队伍。

最后，要努力提升法治队伍专业化水平。一是完善法律职业准入制

度，从源头上把好法治队伍的专业关。健全人才招录的便捷机制，特别是要解决专业人才引进难、公安院校毕业生入警难、边远艰苦地区招录门槛高等问题。健全国家统一法律职业资格考试制度，建立法律职业人员统一职前培训制度，对职前培训实行统一管理，着力提高法律职业人员法律信仰、职业操守和职业技能（周鸿敏，2019）。二是要探索建立法治从业者之间的良性流动和开放的吸纳机制，从地方已建立的法律相关从业人才库中选择业务素质高的人才，通过竞争上岗考试招录法治建设相关从业人员，如法官、检察官、司法工作者等。三是要加快建立符合职业特点的法治工作人员管理制度，探索差别化管理模式。完善法治人员职业保障体系，建立法官、检察官、人民警察专业职务序列及工资制度，特别是要重点关注基层法治人员流失的问题，切实增强他们的职业荣誉感和使命感。通过调整农村法治化建设人才配备，提高农村基层法治建设人员的整体素质，从执法中让农村居民感受法治建设的积极作用，形成基层法律信仰（庞庆龙，2020）。

（四）完善村民自治制度

结合农村经济政治文化发展水平的实际情况，围绕村内公共事务和社会事务的管理，认真落实以直接民主方式为主要手段的程序化和合法化的选举、决策、管理、监督等一套操作制度。在广大农村地区完善村民自治制度的重点是健全选举制度和监督制约机制。

首先，要按照《村民委员会组织法》规定的基本原则和程序，通过直接选举把真正有才能的、全心全意为大家着想、甘愿为农村建设而扎根农村的人选拔出来，从基层组织建设上走好村民自治的第一步。其次，对村委会选举实行有效的监督，对选举过程中出现的问题进行严格的依法查处，查处和纠正选举中出现的家族、派性干扰和以不正当手段获取选票的行为。再次，要加大对村务的公开透明度，健全对村委会权力的监督制约机制。阳光是最好的防腐剂，在基层治理中与村民利益关系最为密切的相关内容要进行及时公开，如有关“五保”户的确定（涉及国家补助）、村集体经济收益的处分（涉及村民集体利益）、国家进行公共服务建设导致的土地征收补偿相关信息、有关宅基地政策等村民关心的问题必须采取制度性措施公开，让全体村民知晓（丁鹏等，2020）。同时还要完善村务公开的反馈机制，使村民能够充分正确行使自己的民主权利。要健全会议报告工作制度、会议评议村委会及其成员的制度和农村基层听证制度，发挥职能部门和中介组织的监督作用，严肃财务管理制度和财会纪律，从根本上保证人民群众当家做主的权利，在不断前进中完善村民自治制度。

要实现农村基层社会治理的制度化、规范化、程序化、法治化，有必要建立畅通村民的参与渠道，并且形成制度化的规定。作为和村民直接接触的基层政府，应当引导广大村民群众积极参与到农村基层社会治理中来，在实践中不断规范和完善参与渠道和参与程序，逐步把村民的参与作为农村基层社会治理法治化制度不可或缺的一部分。

法治昌明，正义可期，则必国强民安。法治关系到公民权利的保障，关系到社会公平正义的实现，关系到国家的长治久安。在老百姓心里，法治是一种安全感，让社会更加和谐、生活更加安定、权利更有保障。近年来，从立法、执法、司法、守法各个环节，我们感受到法治环境的不断改善，法治建设的不断进步，人民群众的安全感、获得感和幸福感明显提升。

自古以来，平安稳定的生活是老百姓的朴素向往。法治乡村为广大农民群众安居乐业织就“平安网”，撑起“和谐天”，实现了人居环境和谐、人民生活安定、乡村秩序井然，让农民身有所依心有所安。

本章参考文献：

丁鹏，李明修，2020. 新时代背景下农村基层治理法治化路径研究［J］. 农业经济（5）：85－86.

费孝通，1998. 中国乡土社会［M］. 北京：北京大学出版社.

庞庆龙，2020. 我国新农村建设的法治化建设现状与发展［J］. 农业经济（12）：

48－49.
齐飞，2015. 国家治理体系中的乡规民约［D］. 北京：中共中央党校.
秦华，2003. 农民的法律意识与农村法治化建设［D］. 北京：中国农业大学.
王彦森，2014. 当下我国农村法治迟滞与建设路径选择［D］. 沈阳：辽宁师范大学.
周鸿敏，2019. 公共管理视域下的农村法治建设研究［D］. 南昌：江西财经大学.
周铁涛，2016. 农村基层治理法治化研究［J］. 领导参考（35）：50－53.

后 记 POSTSCRIPT

本书由刘奇教授策划，并拟定设计整体框架，中国农业大学国家农业农村发展研究院的博士生参与了各章节的写作。其中，第一章、第十章由吴天龙撰稿；第二章、第十一章由赵源撰稿；第三章、第十二章由王凤婷撰稿；第四章、第七章由霍雨佳撰稿；第五章、第六章由梁腾坚撰稿；第八章、第九章由孙川东撰稿；第十三章、第十四章由庄家煜撰稿；第十五章由梅婷撰稿。全书由马铃、梁腾坚统稿。

需要说明的是，本书编撰的过程中，我们借鉴和参考引用了很多学者的观点和论述，在此一并表示感谢。对相关内容，我们也做了标注，但可能还会存在遗漏，敬请谅解并予以指出，以便再版时，我们加以完善。